KNAUR

Helga Kausel

MEINE PATIENTEN LAUFEN TRAB

Unterwegs als Pferdeärztin auf dem Land

KNAUR

Einige der Personen im Text sind aus Gründen des Persönlichkeitsschutzes anonymisiert.

Besuchen Sie uns im Internet:
www.droemer-knaur.de

MIX
Papier | Fördert gute Waldnutzung
FSC® C083411

Originalausgabe Februar 2025

Ein Imprint der Verlagsgruppe Droemer Knaur GmbH & Co. KG
Maria-Luiko-Straße 54, 80636 München

Redaktion: Lisa Harder
Covergestaltung: Verlagsgruppe Droemer Knaur
Coverabbildung: © Wolfgang Peintinger
Satz und Layout: Adobe InDesign im Verlag
Druck und Bindung: CPI books GmbH, Leck
ISBN 978-3-426-28491-9

Kontaktadresse nach EU-Produktsicherheitsverordnung:
produktsicherheit@droemer-knaur.de

2 4 5 3 1

Für Helmut,
der mir die Sicherheit gibt, alles zu lernen.

Für Tobi,
der mir die Freiheit gibt, alles zu tun.

Inhalt

Die Seepferdchen-Prüfung 9
Kurz vorm Hinschmeißen 21
Das Stolpern in die Berufung 24
Willst du in einem Zelt wohnen? 32
Zum Heulen 41
Falco 45
Nur ein bisschen Gefühl 51
And along came Aana 56
Vom Pensionisten,
der nicht mehr aufstehen wollte 66
Durchgeröntgt 79
Der Kaiser von Österreich 84
Lernt man das in Afrika? 95
Die Donald-Therapie 101
A Diva is born 108
Ein schwieriger Fall 112
Ein Hühnchen zu rupfen 119
Luftballon 123
Konkurrenz 128
Ho, ho, ho, eine Schlittenfahrt 133
Der Joker 139
Fahrkünste 144
The Darkest Hour 149
La Bang 157
Zweigstelle 163
Bambi 167
Der frühe Vogel erstickt am Wurm 176
Tunnelblick 185

Tansania 194
Der späte Vogel erstickt auch am Wurm 200
Wilde Hengste 208
Hobbit 213
Strohhalmaffäre 219
Ein neues Kapitel 228

Die Seepferdchen-Prüfung

Kennt ihr es, wenn man plötzlich einen ausgefallenen Gedanken im Kopf hat? So ging es mir am Morgen des 30.12., einen Tag vor Silvester. Ich sollte schon längst in der Praxis sein und Herbert, meinem Chef, bei der Stallarbeit helfen. Stattdessen war ich hundemüde im Bett liegen geblieben, weil ich mit meiner Freundin Juli viel zu lange Filme geschaut und Chips hineingeschaufelt hatte.

Sie besuchte mich über Silvester. Nun stand ich also mit zerzausten Haaren in meinem Bad und starrte in den Spiegel, während mir ein Gedanke durch den Kopf schoss: ›Was, wenn heute ein richtig schrecklicher Notfall passiert, und ich stehe hier noch seelenruhig im Bad, putze Zähne und weiß gar nicht, worin ich in ein paar Stunden verwickelt sein werde? Schließlich kann in einem Notdienst alles geschehen. Ha! Lustiger Gedanke.‹

Ich verwarf den Gedanken schnell wieder, stolperte aus dem Bad, und Juli und ich fuhren los.

Im Auto drehte ich die Heizung auf die höchste Stufe. Draußen waren es nur minus zwei Grad, aber mein Körper war einfach noch nicht auf Winter eingestellt. Die angenehme Wärme, die ich bei meiner Marokkoreise letzte Woche noch um mich gespürt hatte, war der bitteren Kälte Niederbayerns gewichen. Zwei Wochen Urlaub waren einfach nicht genug.

Madsen, eine meiner Lieblingsbands, dröhnte mit voller Lautstärke durch das Praxisauto, und meine Hunde und Juli waren dem schrecklichen Geträller meiner Stimme hilflos ausgeliefert. Aber Juli war meine Verrücktheit seit über zwanzig Jahren gewohnt und wusste damit umzugehen.

Auf den Straßen war nicht viel los, schließlich war es Samstagmorgen, und der hysterische Einkaufsstress fürs Silvesteressen würde erst nach 8.00 Uhr beginnen.

Als ich mit quietschenden Reifen bei der Praxis eintraf, war Herbert schon fleißig bei der Stallarbeit. Normalerweise half ich meinem Chef dabei, aber wisst ihr eigentlich, wie schwer Heulage ist? Eine Heulage ist durch Milchsäuregärung konserviertes Futtermittel für Nutztiere. Leicht erkennbar durch die in weißes Plastik gewickelten Ballen, die oft auf unseren Feldern liegen. Und dieses Futter ist wirklich schwer, durch die Feuchtigkeit um vieles schwerer als Heu. Von daher war ich ehrlich gesagt ganz froh, dass ich mir die Arbeit heute Morgen mal gespart hatte.

Wir stiegen zügig aus und gingen zu Herbert in den Stall.

»Ach Helga, du auch schon hier?«, begrüßte er uns belustigt.

Zum Glück wusste ich, dass er es mir nicht übel nahm, dass ich so spät kam – vor allem, wenn ich Besuch hatte. Er war gerade fertig, und wir gingen über den Hof zu seinem Haus, um wie eigentlich jeden Morgen den Tag zu planen. Von mir aus hätten wir direkt loslegen können, immerhin waren wir heute nur zu zweit im Dienst, doch Herbert musste natürlich erst mal in der angrenzenden Küche einen Kaffee aus der Kaffeemaschine lassen, bevor wir besprechen konnten, wer sich um welche Termine kümmerte.

Die Kaffeemaschine – eines der wichtigsten Geräte in dieser Praxis. Jeder kann damit leben, dass das Röntgengerät mal nicht funktioniert, aber ist die Kaffeemaschine außer Betrieb, herrscht absoluter Ausnahmezustand, den ich als Teetrinkerin immer sehr amüsiert beobachte.

Im Sommer finden die Momente, in denen wir die Tagespläne einteilen oder auch einfach nur zusammensitzen und quatschen, meist unter dem riesigen Kastanienbaum im Hof der Praxis statt. Im Winter oder bei Regen finden wir uns dafür in Herberts Esszimmer und Küche ein.

So auch an diesem Tag. Kaum hatte Herbert sich mit seiner dampfenden Kaffeetasse zu Juli und mir an den Tisch gesetzt, begannen wir mit der Planung des bevorstehenden Arbeitstages.

»Helga, du musst heute zum Narrenhof fahren«, warf mir mein Chef entgegen und konnte sich dabei ein Grinsen nicht verkneifen.

Mir entglitten die Gesichtszüge. »Warte, was? Der Narrenhof? Ich fahre doch gar nicht in diese Richtung, das kannst du bestimmt viel besser!«

Uns grauste es beiden davor, diesen Hof zu besuchen, er ist der Albtraum einer jeden Tierärztin: schlechte Tierhaltung, oftmals betrunkene und verantwortungslose Tierhalter, die keine Diagnose ernst nahmen oder sich an Behandlungspläne hielten. Es war furchtbar, vom Aussteigen bis zu dem Zeitpunkt, an dem man endlich wieder in sein Auto fliehen konnte. Und da sollte ich heute Morgen hinfahren? Das konnte nicht sein Ernst sein.

»Bitte, Herbert, ich will da nicht hinfahren! Kann ich nicht irgendwas anderes erledigen?«, flehte ich, ehe Herbert etwas erwidern konnte.

Vielleicht hatte er ja Erbarmen, da Juli gerade da war.

»Ja, du kannst zur Gerti fahren«, gab er etwas belustigt zurück.

»Heeeerbert, nicht Gerti!«, stöhnte ich und verschränkte dabei die Arme vor der Brust.

Gerti war nicht nur eine leidenschaftliche Züchterin und Besitzerin eines Abfohlbetriebes, in dem sie jährlich Dutzende trächtige Stuten beherbergte und bei den Geburten half, sondern auch die Notfallzentrale der Praxis Dr. Pflaum, ergo meiner Arbeit. Mittlerweile hatte ich sie zwar in mein Herz geschlossen, aber sie war gerade nicht so gut auf mich zu sprechen. Um es mit anderen Worten zu sagen: Ich hatte es wieder einmal geschafft, ihr ans Bein zu pinkeln. Was Herbert natürlich wusste.

»Außerdem hast du heute nur zwei Sachen auf deinem Tagesplan stehen und ich fünf«, versuchte er mich weiter zu überreden und bemühte sich dabei, eine ernste Miene aufzusetzen. Er wollte das wirklich durchziehen.

»Was? So ein Blödsinn!«, entgegnete ich. »Ich hab vier Termine und du auch! Und noch dazu fahre ich in die komplett entgegengesetzte Richtung!«

Meine Freundin beobachtete unser Schauspiel amüsiert, während Herbert mich bestürzt ansah. »Und wann soll ich dann schwimmen gehen?« Ich musste lachen. Wie konnte ich diesen wichtigen Termin nur infrage stellen?

»Na gut, dann fahr ich zum Narrenhof und zu Gerti, aber danach geh ich schwimmen und schmeiß das Handy weg!«, konterte Herbert und warf mir dabei einen gespielt vorwurfsvollen Blick zu.

»Deal!«, jubelte ich, bevor er noch etwas einwenden konnte, und holte mir lachend ein Stück Brot aus der Küche. Da hatte ich wohl noch mal Glück gehabt.

»Ma, aber das is' so viel, Helga. Und der Zaun in Thal auf der Weide ist auch kaputt. Den machst dafür aber du! Und nimm dir Isolatoren mit!«, rief er mir hinterher.

»Ja, okay, das kann ja nicht so schwer sein«, meinte ich, stopfte mir das Brot in den Mund und fügte mit vollem Mund hinzu: »Du musst mir nur noch sagen, was Isolatoren sind.«

Ausgerüstet mit Klemme und Isolatoren, das waren die Teile, an denen man das Elektroband mit den Stehern verband, machten wir uns also am Weg zur Weide in Thal, bevor wir die Route zu den Patienten begannen. Ich kannte die Weide bereits, und als wir ankamen, sah ich die beiden Pferde und nach einem Moment auch schon, wo der Elektrozaun einen Bogen nach unten machte.

Hach, was für ein guter Deal, fünfzehn Meter gehen, und die Sache hatte sich erledigt. Ich warf meiner Freundin einen freudigen Blick zu, das versprach ein kurzer Tag zu werden.

Wir stapften auf die Weide und bahnten uns einen Weg durch den nassen Schnee. In wenigen Minuten waren wir beim Zaun. Aber, da war gar nichts kaputt. Nur dass er auch auf der nächsten Sprosse zu tief hing. Das Seil musste irgendwo anders gerissen sein. Wir folgten der Schnur, aber konnten nirgends einen Riss entdecken. Was ein Scheiß! Motiviert begannen wir den Weg am Zaun entlangzugehen, der uns bald über zweihundert Meter bergauf führte. Wirklich, wie groß war diese Weide, bitte? Und wozu? Die zwei Grazien, die hier gehalten wurden, bewegten sich sowieso keinen Meter zu viel von der Futterstelle weg.

Nach einer gefühlten Ewigkeit kamen wir zur Kuppe des Hügels, mein Auto und die Pferde waren schon nicht mehr zu sehen. Da war es. Eine Spur durch den Schnee, die wahrscheinlich von einem Reh stammte, und dazwischen der gerissene Zaun. Die gerissenen Enden lagen ein paar Meter auseinander, aber wir konnten sie leicht verknoten. Wir marschierten zurück zu der Stelle, an der man den Zaun öffnen konnte, und wollten den Zaun wieder verbinden, aber es ging nicht. Es fehlte ein ganzer halber Meter.

»Hab ich so einen verschwenderischen Knoten gemacht?« Ich schaute verdutzt zu meiner Freundin hinüber.

Sie zuckte nur mit den Schultern. »Anscheinend – lass uns noch mal zurückgehen und uns die Stelle anschauen.«

Wir stellten fest, dass die Enden des Knotens wirklich zu lang waren. Ich musste den Knoten so klein wie möglich machen. Dafür hatte ich also studiert, Chirurgen mussten ja schließlich auch immer fadensparend arbeiten!

»Na dann zeig mal, was du draufhast«, witzelte Juli und sah mich herausfordernd an.

Gesagt, getan. Freudig stapften wir zurück zur Zaunöffnung, ich zog an den Zaunenden und konnte den Haken tatsächlich mit letzter Kraft wieder in die Lasche ziehen. »Na endlich!«, rief ich und strahlte Juli entgegen. Nun aber ab ins Auto, wir waren schon ordentlich durchgefroren. Als wir die letzte Steigung hinter uns gelassen hatten und gerade wieder an den friedlich grasenden Stuten vorbeispazierten, passierte es. Klack. Und der Zaun machte wieder einen Bogen. Der Tag begann mir auf die Nerven zu gehen.

»Willst du sonst schon mal zurück zum Auto gehen und da auf mich warten? Wir müssen ja nicht beide durchgefroren enden«, fragte ich Juli, bevor ich wieder von vorn begann. Meine nicht vorhandene Kondition machte sich langsam bemerkbar, als das Handy läutete und Herberts Nummer am Display erschien. »Herbert, der Deal war scheiße!«, schnaufte ich ins Telefon, während ich den Hügel hochstapfte und die gerissenen Enden suchte.

»Tja, das war deine Entscheidung! Aber der Narrenhof war genauso schlimm, wie du gesagt hast. Eine Katastrophe!«, seufzte er und erzählte mir ausführlich von seiner Patientenbegegnung.

»Wusste ich doch! Aber ich find den Deal trotzdem blöd, der Zaun ist zum zweiten Mal gerissen! Und jetzt bring ich die Enden nicht mehr zusammen!«, nörgelte ich ins Telefon. Immerhin hatte ich recht behalten mit meiner Vermutung.

»Na fahr doch in die Praxis und hol ein Stück neues Elektroseil.« Er machte Witze, oder? Ich hatte gerade zwei Mal hintereinander den Mount Everest der Konditionslosen bestiegen, und jetzt sollte ich zur Praxis zurückfahren und *noch mal* hinaufgehen? Es war kalt! Ich hatte Besuch! Es war Wochenende! Noch dazu war ich durch den ganzen Regen mittlerweile bis zu den Knien durchnässt und hatte immer noch vier Nachbesuche am Plan, die auf mich warteten. Herbert hörte meinen stillen Vorwurf und legte lachend auf. Zähneknirschend stieg ich zu Juli ins Auto, und wir machten uns auf den Weg zur Praxis, es half ja nichts.

Nach einer letzten Mount-Everest-Besteigung und endlich erfolgreicher Reparatur machten wir uns am Weg zu meinen ersten Nachbesuchen. Es lief zum Glück alles reibungslos. Nur noch ein Besuch, und wir konnten uns mit einem warmen Tee auf die Couch kuscheln und uns eine gute Serie anmachen. Freudig drückte ich aufs Gas. Da wurde meine Madsen-Melodie von einem Anruf unterbrochen. *Gerti* stand auf dem Display.

»Wo bist du denn gerade?«, hallte ihre Stimme durch den Lautsprecher, ohne mich groß zu begrüßen.

Ich hasse diese Frage. »Am Weg zu meinem letzten Besuch, aber da muss ich hin, bevor die heimgehen«, erwiderte ich.

»Ja, na, hilft nix, du musst trotzdem umdrehen, da ist ein Pferd in den Swimmingpool gefallen.«

Meine Freundin schaute mich schockiert an. Dass so etwas auch immer passieren muss, wenn ich Besuch hatte. Könnt ihr euch noch an meinen Gedanken am Morgen erinnern? Das war die Katastrophe, von der ich taggeträumt hatte. »Alles klar, bin auf dem Weg«, rief ich Gerti noch zu, bevor ich mit quietschenden Reifen wendete und wir uns auf den Weg zum Unfallort machten. Fahrzeit eine halbe Stunde, na, mal schauen, was uns da erwartet.

»Helga, wo bist du?« Die weinende Stimme der Besitzerin hallte durch den Praxiswagen.

»Ich fahr gerade die Straße hoch, ich kann die Blaulichter schon sehen!«, rief ich zurück, während wir uns einen Weg durchs Chaos bahnten.

»Bitte komm schnell, ich glaube, sie stirbt.« Kaum stiegen wir aus dem Auto, war die Besitzerin mit tränenüberströmtem Gesicht bei uns. Sie warf meiner Freundin nur einen kurzen Blick zu, die sich etwas im Hintergrund hielt. »Helga, ich kann mir das nicht anschauen, bitte rette sie«, schluchzte sie weiter, während sie eine Hand in meinen Arm krallte.

»Ja, bleib hier, du musst das nicht sehen.« Ich tätschelte ihr noch einmal beruhigend über die Schulter, signalisierte den Stallkolleg*innen, dass sie sich um die aufgelöste Besitzerin kümmern sollten. Dann bahnte ich mir meinen Weg an den Feuerwehrleuten und der Pferdebesitzerin vorbei, bis ich den Pool vor mir sah. Er war riesig, mehr als zwei Meter tief, und circa ein Drittel davon war noch mit Wasser gefüllt, bedeckt von dicken Eisschollen. Und genau darin lag die schwarze Stute. Komplett erschöpft und durchnässt, umgeben von Gurten, die um ihren Hals, ihre Brust und ihre Vorderbeine gebunden waren. Der vordere Teil ihres Körpers lag auf einer steilen Rampe. An der Poolkante standen mindestens dreißig Leute der Feuerwehr. Das Herz schlug mir bis zum Hals. Ich drückte mich an den Menschen in Uniform vorbei und ging an die obere Kante des Pools.

»Hallo, Helga!«, rief mir der Stallbesitzer erleichtert entgegen, der mit Latzhose und Gummistiefeln bei der Stute stand. »Gut, dass du da bist!«

»Was ist denn der Plan?«, rief ich fragend zu ihm hinunter. Aber ich konnte es mir schon denken. Sie wollten die Stute die steile Rampe hinaufziehen, auf der schon ein Teil ihres Körpers lag. Aber das würde in hundert Jahren nicht funktionieren. Die Stute war viel zu schwer, um sie mit schmalen Leinen einfach hinaufzuziehen. Außerdem war das ein Pferd und keine Kuh. Ein Pferd, das jederzeit in Panik geraten und sich selbst beim Versuch, sich von den Gurten zu befreien, etwas brechen konnte. Ich schritt ein paar Meter um den Pool herum und sah mir das Szenario noch mal von einer anderen Seite an, als der Kommandant der Feuerwehr auf mich zukam.

»Sind Sie die Tierärztin?«, fragte er mich, die Augenbrauen sorgenvoll zusammengezogen. Ein Pferd, das im Pool festhängt, hat man wohl auch nicht alle Tage, selbst bei der Feuerwehr.

»Ja, genau«, antwortete ich und war froh, dass jemand meinen Rat suchte.

»Jeder sagt und macht etwas anderes. Was meinen Sie denn, wie wir das machen sollten?«

Danke. Darauf hatte ich gewartet.

»Okay, wir machen das folgendermaßen«, rief ich und versuchte, mir gleichzeitig die Aufmerksamkeit aller zu verschaffen. Ich hatte einen Plan. »Macht sie von den Gurten los und lasst sie aufstehen. Wir wärmen sie erst einmal auf, und danach baut ihr eine bessere Brücke.« Ich wollte mir meine Unsicherheit nicht anmerken lassen, aber alle hörten auf mich, also schien es zu funktionieren. Wir lösten die Gurte, und während mir die Feuerwehrleute eine Hose und Gummistiefel gaben, schaffte die Stute es bereits aufzustehen. Wobei man von sicherem Stehen nicht reden konnte, denn die Dame stand auf zehn Zentimeter dicken Eisschollen, die immer im ungünstigsten Moment brachen.

Als ich angezogen war, kletterte ich zu ihr hinab. Das Wasser war eiskalt, aber ich versuchte, die Kälte zu ignorieren und mich auf die Stute zu konzentrieren. Ihr linkes Bein blutete stark, das Eis hatte ihr die Haut abgezogen. »Könnt ihr mir Verbandsmaterial aus meinem Auto holen?«, wies ich die beiden Feuerwehrmänner neben mir an. »Und wir brauchen Decken und warmes Wasser, um sie aufzuwärmen.«

Und wieder funktionierte das Team wie ein Uhrwerk. Die Materialien wurden in den Pool gereicht, und ich watete zur Stute, um den Verband anzulegen. Frierend und auf wackligem Untergrund hockte ich mich neben das nervöse Tier und stillte mit einem Verband die Blutungen. Währenddessen wickelten zwei der Feuerwehrleute sie mit allen Decken ein, die sie finden konnten. Als ich mit dem Verbinden fertig war, richtete ich mich auf und streichelte sie, wobei wir uns gegenseitig stützten. Währenddessen begannen die restlichen Feuerwehrleute damit, die Brücke zu bauen.

Die Stute, die Tierärztinnen normalerweise nicht mochte, wusste genau, worum es ging. Brauchten die Feuerwehrleute mehr Platz, folgte sie mir über die Eisschollen durch den Pool und blieb dann wieder felsenfest stehen. Nur kein Schritt zu viel auf dem schwankenden Untergrund. Näherte sie sich mir einen

Schritt, spürte ich, wie mich die Scholle unter meinen Füßen in die Höhe hob und knarrte, als wären wir auf einem instabilen Floß. Nach einer Stunde stand die Brücke endlich. Selbst der Lärm der Motorsäge hatte das Pferd kaltgelassen. Na ja, wie auch sonst, in einem Pool voller Eiswasser.

Wir rieben die Stute immer wieder trocken und wechselten die nassen Decken. Schließlich wusste niemand, wie lang sie schon in diesem Pool war, inzwischen zitterte ihr ganzer Körper. Die Temperatur zu messen war dabei ein Ding der Unmöglichkeit. Nicht nur, weil wir auf wackligem Eis standen, sondern weil sie es auch unter normalen Umständen kaum zuließ.

»Also die Brücke wäre so weit, Sie müssen uns nur noch sagen, was Sie für die Stute brauchen«, raunte mir der Kommandant zu.

Ich gab noch ein paar Anweisungen, und dann war es so weit. ›Wenn die Brücke bricht, fällt das Pferd auf mich drauf und erschlägt mich‹, war mein letzter Gedanke, bevor ich das Bein aus dem Eiswasser zog und in Richtung Brücke setzte.

Und los ging's. Wie schon die restliche Stunde arbeitete die Stute mit mir zusammen, als wären wir ein altes Team. Wir näherten uns der Brücke. Die Feuerwehrleute hatten ein Scheunentor umfunktioniert und mit Heu bedeckt, um das Rutschen zu vermeiden. Ich muss zugeben, dass ich nicht besonders auf ihre Stabilität vertraute, aber es nützte ja nichts. Wir setzten uns also ganz vorsichtig in Bewegung.

Und was machte die Stute, als sie das erste Vorderbein auf das heubedeckte Holz stellte? Sie fraß. Ja, tatsächlich. Sie senkte den Kopf und naschte erst einmal an dem leckeren Heu. Wieso auch nicht? Sie stand ja nur umgeben von dreißig Menschen in einem Eispool und blutete durch ihren durchtränkten Verband das ganze Wasser voll, da musste man sich auf den Schock natürlich erst mal einen Bissen gönnen.

Ich stieß ein nervöses Lachen aus, alle anderen starrten gebannt auf die unwirkliche Szene und hielten die Luft an. Als sie das verletzte Bein auf die Rampe heben wollte, blieb sie mit dem Huf an der Kante des Pools hängen und stolperte, konnte sich jedoch gerade noch mit dem zweiten Vorderbein abfangen. Sie war nervös, musterte die Brücke skeptisch und senkte den Kopf erneut, um sich einen letzten Bissen zur Stärkung zu holen. Ich ging ein paar Schritte voraus und hatte kurz Angst, dass sie sich weigern würde, mir zu folgen. Doch sie kam mir hinterher. Sie war also auch der Meinung, dass die Poolparty mit Feuerwehrleuten nun wirklich ein Ende finden sollte. Es war ja auch schon seit einigen Stunden dunkel. Außerdem war morgen Silvester, da durfte man nicht heute schon das ganze Pulver verschießen.

Begleitet von den Rufen der Leute, die mittlerweile aus ihrer Starre erwacht waren, gingen wir die Brücke in langsamen Schritten hinauf. Und da hörte ich es. Krrk. Die Brücke knackte. ›Das war's‹, dachte ich.

»Weiter!«, rief der Stallbesitzer hinter uns, und ich schob meine Angst in die hintersten Ecken meines Kopfes und ging so schnell, wie meine rutschigen Stiefel und die eingefrorenen Füße es zuließen, weiter die Brücke hinauf. Die wenigen Meter schienen nicht enden zu wollen, doch dann fühlte ich endlich festen Boden unter meinen Füßen. Jetzt bloß nicht stehen bleiben und dem Pferd Zeit geben, nervös zu werden.

Die Leute um uns herum brachen in lautstarkes Jubeln aus. Sie hatte es geschafft. Wir hatten es geschafft. Die Stute stieß ein erleichtertes Schnauben aus, und auch mein Herzschlag begann sich langsam wieder zu beruhigen. Ich hatte gar nicht gemerkt, wie schnell er gegen meine Rippen gehämmert hatte, so sehr hatte ich mich darauf konzentriert, Ruhe auszustrahlen.

Ich ging mit ihr immer weiter, bis wir im Stall angelangt waren. »Danke, Helga, danke, danke, danke«, stieß die Besitzerin mit einem Freudenschrei aus. Sie hatte völlig aufgelöst vor Sorge in der Box gewartet und begrüßte ihre Stute mit zitternden Händen. Juli war auch da, ich hatte sie über die ganze Aufregung völlig vergessen. Ich lächelte sie müde an, erleichtert, dass wir beide heile rausgekommen waren.

Doch erst mal musste ich die Stute untersuchen. Ihre Wunden waren tief, und wir wussten zunächst nicht, ob sie die nächsten Tage ohne einen Aufenthalt in der Klinik überstehen würde. Die nächsten zwei Wochen schaute ich fast täglich nach ihr, und ihre Wunden heilten tatsächlich, ohne dass ein Klinikaufenthalt notwendig war.

Als Juli und ich an dem Abend völlig erschöpft im Auto saßen, um nach Hause zu fahren, schaute sie mich von der Seite an. »Also, ich wusste ja, dass dein Job aufregend ist, aber mit *so etwas* hätte ich nun wirklich nicht gerechnet«, sagte sie und lachte. Ich schüttelte nur müde mit dem Kopf. Nein, das taten wahrscheinlich die wenigsten.

Kurz vorm Hinschmeißen

Ich erinnere mich noch gut an den Moment, in dem ich wusste, dass ich Pferdetierärztin werden wollte. Natürlich haben am Ende viele kleine Momente dazu beigetragen, dass ich heute als mobile Ärztin für diese wundervollen Tiere in Bayern arbeitete, aber vor allem eine Situation kurz vor Ende meines Studiums ist mir im Gedächtnis geblieben, die mich dazu gebracht hat, diesen Weg weiter zu verfolgen. Dabei war ich kurz davor gewesen, mein Studium hinzuschmeißen und alles an den Nagel zu hängen.

Ich war in meinem vorletzten Studienjahr an der Veterinärmedizinischen Universität Wien, und seit Tagen beschlich mich ein ungutes Gefühl. Die letzten Jahre waren hart gewesen.

Es gibt einen Grund, warum Veterinärmedizin zu den schwersten Studiengängen zählt, die es gibt. Man spezialisiert sich nämlich nicht nur auf den Menschen, wie in der Humanmedizin, sondern muss sich mit vielen verschiedenen Spezies auskennen: Tiere, die alle eine unterschiedliche Anatomie haben, teilweise sogar innerhalb einer Art. Tiere, die von Rasse zu Rasse unterschiedlich auf Medikamente reagieren, und sich unterschiedlich ernähren, handeln und lebten.

Du musst etwas im Köpfchen haben, aber auch mit Patienten umgehen können, die nicht mit dir sprechen, zumindest nicht mit Worten.

In einem blöden Witz heißt es so schön: Sage einem Mediziner, er soll das Wörterbuch auswendig lernen, und er fragt, »warum?«. Sage einem Tiermediziner, er soll das Wörterbuch auswendig lernen, und er fragt, »bis wann?«.

So ist sie, die Tiermedizin.

Und so war das Studium, das ich hoffentlich bald hinter mir lassen konnte. Und mein großes Ziel, Tierärztin zu werden, rückte in greifbare Nähe.

Doch plötzlich veränderte sich etwas: Es waren gerade Ferien, und so arbeitete ich fast täglich in einer Kleintierklinik, um mir Geld dazuzuverdienen. Das bedeutete, dass ich Zwölf-Stunden-Dienste machen musste, in denen ich der Depp vom Dienst war: Tiere versorgte, Medikamente herrichtete, aber vor allem größtenteils sehr, sehr viel Scheiße wegputzte. Es war wortwörtlich ein beschissenes Studentenleben, und mir stand es bis obenhin. Ich hatte nur noch einen Gedanken: ›Ich will nicht mehr.‹ Ich genoss die Arbeit nicht, sondern zählte jedes Mal die Stunden, bis ich endlich heimkonnte. Doch nach so vielen Semestern alles hinschmeißen? Wäre das ein Fehler, den ich bereue?

›Wahrscheinlich, aber unglücklich sein wäre noch ein viel größerer‹, dachte ich mir.

Zum Glück waren die Ferien bald vorbei, und mein Job in der Kleintierklinik gehörte erst mal der Vergangenheit an. Ich schlenderte schlecht gelaunt um 6.30 Uhr über das Unigelände – ich war noch nie eine große Frühaufsteherin –, um rechtzeitig vor der Visite um 8.00 Uhr meine Patienten präsentieren zu können, die ich bis dahin untersucht und mit Medikamenten versorgt haben musste.

Ich war mittlerweile in der Pferdespezialisierung, etwas Besonderes an der Uni Wien. Nach viereinhalb Jahren hatte ich den allgemeinen Teil des Studiums abgeschlossen. Dank guter Noten war ich in meine Wunsch-Spezialisierung »Pferd« gekommen und verbrachte die restlichen drei Semester im Pferdebereich. Nun standen die Klinikrotationen an. Das hieß, ich rotierte zwischen den unterschiedlichen Pferdekliniken umher, also der Chirurgie, der internen Medizin, der Orthopädie und der Gynäkologie, und hatte je nach Klinik meine »eigenen« Patienten, bei denen ich die Patientengeschichte kennen musste,

Medikamente gab, die Behandlungen mitverfolgte – und sie eben morgens um 8.00 Uhr in der Visite den anderen Studierenden und Ärzt*innen präsentieren musste.

Heute war ich in der Chirurgie. Als ich den hellen Stall der Pferdeklinik betrat, bemerkte ich zuerst den Geruch. Es roch nach Pferden und dem Heu, das sie gemächlich fraßen. Ich liebte diesen Geruch, er gab mir etwas Urvertrautes und Sicheres und erinnerte mich an meine Kindheit, mit unseren Pferden im Garten.

Ich sah zur Seite, und da standen sie in ihren Boxen. Diese wundervollen Tiere, die mich schon mein ganzes Leben begleitet hatten. Mit ihren großen Augen blickten sie mich an und schnaubten leise in die Stille hinein. Ich streckte den Arm nach einer der Stuten aus, die mir ihren Kopf entgegenstreckte. Sie schnupperte an meiner Hand und ließ mich ihre große Wange streicheln. Kein Zucken, keine Ungeduld. Wir standen nur da, während die anderen Pferde weiterfraßen, und genossen die Ruhe, die wir einander gaben.

Und da wusste ich es. Dieses Gefühl der Zufriedenheit, das ich jedes Mal verspürte, wenn ich ein Pferd ansah, wollte ich jeden Tag in meinem Beruf fühlen. Ja, die letzten drei Semester würden hart werden. Aber plötzlich hatte ich wieder die Gewissheit, dass es sich lohnen würde. Die Vorstellung, mein Leben als Pferdetierärztin zu führen, erfüllte mich mit purem Glück.

Das Stolpern in die Berufung

Und was wird aus UNS, wenn du nach Deutschland gehst?« Da war sie, die Frage der Fragen. Was würde passieren, wenn Tobi nach Deutschland ging und ich in Österreich bleiben würde?

Ihr fragt euch jetzt sicher, wer Tobi ist. Kurz gesagt, Tobi ist die Liebe meines Lebens. Wir hatten uns vor einem Jahr kennengelernt, im schlimmsten Jahr meines Lebens. In diesem Jahr war ich auf Weltreise gewesen, und alles hatte sich geändert: Ich hatte die Beziehung zu meinem Ex-Freund zerstört, Liebeskummer wegen eines Engländers, den ich in Australien kennengelernt hatte, mein Vater hatte in seiner dritten Scheidung gesteckt und ich es einfach nicht geschafft, meine Diplomarbeit fertigzustellen und mein Studium zu beenden.

Zwar war ich endlich in der Pferdespezialisierung angekommen, aber das Ende meines Studiums war dennoch gefühlte Welten entfernt. Ich war in eine tiefe Depression gerutscht und wurde krank, Diagnose: Hashimoto mit einem Schilddrüsentumor.

Das Einzige, das mich dazu gebracht hatte, weiterzumachen, waren meine vier besten Freund*innen gewesen. Sie hatten meinen Kopf über Wasser gehalten und dafür gesorgt, dass ich nicht unterging.

Doch auch sie hatten es nicht geschafft, mich aus dem tiefen Loch zu holen, in dem ich steckte. Das war Tobi gewesen. Im dunkelsten Moment meines Lebens war er in mein Leben getreten, und schlagartig wurde alles besser.

Unser Lied, das in diesem Jahr rauskam, war *Flash mich* von

Mark Forster: »Seit du da bist, sind alle Lichter an«, besser konnte man meine Liebe zu diesem Mann nicht beschreiben.

Ich begann endlich zu heilen, sowohl seelisch als auch körperlich. Meine Schilddrüse wurde eingestellt, der Tumor war zum Glück gutartig, und aus Dunkelheit wurde langsam Licht. Und ich hatte endlich Motivation, mein Studium zu beenden.

So also kam Tobi in mein Leben. Und was tat Tobi? Er spielte Geige, und das mit Leib und Seele. Und das wollte er nach seinem Bachelorstudium in Deutschland. Genauer gesagt, in München. Doch wie unsere Beziehung weitergehen würde, sollte er eine Stelle in einem Orchester oder einen Studienplatz bekommen, wussten wir beide nicht. Unsere Beziehung war damals noch kein Jahr alt, und für Tobi war klar – er wollte keine Fernbeziehung. Doch gefragt, ob ich mit nach Deutschland kommen möchte, hatte er mich auch nicht. Tja, so kann es gehen. Gerade mal ein Jahr zusammen und das Ende der Beziehung schon in Sichtweite.

Eines Tages kam endlich die ersehnte Frage: »Kommst du mit nach Deutschland, wenn ich gehe?« Die Antwort lag natürlich auf der Hand – ja, ich wollte mit. Alles hinter uns lassen und ein neues Leben in Deutschland beginnen. Wobei Deutschland nicht ganz korrekt war. Wir bewarben uns nämlich nicht in Deutschland, sondern im wunderschönen BAYERN.

So klemmten wir uns hinter unsere Bewerbungen, und während Tobi in München vorspielte, bewarb ich mich in einer Pferdeklinik ganz in der Nähe. Klinik! Das war der einzige Ort, an dem ich zu diesem Zeitpunkt arbeiten wollte. Eine Fahrpraxis kam für mich nicht infrage – da sitzt man doch den ganzen Tag nur im Auto. Es musste definitiv eine Klinik sein.

Doch sosehr ich von einem Job in einer Klinik träumte, keine der Stellen, bei denen ich mich beworben hatte, wollte mich haben. Also war die einzige Alternative wohl München. Bei der Klinik dort durfte ich immerhin zwei Tage zum Probearbeiten vorbeikommen. Danach sollte feststehen, für wen sich die Klinikleitung entschieden hatte. Das Probearbeiten verlief gut, und ich konnte mir auch vorstellen, dort anzufangen. Doch ich sollte kein Glück haben. Die Wahl fiel, schweren Herzens, auf eine andere Bewerberin.

Na ja, eine weitere Absage. Aber ich war nicht allein, auch Tobi bekam die Stelle in München nicht. Wir würden also erst mal weiter in Österreich bleiben und einen Job suchen.

»Ich hab den Job nicht«, erzählte ich Tobi und versuchte, nicht besonders betroffen zu wirken. Die Devise war, einfach ruhig zu bleiben und so zu tun, als wäre das völlig okay.

»Bewirbst du dich jetzt weiterhin in Deutschland?«, fragte Tobi, während er etwas wirklich Seltenes tat: Er räumte seine Tassen in den Geschirrspüler, die er immer in der ganzen Wohnung verstreute.

»Nein, wozu? Du bleibst ja jetzt auch erst mal hier. Obwohl, eine Sache ist schon cool, die Chefin von der Klinik in München hat mir mit der Absage die Infos zu vier weiteren Jobs geschickt, für die ich mich bewerben kann!«, erwähnte ich beiläufig und warf mich währenddessen auf die Couch, auf die mir Sparky und Aana, unsere zwei vierbeinigen Begleiter, natürlich sofort folgten. »Ich habe mir das aber schon angeschaut, das ist irgendwo in Bayern, da gibt's ja gar nichts. Und außerdem ist es voll weit weg von dir.«

»Ja, wird sich schon was anderes ergeben«, meinte Tobi und griff zu seiner Geige. Egal wie viel ihm gerade durch den Kopf geht, Üben ist für Tobi wie auf die Toilette gehen, das vergisst er niemals. Das tut er sogar im Halbschlaf, wenn die Geige brav in ihrem Koffer ruht.

Bayern war somit erledigt. Tobi übte weiter für seinen Bachelor, und ich kellnerte in einer Bar, um Geld für meine nächste Reise zu verdienen. Drei Tage später kam eine weitere E-Mail der Chefin der Pferdeklinik in München, die mir mehrere Tierärzte empfahl, die eine Assistenzärztin suchten. Wow. Ich hatte wohl doch einen ganz guten Eindruck hinterlassen. Aber, da war es wieder – Bayern. Um ehrlich zu sein, war das nicht der Ort, den ich mir für meine Zukunft vorstellte. Und so wurde auch diese E-Mail mit einem netten »Vielen Dank« beantwortet und abgelegt.

Kurz entschlossen buchte ich einen Flug nach Costa Rica. Ein neues Land auf meiner Länderliste mit dem einen Ziel: Jedes Land der Welt zu bereisen. Tobi und ich hatten mittlerweile unsere Wohnung gekündigt und waren in das Haus meines Vaters gezogen. Wozu weiter eine Wohnung zahlen, wenn ich bald einen Monat mit einem Freund durch Costa Rica reisen und Tobi wieder anderthalb Monate mit dem *EUYO,* dem *European Union Youth Orchestra,* durch Europa touren würde?

»Helga, dass das klar ist, wenn der Freund nicht mitfliegt, FLIEGST DU NICHT NACH COSTA RICA«, ploppte die Nachricht meines Vaters auf meinem Handydisplay auf. Es war ein netter Versuch von ihm, mich von meinem Vorhaben abzuhalten. Funktionierte aber wie immer sowieso nicht. Mein Begleiter hatte mir tatsächlich eine Woche vor der Reise abgesagt, aber ich war es schon gewohnt, allein zu reisen. Ich hatte den Schock schnell überwunden und mich entschieden, trotzdem zu fliegen. Schließlich hatte ich dort eine Freundin, die ich in Vietnam kennengelernt hatte. Irgendwie würde ich mich schon durchschlagen.

»Wir sehen uns in vier Wochen«, rief ich Tobi nach, als ich in Richtung Check-in ging und wir unsere Reisen antraten. Während er durch Europa tourte und einen Konzertsaal nach dem anderen sah, war ich mit meinem Rucksack quer durch Costa Rica unterwegs. Wie auf jeder meiner Reisen lernte ich viele neue Leute kennen und schloss Freundschaften für die Ewigkeit. Doch mit einer Person hatte ich nicht gerechnet.

Es war einer dieser Tage, an dem ich morgens im Hotel beim Frühstück saß, den Blick vom Balkon in den Dschungel genoss und meine E-Mails checkte. Und dann las ich eine E-Mail mit dem Betreff: Pferdepraxis Dr. Herbert Pflaum.

Hallo, Frau Kollegin Meier,
von der Tierklinik in München habe ich erfahren, dass Sie auf Stellensuche sind.
Wir sind ein 6-köpfiges Team in einer ambulanten Pferdepraxis in Niederbayern (Landkreis Passau) mit kleinem stationärem Anteil und suchen zum Oktober eine neue Assistenzärztin.
Wenn Sie Interesse haben, melden Sie sich bitte gerne.
Hab Sie telefonisch leider nicht erreichen können.
Mit freundlichen Grüßen,
Herbert Pflaum

Natürlich konnte er mich telefonisch nicht erreichen, ich saß irgendwo im Dschungel Costa Ricas, und die Vorwahl 0049 war mir damals sowieso nicht geläufig, ich hatte den Anruf einfach ignoriert. Und das Thema Bayern war für mich eigentlich schon längst abgehakt.

›Egal‹, dachte ich, ›einen Versuch war es wert‹, schließlich wollte ich ja doch irgendwann einen Job in der Pferdemedizin. Kurzerhand tippte ich eine Antwort ins Mailprogramm:

Lieber Herr Pflaum,
ich bin noch bis 13. August im Ausland, darum konnten Sie mich wahrscheinlich nicht erreichen (das Netz hier kann sehr unstabil sein).
Ich hätte großes Interesse an der Stelle und würde mich gerne wieder melden, sobald ich zu Hause bin. Ich habe im Moment leider weder meinen Lebenslauf noch Empfehlungsschreiben, die ich Ihnen weitersenden könnte, da ich nur mein Handy dabeihabe.
Mit freundlichen Grüßen,
Helga Meier

Nach kurzer Zeit folgte eine weitere Mail von Herrn Pflaum.

Liebe Frau Meier,
kein Problem. Ich habe Ihre Unterlagen von der Klinik in München. Alles gut. Wollen Sie zum Probearbeiten kommen, wenn Sie wieder da sind?
Gute Rückreise,
Herbert Pflaum

Und wieder schoss mir ein »WOW« durch den Kopf. Die Chefin der Klinik hatte wirklich Head Hunter für mich gespielt. Aber ich war immer noch nicht ganz davon überzeugt, irgendwohin nach Bayern zu gehen. Ich startete also einen halbherzigen Versuch, mein Probearbeiten abzusagen, indem ich schrieb, dass ich für Deutschland noch keine Approbation, also die Erlaubnis, in Deutschland zu praktizieren, hatte. Doch dieses Argument wurde von Dr. Pflaum kurzerhand mit den Worten »ach, die bekommst du schon bis dahin« abgewiesen und das Thema war damit erledigt. Also machten wir einen Termin aus, und ein paar Tage nachdem ich aus Costa Rica zurückgekehrt war, fuhr ich nach Bayern und stellte mich vor.

Dr. Pflaum sah aus, wie man sich einen bayerischen Pferdetierarzt vorstellte: groß, von kräftiger Statur und mit Händen, die zeigten, dass er in seinem Leben schon viel gearbeitet hatte. Er war im Alter meiner Eltern, um die sechzig, und strahlte das Gefühl aus, dass er jedes Problem lösen konnte. Ich verbrachte drei Tage in Bayern, den Großteil der Zeit davon im Auto, um von einem Hof zum nächsten zu kommen. Und obwohl das eigentlich mal der Grund war, warum ich in eine Klinik und in keine mobile Praxis wollte, war es diesmal anders.

In diesen drei Tagen mit Dr. Pflaum lernte ich mehr als in einem ganzen Monat in meinem vorherigen Praktikum. Er erklärte mir alles, ließ mich die Patienten untersuchen, und schnell bekam ich ein Gefühl dafür, wie es in seiner Praxis lief. Und das gefiel mir überraschend gut. Geld und Arbeitszeiten waren mir damals nicht wichtig. Auf einmal war ich mir ganz sicher, dass ich diesen Job machen wollte, und alles, was dabei raussprang, war ein Bonus. Ich hoffte plötzlich, dass ich den Job, irgendwo in Bayern, bekommen würde.

Wieder daheim, erzählte ich Tobi vom Probearbeiten. »Und wie machst du das, wenn du den Job bekommst?«, fragte er, und ich merkte, dass ihn das Thema beunruhigte.

»Ach, ich bekomm den eh nicht«, antwortete ich und merkte, wie sich seine Anspannung etwas löste.

Einige Tage später bekam ich eine E-Mail:

Hallo, Helga und schönen Sonntag,
wollte mich heut melden, weil wir fertig gebrütet haben.
Wir würden uns freuen, wenn Du bei uns im Team anfangen würdest, wenn möglich, zum 1. Oktober.
Bitte gib mir baldmöglichst Bescheid, ob das für Dich infrage kommt.
Gruß,
Herbert

SHIT! Sosehr ich befürchtet hatte, schon wieder eine Absage zu bekommen, so groß war dann doch der Schock, den Job tatsächlich bekommen zu haben. Ich konnte nach Bayern gehen! Aber alleine. Und gerade war September, also hatte ich nur einen Monat bis zu meinem Arbeitsbeginn, falls ich den Job annahm. Ich legte den Laptop auf meinem Schoß zur Seite und schaute erst mal ungläubig ins Wohnzimmer.

Die Melodie von Tobis Üben im Nachbarzimmer klang durch den Raum. Ich saß noch einen Moment still da, stand auf und ging rüber.

Als ich die Tür zu seinem Zimmer öffnete, hörte er auf zu spielen und sah mich an. Er hatte die Geige noch in den Händen und verharrte in der Position, in der er den letzten Ton gespielt hatte. Ich merkte an seinem Blick, dass er schon befürchtete, was jetzt kam.

»Ich hab den Job.« Stille. Das Einzige, was jetzt noch fehlte, wäre das Reißen einer Geigensaite gewesen.

»Und jetzt?«, fragte Tobi in die Stille hinein.

»Ich glaub, ich nehme ihn an.«

Ich konnte dabei zusehen, wie die Farbe aus seinem Gesicht wich. Fernbeziehung kam nicht infrage? Tja, von nun an schon.

Und so begann es.

Willst du in einem Zelt wohnen?

Ich wäre nicht ich, wenn ich nicht gleich jemandem, den ich neu kennengelernt habe, sprichwörtlich ans Bein pinkeln würde.

In diesem Fall war Gerti Felsstadt, alias die Hebamme der Pferde, die Glückliche. Gerti war etwas kleiner als ich und hatte eine für ihr Alter recht sportliche Figur, da sie den ganzen Tag zwischen Pferdeboxen und Koppeln umherlief. Meist hatte sie dabei noch das Handy in der Hand, weil immer jemand irgendetwas von ihr brauchte. Alle Tierärztinnen und Tierärzte unserer Praxis leiteten ihre Telefone nämlich auf sie um, sobald sie nicht im Dienst waren. Und auch unser Büro wurde auf sie umgeleitet, wenn niemand von uns erreichbar war. Neben ihrer Tätigkeit als Notfallzentrale kümmerte sie sich auch um viele kleine Anliegen, die Herbert hatte. In diesem Fall: eine Wohnung für Helga finden.

Ich verbrachte gerade noch meinen letzten Monat in der Heimat, als ein Anruf kam. »Hallo, Helga! Und, hast du schon bei den Kontakten angerufen, die ich dir geschickt habe?«, hallte Gertis Stimme durchs Telefon.

Natürlich hatte ich nicht angerufen. Ich telefoniere doch nicht stundenlang ins deutsche Netz und strapaziere meinen Handytarif. Ich hatte SMS an die verschiedenen Vermieter*innen geschickt und um die E-Mail-Adressen gebeten. Leider hatte ich bis dato noch keine Antworten erhalten. Ich war ja so naiv.

Nach einer kurzen holprigen Erklärung an Gerti kam von ihr zurück: »Ähm, du weißt aber schon, dass das Festnetznummern sind? Willst du dich nicht darum kümmern? Oder willst du in einem Zelt wohnen?«

Himmel, war die nervig. »Natürlich weiß ich nicht, dass das Festnetznummern sind, woher auch? Ich mach das schon, bleib doch ruhig«, schnappte ich zurück. Da war sie: die Arschloch-Helga in mir. Wieder einmal konnte ich mein freches Mundwerk nicht halten. Dabei hatte der erste Arbeitstag noch nicht einmal begonnen.

»Aha, na ja, ist eh dein Problem, ich wollte nur helfen.«

»Ja, danke, ich mach das schon.« Das war das Ende unseres Gesprächs.

Tja, das hatte ich wieder einmalig hinbekommen. Aber ich würde schon eine Wohnung finden. Wie schwer konnte es sein, innerhalb eines Monats eine Wohnung zu finden? Schließlich war das Bayern und die Praxis am Land, da würde schon irgendwo Platz für eine Tierärztin mit zwei Hunden sein.

Es sollte sich herausstellen, dass es sehr schwer war, eine Wohnung zu finden, und die Geschichte endete damit, dass ich die ersten zwei Monate meiner Karriere im Praktikantenzimmer wohnte.

Tja, Bayern war wohl doch nicht so ein Dorf, wie ich dachte, und eindeutig nicht so hundelieb, wie ich gehofft hatte.

Der erste Arbeitstag kam näher, und ich war nervöser als am ersten Schultag. Ständig kreiste mein Kopf um Behandlungssituationen, in denen ich nicht wusste, was zu tun wäre: Was mach ich noch mal bei einem Pferd mit Kolik? Was bei einer Phlegmone, also einer bakteriellen Entzündung im Gewebe? Und würde ich den harten Alltag einer Tierärztin aushalten?

»Wann beginnst du morgen früh?«, riss mich Tobi aus meinen Gedanken, als ich dabei war, die letzten Sachen für meinen ersten Arbeitstag zu packen.

»Um 8.00 Uhr ist Arbeitsbeginn, aber da ich an der Praxis wohne, muss ich eh nur runtergehen«, antwortete ich und überlegte, wann ich an diesem Abend ankommen würde. Von

Wien bis zur Landesgrenze bei Passau fuhr ich circa zweieinhalb Stunden, von dort war es noch eine gute Stunde bis zur Praxis. Morgen sollte es endlich losgehen, und ich wusste nicht, was mich erwarten würde. Ich kannte die Praxis zwar vom Probearbeiten und wusste auch grob, wie ein Arbeitstag aussah, aber was genau mein Chef von mir erwarten würde, wie meine Kolleg*innen und die Besitzer*innen auf mich reagieren würden, das alles war ungewiss.

Zum Glück hatte ich mein kleines schwarzes Buch, das mir schon an den Diensten an der Uni ein treuer Begleiter gewesen war. Dosierungen gewisser Medikamente, Namen und Verläufe anatomischer Strukturen, das alles konnte ich darin nachlesen.

»Wann sehen wir uns dann wieder?«, kam es von Tobi. Nach dem anfänglichen Schock, dass wir bald in unterschiedlichen Ländern wohnen würden, hatten wir uns mittlerweile ganz gut damit arrangiert.

Ich drehte mich um und sah ihn an. »Ich weiß nicht. Ich glaube, der Dienst endet Samstagmorgen? Aber ich frag noch mal nach.«

Wir hatten ausgemacht, dass wir uns, sooft es ging, besuchen würden und ich mich einfach direkt nach meinem ersten Wochenenddienst ins Auto setzen und zu Tobi fahren würde. Ich sollte allerdings schnell lernen, dass der Dienst erst dann vorbei war, wenn niemand mehr anrief und kein Patient mehr wartete. Was, wie ich schnell feststellte, so gut wie nie vorkam. Aber genau das hatte ich eigentlich auch erwartet.

Trotzdem war ich nervös, nicht nur vor der geistigen Herausforderung, sondern auch vor der körperlichen. Wie würde ich mehrere Nachtdienste, gefolgt von Tagdiensten, überstehen? Was, wenn ich irgendwann einfach nicht mehr konnte, weil ich Schlaf brauchte? Ich war es aus meinem Studium zwar gewohnt, Sechsunddreißig-Stunden-Dienste zu absolvieren und nach ein paar Stunden Pause wieder zu arbeiten, aber dennoch kamen Fragen wie diese ab und an in mir hoch und machten mir etwas Angst.

»Nimmst du die Hunde mit?«, durchbrach Tobi erneut mein Gedankenchaos.

»Nur mal den Sparky, wie wir das mit der Aana machen, schauen wir mal nach der ersten Woche.« Ich packte Schuhe, Arbeitskleidung, mein Stethoskop und was ich sonst noch für eine Woche benötigte, und stellte es zur Wohnungstür. Mehr brauchte ich im Praktikantenzimmer ja erst mal eh nicht.

»Melde dich, wenn du da bist«, sagte Tobi und küsste mich.

»Mach ich«, flüsterte ich ihm zu, während er mich lang umarmte. Ich sah ihn noch mal an, verabschiedete mich bei Aana und schnappte Sparky, um die Reise anzutreten.

Es war schon spät, als ich schließlich die letzte Straße zur Praxis nahm. Sie stand alleine zwischen zwei Hügeln, umgeben von Feldern und Weiden, mit gerade mal einem Nachbarn, der dreihundert Meter entfernt sein Haus stehen hatte. Das Tor war schon geschlossen, also stieg ich aus und öffnete das Holztor, um aufs Praxisgelände fahren zu können. Links stand eine kleine gemauerte Hütte, in der sich das Büro und die Apotheke befanden, in der alle Medikamente gelagert wurden. Direkt vor mir lag ein L-förmiges Wohnhaus, und rechts, ans Wohnhaus anschließend, stand ein Pferdestall mit verschiedenen Boxen und zwei Paddocks.

Der Hund meines Chefs jaulte los, als ich gerade zurück ins Auto stieg, um neben dem Stall zu parken. »Ja hallo!«, rief Herbert mir aus der Haustür zu. Er war ein großer Mann und erreichte fast den oberen Rahmen der Tür. »Hattest 'ne gute Fahrt?«

»Ja, ging ganz gut!«, rief ich zurück, während ich über den Hof schritt, um ihn zu begrüßen.

»Und du wohnst jetzt hier an der Praxis, bis du 'ne Wohnung hast, oder wie?«, fragte er und sah mich mit einem Schmunzeln an.

»Genau das ist der Plan. ’ne Wohnung, in der Hunde erlaubt sind.«

»Ah ja, Hunde hast du ja auch, wo sind denn die?«, fragte Herbert und schaute sich um.

»Ich hab erst mal nur den Sparky mit, der ist gerade noch im Auto.«

»Aha, aha. Willst du noch was essen, im Kühlschrank steht noch irgend so ein Veggiezeug von der Praktikantin, die hat gekocht«, fragte Herbert, und ich nahm dankend an. Wenn es um Gastfreundlichkeit geht, können diesem Bayer wenige das Wasser reichen. Wir saßen noch ein paar Stunden zusammen und quatschten, bis ich schließlich ins Bett ging und versuchte, trotz der Aufregung vor meinem ersten Arbeitstag noch ein paar Stunden Schlaf zu bekommen.

Meine Angst sollte sich schnell als unbegründet herausstellen. In den ersten drei Wochen fuhr ich noch mit den anderen Tierärztinnen mit und war nicht gleich auf mich allein gestellt, wie ich befürchtet hatte. So lernte ich nach und nach, wie die Pferde in unserer Praxis behandelt wurden.

Wichtig war, welche Medikamente verwendet wurden, welchen Weg man einschlug, um zu einer Diagnose zu gelangen, und wie man ein Pferd am besten dazu brachte, sich untersuchen zu lassen. Dabei lernte ich langsam die Patienten und ihre Besitzer*innen kennen und versuchte Schritt für Schritt, ein kleines Navigationssystem im Kopf aufzubauen, um mich später zurechtzufinden.

Zu dieser Zeit gab es fünf Kolleginnen, wobei eine Kollegin uns, kurz nachdem ich angefangen hatte, schon wieder verließ. Sie hatte nämlich an meinem ersten Arbeitstag gekündigt, wodurch die Stellenausschreibung zu Herberts großer Freude schon wieder von vorne losging.

Neben Herbert arbeiteten Perdite, die am längsten dabei war, Conny und Nina an meiner Seite. Sie alle waren superfreundlich und hilfsbereit, beantworteten meine ganzen Fragen gerne und nahmen Rücksicht, wenn ich gewisse Behandlungen noch nicht konnte.

Heute war ich mal mit Herbert unterwegs. »Na Herbert, habens da den Schein abgenommen«, lachte ein Besitzer, sobald wir aus dem Auto stiegen und seinen Hof betraten. Wenn jemand noch irrer als ich Auto fährt, dann mein Chef. Die Frage war also nicht so unberechtigt.

»Nein, meiner neuen Mitarbeiterin wird nur schlecht, wenn ich fahre«, gab er zurück, und ich grinste unschuldig. Wir hatten es tatsächlich einen Tag mit mir am Beifahrersitz versucht, aber nach wenigen Kilometern hatte ich Herbert gebeten, mir das Weiterfahren zu überlassen.

»Aso! Hast scho wieder a neue Tierärztin?«

»Helga. Grüß Sie! Ich werde die neue Tierärztin in diesem Gebiet sein«, begrüßte ich ihn und streckte ihm meine Hand entgegen.

»Jo mei, bist du aus Österreich?«, grinste der Mann mich an. Aus irgendeinem Grund mochten die Bayern Österreicher, was für mich ein guter Start als Neuling war. Ich bejahte seine Frage, worauf er mir gleich erzählte, was für eine schöne Stadt Wien nicht sei. Danach war die Lage gleich entspannter. Nachdem Herbert das Pferd untersucht hatte, durfte ich dieselbe Untersuchung an unserem nächsten Patienten durchführen.

Die nächsten Tage wechselte ich von einem Tierarztauto zum anderen und war mit all meinen Kolleginnen mal unterwegs. Bald hatte ich mir die wichtigsten Grundkenntnisse der Praxisgepflogenheiten angeeignet. Und dann ging es los. Ich war das erste Mal allein unterwegs.

Mein erster eigener Patient war eine Impfung. Ihr lacht jetzt vielleicht, aber Vorsicht, ich hoffe, ihr vergesst nicht, was bei einer Impfung alles zu beachten ist. Impfintervalle, also welche Impfung wann wiederholt werden muss, ob das Pferd gesund und fit fürs Impfen ist, ob es den Impfstoff auch verträgt. Ihr werdet nicht glauben, welche Diskussionen ich später mit Besitzer*innen dazu hatte. Und dann muss der Impfstoff schließlich auch noch ins Pferd gelangen. Und wenn man besonders Glück hat, bekommt das Pferd in den Tagen nach der Impfung eine Impfreaktion und man wird als unfähige Anfängerin hingestellt.

Ich muss gestehen, es war nicht so schwer, wie ich erst dachte, und ich hatte es nach einem kurzen Gespräch mit Herbert wegen des Impfintervalls geschafft, meinen ersten Patienten allein zu behandeln.

So vergingen meine ersten Tage in Bayern. Neben Impfungen standen die Behandlung von Husten, Verbandswechsel, Augenuntersuchungen, noch mehr Impfungen und schließlich meine ersten Notfälle auf der Tagesordnung. Die Angst vor dem selbstständigen Behandeln verflog langsam. Das lag vor allem daran, dass Dr. Herbert Pflaum der beste Chef der Welt war. Egal wie häufig ich ihn am Tag anrief, er verlor nie die Geduld, obwohl sich meine Fragen schon ins Unendliche wiederholten. Meine Unfähigkeit, Sachverhalte bei Anrufen kurz und verständlich zu erklären, werde ich mir wohl bis ans Ende meiner Tage anhören können.

Meine Anrufe begannen nämlich alle in etwa so: »Hallo, Herbert! Also der hat jetzt 38,5 Temperatur!«

»Ähm, wo bist du? Welches Pferd? Welche Symptome?«

Ja, darin war ich richtig gut. »Also ja, ich meine die Phlegmone da in, ähm, wie heißt das da noch mal, ähm, Bayerbach! Der Besitzer heißt, ähm, es ist am Tagesplan gestanden, ähm … Huber, Pferd, ähm … Rosi!« Ich ging einfach immer davon aus, dass Herbert noch wusste, worum es ging, wenn ich einen Fall mit ihm besprach und erst eine Stunde später beim Patienten ankam.

Eine wirkliche Herausforderung war allerdings das Entziffern des Tagesplans. Dieser kam jeden Morgen online und zeigte, wer welche Patienten bekam. Da standen Begriffe wie: »Zwiesel Impfen«. Jetzt gab es sechs Möglichkeiten: Entweder

Zwiesel war der Vorname, Nachname, Pferdename, Straßenname, Ortsname oder der Stallname! Und natürlich lag ich immer falsch. Alles, was ich für Nachnamen hielt, waren grundsätzlich Vornamen. Und alles, was ich für Orte hielt, waren grundsätzlich Straßen. Die Straßen hatten teilweise sogar Hausnummern. Teilweise.

Regelmäßig liefen Gespräche mit unseren Kund*innen nämlich ungefähr so ab: »Guten Tag, Frau Huber! Also ich würde jetzt zum Impfen vorbeikommen, könnten Sie mir nur noch schnell die Adresse vom Pferdestall sagen?«

»Oh, da gibt es keine Adresse.« Gelächter. »Aber das ist ganz einfach! Sie fahren nach der Brücke links, den Feldweg bis zu dem großen Baum, und dann kommt ein kleiner Bach, da halten Sie sich wieder links und folgen ihm einfach bis zum Schluss.« Ganz einfach. Ganz, ganz einfach.

Meine erste Erfahrung mit einer schwierigen Besitzerin machte ich auch bald. Ich hatte wie so oft einen Impftermin und wurde freundlich von der jungen Frau begrüßt. Wir sprachen kurz über die bevorstehende Impfung, und sie erklärte mir, dass das Pferd beim vorigen Tierarzt meist eine Impfreaktion erlitten hatte, die sich in den nächsten Tagen durch eine dicke Brust und etwas Fieber zeigte. Motiviert erklärte ich ihr, dass wir einen anderen Impfstoff versuchen könnten, ihr Pferd aber eventuell trotzdem reagierte. Die Dame war übermäßig freundlich, und ich verließ den Stall nach der erfolgreichen Impfung mit guter Laune.

Zwei Tage später kam der erboste Anruf, dass sie die Impfung nicht zahlen wolle, denn oh Wunder, ihr Pferd hatte wieder auf die Impfung reagiert. Dass die Reaktion an ihrem Pferd und dem Impfstoff lag und nicht an der Tierärztin, war für sie natürlich nicht vorstellbar.

Nach ein paar Jahren in dem Bereich ist man es zwar gewohnt, dass unglückliche Besitzer*innen gerne mal ihren Frust an der Praxis abladen und einen Schuldigen suchen, wenn irgendwas nicht nach ihren Vorstellungen gelaufen ist, aber ich war anfangs sehr überfordert mit ihren Anschuldigungen.

Vor allem ein Kommentar machte mich sehr wütend. Sie fügte nämlich aufgebracht hinzu: »Und das nächste Mal möchte ich, dass ein Tierarzt kommt und keine Tierarzthelferin!«

Trotz dieses kleinen Ärgernisses und der Lektion, dass man sich von freundlichen Besitzerinnen nicht täuschen lassen darf, fühlte ich mich Tag für Tag sicherer.

Mittlerweile war ich schon gut zwei Monate in der Praxis, und langsam rückte Weihnachten näher. Und mit Weihnachten auch meine erste Wohnung in Bayern – langsam wurde es im Praktikantenzimmer in der Praxis dann doch etwas zu ungemütlich. Tobi und ich hatten es tatsächlich geschafft, eine Wohnung für mich zu finden. Endlich hatte ich eine Wohnung, die sich außerhalb unserer Praxis befand! Mein eigenes Reich, in dem ich tun und lassen konnte, was ich wollte.

Und ja, es war ein Loch, eine kleine stinkende Wohnung im Dachgeschoss, die nicht einmal einen Balkon hatte. Aber wenn man zehn bis sechzehn Stunden am Tag arbeitet, braucht man schließlich eh nur drei Dinge, wenn man heimkommt: einen Kühlschrank, eine Badewanne und ein Bett. Somit waren alle Bedingungen erfüllt, und ich konnte meine neue Heimat immerhin ein kleines bisschen mehr als mein Zuhause bezeichnen. Außerdem hatte ich jetzt endlich genug Platz für zwei Hunde, weswegen Tobi nach der Besichtigung Aana bei mir ließ. Ich freute mich riesig.

Zum Heulen

Kann ich heute mit dir mitfahren?« Es war Dienstagmorgen an einem Tag in meiner Lernphase. Ich war zwar schon ab und zu allein unterwegs, um Impfungen oder einfache Besuche wie Verbandswechsel und Nachbehandlungen zu erledigen. Die meiste Zeit aber fuhr ich mit meinen Kolleginnen im Auto mit und behandelte unter ihrer Anweisung.

Es gab, grob gesehen, zu der Zeit drei Praxisgebiete, die wir so gut wie möglich versuchten abzudecken. Das erste Gebiet ging von der Praxis bis zur Landesgrenze, das zweite startete nordöstlich der Donau und war ein Teil des Bayerischen Waldes, und das dritte Gebiet führte Richtung München und wurde von uns als »das PerditeLand« bezeichnet.

Heute war Perdite das Opfer meiner Wahl, und wir fuhren los, sobald wir das Auto befüllt hatten. Donald, Perdites Hund, nahm auf meinem Schoß am Beifahrersitz Platz. Ihr müsst wissen, dass dieser besondere Hund wirklich nicht jeden mochte, und es war eine große Ehre, dass er auf meinem Schoß liegen blieb. Bei den meisten wanderte er nach einigen Sekunden auf Perdites Schoß, um sich lieber zwischen das Lenkrad und sie zu quetschen, als auch nur einen Moment länger als unbedingt notwendig in der Nähe der anderen Person zu sein.

Wie ich im Nachhinein erfuhr, war Donald sogar ausschlaggebend dafür, dass Perdite nach meinem Probearbeiten zugestimmt hatte, mich ins Team zu holen. Denn Donald blieb, während Perdite und ich damals gemeinsam unterwegs waren, auf wundersame Weise auf meinem Schoß sitzen. Ich hatte durch meine eigene kleine Diva Sparky zum Glück Erfahrung damit, denn er war auch äußerst kritisch beim Schoßsitzen.

Wer hätte gedacht, dass unsere Diva mir mal zu einem Job verhelfen würde!

Nach einigen, erfreulicherweise unkomplizierten Besuchen war der Vormittag schnell vergangen, und da es Winter war, wurde es schon sehr bald finster. Wir hatten noch sechs Nachbesuche auf dem Programm, als Perdites Telefon läutete. Es ging um ein Fohlen, das Perdite schon gestern behandelt hatte und das scheinbar erneut eine Behandlung benötigte. Perdite wendete den Wagen und fuhr in die gegengesetzte Richtung.

Als wir auf dem Hof eintrafen, wartete die Besitzerin schon im Stall auf uns. Wir stiegen aus dem warmen Auto in den kalten Winterabend. Der Boden war feucht und rutschig, und man musste sich darauf konzentrieren, wo man hintrat, so dunkel war es schon. Der selbst geschreinerte Verbau der Besitzerin gab auch nur wenig Licht. Nachdem wir den Schlamm durchwatet waren, mussten wir noch durch ein Gitter klettern, um zu unserem Patienten zu gelangen.

Es war nicht unüblich, dass Besitzer*innen die Ställe selbst bauten. Manche Menschen verwendeten dafür hochwertiges, geeignetes Material – andere hingegen einfach alles, was sie finden konnten. Die Besitzerin dieses Stalles gehörte eindeutig zur Gattung der Zweiteren. Als wir uns durch das Gitter gezwängt hatten, mussten wir noch durch einen Elektrozaun, der mehr schlecht als recht an einem Holzpfosten gespannt war. Selbst unter dem Dach des Offenstalls wurde der Untergrund nicht wirklich besser. Ich fragte mich wieder mal, wie Menschen ihre Pferde so halten konnten.

Das Fohlen stand benommen in der Ecke des Stalls und schaute zu Boden. »Hat es denn seit gestern etwas gefressen?«, fragte Perdite, als sie begann, das Pferd zu untersuchen.

»Ich glaube schon. Ich habe ihr am Morgen Heu gegeben, das ist jetzt weg.«

»Aber Sie wissen nicht, ob sie das gefressen hat oder die anderen Pferde?«, fragte Perdite skeptisch, bekam aber keine Antwort. »Also das Fohlen hat Fieber und einen erhöhten Puls, die Lunge klingt auch verschärft. Ich denke, sie hat einen Infekt des Atmungssystems. Da müssen wir jetzt beginnen, mit Antibiose, Entzündungshemmern und Lungenmedikation zu behandeln, sonst wird das nichts«, sagte Perdite streng, die die Besitzerin schon länger kannte.

Mittlerweile waren noch zwei andere Damen zu uns gestoßen, die wohl auch zum Betrieb gehörten. Wie ich gleich rausfinden sollte, handelte es sich hier um einen Reitbetrieb. Ein schäbiger Stall mit Pferden, die offensichtlich wenig Pflege genießen durften. Aber Hauptsache, die Besitzerin versuchte noch, mit den Tieren Geld zu verdienen. »Hmm, ja, ich weiß nicht«, stammelte die Besitzerin, die bis jetzt sehr wortkarg gewesen war. »Das Fohlen war von Anfang an nicht gesund.«

Ich sah sie ungläubig an. Wollte sie das Tier ernsthaft nicht behandeln lassen? Ich beobachtete, wie meine Kollegin versuchte, mit der Besitzerin auf einen gemeinsamen Nenner zu kommen, während es in mir zu kochen begann.

»Ja, also, so lassen können wir sie nicht. Entweder man lässt sie behandeln, oder man erlöst sie, wenn sich ihr Zustand nicht verbessert«, argumentierte Perdite, die für die Besitzerin auch langsam keine Geduld mehr hatte. Es war klar, dass die Besitzerin das Fohlen nur wegen des erhofften Gewinns gezüchtet hatte. Entweder um es eines Tages zu verkaufen, oder um es im Betrieb verwenden zu können.

Ihre Antwort brachte mein Fass zum Überlaufen. »Ja, aber wenn ich sie nun behandeln lasse, dann muss ich zwei andere Pferde verkaufen, weil ich mir die Behandlung sonst nicht leisten kann«, jammerte die Besitzerin.

›Soll das ein Argument sein?‹, dröhnte es in meinem Kopf. ›Dann besitz keine Pferde, wenn du kein Geld dafür hast! Und vermehre sie schon gar nicht!‹ Mein Kopf wurde rot, und es platzte aus mir raus: »Ja, aber diese zwei Pferde würden leben. Zwar woanders, aber sie würden leben.«

»Ja, soll ich jetzt zusperren, oder was?!«, plärrte sie mich an und rannte heulend davon. »Ja, solltest du«, lag es mir auf der Zunge, aber ich presste die Lippen zusammen und sah in die Runde. Alle standen beklommen da.

»Na, und was sollen wir jetzt machen?«, sagte eine der Damen.

Ich sah zu Perdite, doch sie sah nicht aus, als wäre sie böse auf mich. Noch nicht lange in Bayern, und ich hatte schon die erste Kundschaft vergrault. Uns blieb erst mal nichts anderes übrig, als den anderen Damen zu sagen, die Besitzerin solle sich melden, wenn sie eine Entscheidung getroffen hätte, und wir stapften im Dunklen zurück zum Wagen.

»Ich weiß, dass es schwer zu ertragen ist, aber solche Situationen gehören leider auch zu unserem Job«, raunte mir Perdite zu, während wir ins Auto stiegen. Ich fror und freute mich, als meine Kollegin die Heizung aufdrehte. Ohne das Einverständnis der Besitzerin durften wir das Pferd nicht behandeln. Die nächste Option war es, den Amtstierarzt zu informieren, wenn sie nicht in den nächsten Stunden eine Entscheidung traf. Ich nickte nur stumm und tippte die Adresse von unserem nächsten Termin ins Handy, die Wut über die unfaire Situation immer noch im Bauch.

Leider kam die Antwort recht schnell: Die Besitzerin wollte kein Geld in eine Behandlung investieren, die nicht versprach, dass das Pferd gesund würde. Ja, so hilflos standen wir manchmal daneben und mussten zusehen, wie Menschen mit dem Leben anderer Lebewesen umgingen. Ich für meinen Teil war sehr dankbar, dass ich den Hof in den nächsten Jahren nicht mehr betreten durfte, darauf legte die Besitzerin Wert.

Falco

Es war Mittwochmorgen, und ich war schlaftrunken auf dem Weg zur Praxis. Ich hatte schlecht geschlafen, da mir das arme Fohlen von gestern nicht aus dem Kopf gehen wollte. Sparky hatte es sich auf dem Beifahrersitz gemütlich gemacht, Aana schlummerte vor sich hin, und wir drei fuhren die kurze Strecke mit Muse im Ohr, eine meiner Lieblingsbands.

Die Arzneimittel in meinem Auto waren von den Terminen gestern komplett leer geräumt. Was ich vor allem brauchte, war ein neuer Kanister Desinfektionsmittel, da ich ihn das letzte Mal wieder in einem Stall stehen gelassen hatte. Gegenstände an unmöglichen Orten liegen zu lassen, zählte auch zu meinen Talenten. Am schlimmsten traf es die Thermometer, die ich so häufig verlor wie andere Menschen Zopfgummis, dicht gefolgt von Stethoskopen und Nasenbremsen.

Jedenfalls brauchte ich einen neuen Kanister, aber wusste noch gar nicht, wo diese gelagert wurden. An unser Praxisbüro schlossen zwei Räume an, die Apotheke und ein Lagerraum, in dem zum Beispiel das Verbandsmaterial lag. Es gab also mehrere Möglichkeiten, wo sich das Desinfektionsmittel verstecken konnte. Und da ich auch dafür bekannt war, der faulste Mensch der Welt zu sein, wollte ich natürlich nicht in der ganzen Praxis umherlaufen, um danach zu suchen. Also öffnete ich voller Elan das Büro und rief: »Wo ist eigentlich der Alkohol?«

Schallendes Gelächter unserer Bürodamen hallte mir entgegen. »Ja, guten Morgen, Helga! Heute beginnst du aber schon früh zu saufen!«, rief mir Agathe belustigt entgegen. Jap, der ging auf meine Rechnung.

Schnell verschwand ich im Lagerraum und suchte das Cutasept selbst, während ich immer noch über den Kommentar schmunzeln musste.

Heute war ich mal allein unterwegs. Bis auf die Blamage in der Früh verlief der Tag recht gut. Ich musste immer seltener meinen Chef anrufen, um ihn nach Rat zu fragen, und am Abend würde Tobi zu Besuch kommen, worauf ich mich schon freute. Er studierte mittlerweile in Graz, und weil da gerade Ferien waren, nutzte er die Zeit, um zu mir zu kommen. Tobi hatte natürlich wie immer seine Geige dabei und nutzte die Stunden, in denen ich bis in die Nacht arbeitete, um zu üben. Zum Glück war es ihm ziemlich egal, ob er in einer schönen Wohnung oder einem sporadisch eingerichteten Loch, wie ich meine Wohnung liebevoll nannte, hauste. Solange er Geige spielte, nahm er sowieso wenig um sich herum wahr.

Zur Freude meines Chefs übte er auch ab und zu in der Praxis. Dabei summte Herbert, der ein großer Klassikfan war, oft die Melodie mit, die Tobi gerade einstudierte.

Als ich nach einem erfolgreichen Arbeitstag abends heimkam und mit Tobi überlegte, was wir zu Abend essen wollten, bekam ich einen Anruf von Gerti. »Da ist ein Koliker in Rottalmünster.« Verdammt. Es war bereits 21.00 Uhr, und das Einzige, was ich wollte, war essen, duschen und ins Bett. Das Schicksal des Tierärztinnenlebens. Also schnappte ich mir meine Jacke und erklärte Tobi, er sollte lieber schon ohne mich essen und auf Sparky aufpassen. Aana kam mit mir.

Ich liebte die Sicherheit dieses Ex-Straßenhundes, wenn ich nachts zu dunklen Ställen fahren musste. So war ich wenigstens nicht allein. Ich war ein wenig nervös, da ich nicht genau wusste, was auf mich zukommen würde, aber versuchte, mir nicht allzu viele Gedanken zu machen.

Nach einer halben Stunde erreichte ich den dunklen Hof. Ich parkte das Auto im Hof und blickte mich um. Ein Gebäude sah aus wie ein Stall, also marschierte ich zu einem großen Holztor und öffnete es. Ich war in einem Laufstall und sah meinen Patienten auch schon am Boden liegen. Falco. Ein altes Pferd mit Bauchschmerzen, ein Koliker im Fachjargon. Einer der häufigsten Notfälle, die man in einer Pferdepraxis erlebt.

Die Untersuchung brachte zum Glück beruhigende Ergebnisse. Leicht erhöhter Puls, eine gesunde Farbe der Schleimhäute, kein Fieber, jedoch wenig Peristaltik, also Darmbewegung. Rektal konnte ich keine Veränderung spüren, was bedeutete, dass kein Darm aufgegast, verstopft oder verlagert war. Allerdings galt das nur für das hintere Drittel der Bauchhöhle, das ich ertasten konnte. Trotz der unauffälligen Untersuchung legte sich das Pferd immer wieder hin und flehmte, zog die Oberlippe also immer wieder in die Höhe. Interesse an Futter zeigte Falco auch nicht, was bei Pferden oft ein schlechtes Zeichen war.

Ich ging zu meinem Auto und holte Metamizol alias Novalgin. Ein sehr potentes Schmerzmittel und der beste Freund einer Pferdetierärztin, wenn es um Koliken geht. Ich injizierte Falco die benötigte Dosis und wartete.

Mittlerweile war schon gut eine halbe Stunde vergangen, und meine Gedanken wanderten kurz zu Tobi, der es sich mittlerweile wahrscheinlich mit Sparky auf der Couch gemütlich gemacht hatte, nachdem er sich eine Pizza bestellt hatte. Hoffentlich ließ er mir etwas übrig.

Falco wurde indessen ruhiger, aber Zeichen von Appetit zeigte er immer noch nicht. Und er flehmte nach wie vor. Das war nicht gut. Gar nicht gut. Wenn ein Pferd nicht auf Novalgin anspricht, ist das ein guter Grund, es in eine Klinik zu überweisen.

»Was glauben Sie, Frau Doktor?« Die Besitzerin war mittlerweile zu uns gestoßen und schaute mir besorgt über die Schulter. Wie so oft sprach mich die Besitzerin mit Frau Doktor an, obwohl ich von meinem Doktortitel so weit entfernt war wie ein Säugling vom Uniabschluss. Glücklicherweise brauchte man zum Praktizieren keinen Doktortitel, sondern nur einen Abschluss in Veterinärmedizin.

»Er spricht leider nicht wie gewollt auf das Schmerzmittel an. Am besten, Sie führen ihn in eine Klinik.« Allerdings war Falco alt, und seine Besitzerin wollte ihm diese Strapazen nicht mehr zumuten. Ich akzeptierte ihre Entscheidung, klärte sie über die Risiken ab und spritzte ihm noch ein stärkeres Analgetikum. Er klinkte sich endlich ein, also sprach wie verhofft auf die Therapie an, und die Symptome verschwanden langsam. Endlich bekam er Hunger und begann, munter durch den Stall zu spazieren. Ein leises Aufatmen. Ich merkte erst jetzt, wie angespannt wir beide bis eben gewesen waren.

Ich besprach den weiteren Verlauf mit der Besitzerin. Das Pferd sollte nichts fressen, bis die Schmerzmittel nicht mehr wirkten und es zumindest drei Mal Kot abgesetzt hatte. Außerdem sollte sie ihn regelmäßig führen. Der Armen stand eine schlaflose Nacht bevor, aber sie schien einfach nur froh, zu wissen, was zu tun war.

Ich stieg also in meinen Nissan X-Trail und verließ den Hof. Und da war es. Im Radio spielte Falcos *Muss ich denn sterben, um zu leben*. Ich wollte meinen Ohren nicht trauen. Das war mehr als ein schlechtes Omen. Das war grotesk …

Als ich nach Hause kam, schliefen Tobi und Sparky bereits im Bett. Sparky! Diese kleine Ratte nutzte Tobis Gutmütigkeit stets aus und machte es sich auf meiner Seite des Bettes bequem, sobald ich das Haus verließ. Eigentlich hatte er ein striktes Bettverbot. Ich fand in der Küche zum Glück wirklich noch ein paar Pizzareste, die Tobi für mich übrig gelassen hatte. Gefühlt schon im Halbschlaf, immerhin war es mittlerweile knapp 23.00 Uhr und ich hatte einen langen Tag hinter mir, aß ich gedankenverloren ein paar Stücke. Dann machte ich mich zügig bettfertig, legte das Handy auf mein Nachtkasterl und war schon fast eingeschlafen, bevor mein Kopf das Polster berührte.

KLINGELINGELING. Das Läuten des Diensttelefons riss

mich aus meinem unruhigen Schlaf. »Helga, der Koliker ist wieder schmerzhaft«, klang Gertis müde Stimme durch das Telefon. Ich versuchte, meine Augen zu öffnen und die Uhr auf dem Display zu lesen. Vier Uhr morgens. Na, immerhin fünf Stunden hatte ich geschlafen.

»Danke, ich mach mich am Weg«, beendete ich das Gespräch schnell, damit wenigstens sie noch ein paar Stunden Schlaf bekommen konnte und wir Tobi nicht aufweckten. Er war es zum Glück schon gewohnt, dass mitten in der Nacht das Telefon klingelte, und wachte so schnell nicht mehr davon auf.

Der Anblick meines Patienten, als ich den Stall betrat, brach mir schier das Herz. Er lag wieder auf dem Boden, hatte die Ohren nach hinten gerichtet und schabte unruhig mit den Hufen. Die Besitzerin, die danebenstand, wirkte völlig erschöpft. Ihre Haare sahen zerzaust aus, und sie hatte Augenringe.

»Sollen wir ihn doch in eine Klinik fahren?« Ich maß den Herzschlag im Liegen, da Falco nicht aufstehen konnte, er war bei 32. Eigentlich nicht so schlecht. Das lag mitten im physiologischen Pulsbereich eines Pferdes, und trotzdem war sein Schmerzverhalten klinikrelevant, schließlich hatte er noch das starke Schmerzmittel intus.

»Ja, bringen Sie ihn in die Klinik, ich helfe Ihnen beim Verladen.«

Im Nachhinein erfuhr ich von Gerti, dass die Besitzerin bereits um 2.00 Uhr noch mal angerufen und sich nach einem kurzen Gespräch dazu entschlossen hatte, das Pferd in eine Klinik zu führen, aber der Verladeversuch war missglückt. Jetzt gelang es, Falco zu verladen. Das Letzte, was ich von ihm sah, waren seine weißen Ohren, die aufmerksam in die Höhe standen und über die Anhängerklappe schauten. Der Transporter machte sich auf den Weg in die Klinik und ich mich auf den Weg in mein Bett, um zumindest noch ein bisschen Schlaf zu bekommen. Schließlich begann um 8.00 Uhr schon wieder der reguläre Dienst.

»Aber normalerweise schicken wir ein Pferd mit 32 Puls nicht in die Klinik«, begrüßte mich Herbert am nächsten Morgen mit einem strengen Blick, als er an mir vorbei in die Apotheke ging. Ich hatte noch eineinhalb Stunden geschlafen und stand übermüdet im Büro, während ich mir gerade eine Tour für den Tag zusammenstellte.

›Was für eine nette Begrüßung‹, dachte ich, murmelte aber stattdessen: »Aber er hatte trotz Schmerzmittel Schmerzen.«

Herbert kam wieder aus der Apotheke. »Aso. Ja, dann ist es okay«, meinte er halbherzig, aber ich wusste, dass er mir nicht glaubte. Das verriet mir sein skeptischer Blick. Er dachte, ich hätte das Pferd in die Klinik geschickt, weil ich nicht die ganze Nacht im Pferdestall verbringen wollte.

Da klingelte das Telefon der Praxis. Agathe hob ab und führte ein kurzes Gespräch. »Der Koliker ist heute Nacht verstorben«, erzählte sie uns. Am anderen Ende der Leitung hatte ihr die Klinik gerade die Nachricht durchgegeben. Ich verspürte einen kalten Stich im Herzen. Scheinbar hatte sich Falcos Zustand am Weg in die Klinik so verschlechtert, dass eine Operation nicht mehr möglich gewesen war.

Ich merkte die Stille neben mir. Die Entscheidung, das Pferd in die Klinik zu senden, war völlig richtig gewesen. Als ich mich zu Herbert umdrehte, tat er, als wäre er beschäftigt. Ich wandte mich wieder meiner Route zu. Als Herbert aus dem Büro ging, kam ein kurzes: »Dann hast du dich beim Pulszählen verzählt.«

»Als ob ich nicht zählen könnte«, wollte ich noch zurückgeben, doch da war er schon aus der Tür.

Nur ein bisschen Gefühl

Die nächsten Wochen bekam ich Falco nicht mehr aus dem Kopf, aber zum Glück war Tobi zu Besuch gewesen, was mich etwas abgelenkt hatte. »Hast du dieses Wochenende Dienst?«, fragte er, als er seine Sachen packte, da seine Ferien langsam vorbei waren und es heute wieder zurückging.

»Nein, ich hab frei. Kann am Freitag um 22.00 Uhr heimfahren«, meinte ich.

»Also um Mitternacht«, lachte er, und ich gab ihm ein Grinsen zur Antwort. Um 22.00 Uhr pünktlich den Dienst zu verlassen, schaffte ich selten, und so war es meistens halb vier in der Früh, wenn ich endlich in Wien eintraf, wo Tobi gerade in einer WG wohnte.

Ich schnappte die Hunde, Tobi schnappte die Geige, und wir gaben uns noch einen langen Kuss, bevor er nach Wien und ich in die Praxis fuhr.

Mittlerweile hatte die Saison begonnen, was in der Pferdepraxis bedeutete, dass die Stuten wieder in Rosse kamen und wir sie besamen konnten, damit in elf Monaten hoffentlich viele Fohlen über die Wiesen laufen würden. Die Saison ging circa von April bis September, wobei in diese Zeit nicht nur die Zuchtsaison, sondern auch die Turniersaison fiel. Es wurde warm, und die Reiter hatten wieder Lust, im Sattel zu sitzen, zu trainieren und auf Turniere zu fahren. Und wenn viel geritten wurde, brauchte man natürlich auch oft die Tierärztin, deshalb war in diesen Monaten immer viel los. Morgens musste man die Stuten untersuchen, die man besamen wollte, weil man bis ca. 10.00 Uhr den Hengstsamen für den nächsten Tag bestellen musste, der dann per Lieferbote aus ganz Deutschland oder sogar dem Ausland an die Praxis gebracht wurde. Danach warteten dann die unterschiedlichsten Patienten auf ihre Behandlung.

»Morgen!«, rief Herbert, als ich gerade dabei war, mein Auto mit Medikamenten zu befüllen, während er vom Stall zum Büro marschierte. Er schien gut gelaunt und hatte schon den Tagesplan in der Hand. Eine Seltenheit, normalerweise stehe ich immer ungeduldig hinter ihm und warte, bis er den Tagesplan endlich fertig hat und ich losfahren kann.

Ich schmiss schnell meine Kofferraumtür zu und eilte ihm hinterher, um zu verstehen, was er mir zurief. »Du, der Markus von Eging hat mich heute schon um 7.45 Uhr angerufen, dass er uuunbedingt einen Tierarzt braucht, weil da ein Hengst auf drei Haxn steht. Glaub, da sollt ma vielleicht beginnen, und nimm sicherheitshalber ma das Röntgen mit«, erklärte er mir.

»Okay, brauchst du das Röntgen heute noch?«, fragte ich ihn, während ich gleich die Sachen zusammenpackte, die zum Röntgen gehörten: drei schwere Koffer, eine Tasche mit Kabel, zwei Blöcke, um die Pferdebeine zu positionieren, und drei schwere Bleischürzen. Man muss immer alles dabeihaben, auch wenn man die Blöcke zum Beispiel nicht braucht. Denn es kann leicht vorkommen, dass jemand anders im Laufe des Tages das Equipment braucht und man sich dann irgendwo auf halber Strecke treffen muss, um das Gerät zu übergeben.

»Nein, ich brauch's heute nicht, aber schreib sicherheitshalber in die Whatsapp-Gruppe, ob Perdite oder Nina es brauchen.« Ich zückte mein Praxishandy und tat, wie mir geheißen.

Als ich fertig gepackt hatte, ging ich zum Auto, in dem Sparky bereits saß. Er liebte seinen Platz neben mir auf dem Beifahrersitz. Aber Aana fehlte, wohin war sie schon wieder verschwunden? Ich drehte mich um, um nach ihr Ausschau zu halten. Nichts zu sehen. Ich ging raus auf die Straße, presste die Finger zwischen meine Lippen und ließ einen lauten Pfiff los. Wenige Sekunden später schoss sie aus dem Grundstück des Nachbarn, bei dem nun wohl leere Katzenfutterschalen standen, sprang gut gelaunt über den kleinen Bach und lief mir entgegen, bis sie meinen vorwurfsvollen Blick sah. Sie wusste, dass sie nicht stehlen durfte, weshalb sie gleich wieder auf die andere Seite des Baches sprang und zwischen Sträuchern und Büschen verschwand, um kurz vor dem Praxisauto wiederaufzutauchen und endlich hineinzuspringen. »Du bist eine kleine Ratte«, knurrte ich durch die Zähne und fuhr los.

Während meiner halbstündigen Fahrt zum Hof rief ich Markus an. Er war der Stallbesitzer des Eginger Hofs, und wir kannten uns bereits von früheren Behandlungen. Er erzählte mir noch mal kurz, worum es ging: Es war der junge und neue Hengst eines Einstellers, den er selbst noch nicht kannte, und während des Telefonats merkte ich schon, dass wir beide Schiss vor der bevorstehenden Behandlung hatten. Hengste hatten Power. Das war etwas anderes, als Wallache, also kastrierte männliche Pferde, oder Stuten zu behandeln. Und natürlich musste es ein Hinterbein sein, auf dem er lahmte, das viel mehr Kraft und Gefahr barg als ein Vorderbein. Ich war nervös, aber das gehörte in dieser Zeit zu meinem Job. Herbert hingegen konnte nach dreißig Jahren in diesem Job nichts mehr aus der Ruhe bringen.

Ich kam an, und nach einer kurzen Begrüßung bat ich Markus gleich, mir das lahmende Pferd einmal vorzuführen. »Ich versuche es, aber der ist noch nicht angeritten, also mal schauen, ob das funktioniert«, sagte Markus, dem seine Nervosität sichtlich anzusehen war. Nach ein paar Schritten hatte ich genug gesehen. Das Tier war wirklich hochgradig lahm und konnte auf dem linken hinteren Bein kaum aufsteigen.

»Gibt der die Beine?«, fragte ich und wollte dabei wissen, ob das Pferd schon gelernt hatte, die Beine auf Kommando zu heben und die Hufe ausputzen zu lassen.

»Ich glaub, der ist ganz frisch und kann noch gar nichts«, meinte Markus und erzählte mir, dass die Besitzer gerade im

Urlaub waren. War ja klar. Ich versuchte, meine Anspannung runterzuschlucken und ruhig zu bleiben. Pferde mögen keine nervösen Menschen. Vorsichtig streichelte ich das Pferd am Hals und an der Schulter und nahm Kontakt auf.

»Guter Bub«, sprach ich ruhig vor mich hin und strich weiter sein Fell entlang zu seiner Hüfte. Ich strich das Bein hinab und begann vorsichtig, das Bein von unten nach oben abzutasten. Als ich fertig war und nichts Auffälliges bemerkt hatte, griff ich um das Sprungbein, also das Gelenk, das circa auf Höhe meines Knies lag, und übte mit meinem Körper leichten Druck auf das Pferd aus. Einen Moment später hob er das Hinterbein. »So machst du das super«, sagte ich und begann, vom Huf aufwärts alle Gelenke durchzurotieren und die Sehnen und Knochen in den verschiedenen Beugungen abzutasten.

Als ich fertig war, stellte ich das Bein wieder ab und bemerkte, dass Markus mich mit großen Augen ansah. »Wahnsinn, wo hast du das denn gelernt?«, sagte er erstaunt.

»Ach, sechsundzwanzig Jahre Erfahrung mit Pferden, das ist alles«, grinste ich.

»Das einzig Auffällige ist ein warmer Huf und eine vermehrte Pulsation in der Arterie, die in den Huf führt. Vielleicht ist es nur ein Hufabszess. Ich bin gleich wieder da«, sagte ich zu Markus und holte meine Hufzange, die ich in weiser Voraussicht direkt aus dem Auto mitgenommen hatte.

Wieder ließ ich das Pferd sein Hinterbein aufheben und begann, den Huf von innen nach außen mit der Zange abzudrücken. Schon an der zweiten Stelle zeigte der Hengst eine Schmerzreaktion, indem er versuchte, das Bein wegzuziehen. »Okay«, sagte ich und drückte zum Vergleich den restlichen Huf ab, der aber unauffällig schien.

Also holte ich meine Hufmesser aus dem Auto, die zum Glück frisch geschliffen waren, und machte über die Hufunterseite einen feinen flachen Schnitt an der Stelle, an der das Pferd zuvor die Schmerzreaktion gezeigt hatte. Nachdem der erste

Schmutz entfernt war, erkannte man einen dunklen Fleck, der immer noch dreckig war. Ich schnitt noch mal flach drüber, woraufhin der Fleck etwas kleiner wurde. Beim dritten Schnitt verschwand der Fleck ganz, und an seiner Stelle floss bräunliche Flüssigkeit aus einem kleinen Loch. »Halleluja«, seufzte ich erleichtert.

»Was ist es?«, fragte Markus aufgeregt von vorne, der die ganze Zeit den Hengst am Strick hielt und deswegen nicht sehen konnte, was ich gemacht hatte.

»Es war wirklich nur ein Hufabszess.« Auch er war erleichtert. Kaum stellte ich das Bein ab, stieg das Pferd auch schon viel besser auf das Bein.

Ein Hufabszess ist oft die dankbarste Ursache für ein lahmendes Pferd und damit genau das, was man sich als Tierärztin wünscht, wenn man deswegen gerufen wird. Denn ist er mal offen, heilt er im Normalfall schnell ab. Ich legte einen Verband an und erklärte, wie Markus ihn die nächsten Tage nass hielt, damit der Huf weich blieb und die Flüssigkeit abfließen konnte.

Markus sah mich immer noch völlig erstaunt an. Ab und zu konnten eben auch Anfängerinnen alteingesessene Stallbesitzer überraschen.

And along came Aana

Ich begann diesen Donnerstagmorgen wieder einmal in der Praxis. Mittlerweile wohnte ich ja nicht mehr dort, aber fuhr von meiner kleinen Wohnung zum Glück nur fünfzehn Minuten rüber.

Während ich neue Patientenblätter für mein Auto zusammensammelte, betrat Herbert das Büro und wartete auf den Tagesplan. Es würde sicher wieder Stunden dauern, bis Herbert zwischen zwanzig Telefonaten endlich die Zeit fand, die Termine des Tages auf die Tierärzte aufzuteilen.

»Guten Morgen, Herbert! Machen wir schnell den Plan, denn ich muss dann los!«, begrüßte ich ihn und hatte tatsächlich die Hoffnung, ihn mit den Worten »schnell« und »ich muss los« irgendwie dazu zu bringen, die Fälle etwas schneller zuzuteilen.

Geschlagene vierzig Minuten später hatte ich meine Termine und wollte gerade losfahren, als mein Telefon läutete. Etwas genervt blieb ich am Auto stehen und nahm ab. »Pferdepraxis Dr. Pflaum, Helga da.«

»Ja, guten Morgen, Frau Helga! Sie waren ja gestern bei unserem Pferd.«

Ich wusste sofort, worum es ging, auch wenn die Angaben der Besitzerin wieder mal sehr wenig Informationen gaben. Wie war ihr Name? Wann war ich da gewesen und weshalb? Wo war das Pferd untergestellt? Aber ich hatte die Stimme erkannt und war dementsprechend vorbereitet. Die braune Warmblutstute hatte gestern Abend an Fieber und Kolik gelitten, weswegen ich sie mit Fiebersenkern behandelt und der Besitzerin genauste Instruktionen zur Behandlung dagelassen hatte: Sie sollte der Patientin, sobald sie drei Mal gemistet hatte, eine halbe Stunde nasses Heu fressen lassen und sie langsam anfüttern, wenn es ihr danach weiterhin gut ging. Außerdem sollte sie die Temperatur messen und, falls die Stute nochmals Fieber bekam, ihr nach Absprache mit mir eine fiebersenkende Paste geben. Falls das Pferd am Morgen noch keine drei Haufen abgesetzt haben sollte, sollten sie es nicht füttern, sondern sich melden. Ich hatte diese Informationen drei Mal wiederholt, bevor ich den Hof verlassen hatte, damit sie auch sicher in Erinnerung blieben.

»Also wir haben der Mia jetzt Heu zum Fressen gegeben, aber sie hat nur zwei Haufen in der Nacht gemacht.«

Wozu nahm ich mir eigentlich die Zeit, alles so genau zu erklären? Ich seufzte einmal, während ich ins Auto stieg, da es draußen langsam kalt wurde. »Okay, Frau Huber, wir hatten aber doch besprochen, dass sie nicht fressen soll, bevor sie drei Haufen abgesetzt hat«, sprach ich ins Telefon und versuchte, nicht genervt zu klingen.

»Oh, das hatte ich dann wohl falsch verstanden. Na ja, jetzt hat sie etwas gefressen. Die Paste haben wir ihr auch schon gegeben.«

Ich warf den Kopf in den Nacken und atmete einmal tief durch. »Ah okay, Frau Huber, hatte die Mia denn Fieber?«, fragte ich sie, auch wenn ich die Antwort sowieso schon wusste.

»Oh, das haben wir noch nicht gemessen, aber das werden wir jetzt machen«, entgegnete sie höflich.

Manchmal war ich wirklich froh, dass mir die Besitzer nicht *immer* gegenüberstehen, wenn ich ein Gespräch mit ihnen führe. An meiner Mimik konnte man sicherlich nur zu gut ablesen, wie genervt ich gerade war. »Okay, das macht jetzt nichts, Frau Huber, ich komme heute noch einmal vorbei und untersuche die Mia noch einmal. Geben Sie ihr jetzt nur kein Futter mehr, bis ich wieder bei Ihnen bin, ich melde mich, sobald ich am Weg bin. Bis später.«

Freundlich verabschiedete sich die Dame, und ich wusste nicht, ob ich darauf hoffen konnte, dass sie meinen Anweisungen diesmal folgen würde. Aber es geschahen ja noch Wunder. Ich drehte den Zündschlüssel um und machte mich auf den Weg zu meinem ersten Termin, bei Mia würde ich später vorbeischauen.

Der Rest des Tages verlief ohne weitere Vorfälle, und ich fuhr gerade zu Frau Huber auf den Hof, um noch mal nach Mia zu schauen, als mein Handy klingelte. »Tobi« stand am Display, und mein Herz setzte kurz aus. Es war ungewöhnlich, dass er mich anrief. Obwohl wir eine Fernbeziehung führten, telefonierten wir so gut wie nie miteinander.

Anfangs hatten wir es abends noch ab und an versucht. Aber nach dem dritten Gespräch, bei dem ich versuchte, fernzusehen und zu essen, und wir uns minutenlang anschwiegen, weil wir beide zu müde vom Tag waren, hatten wir beschlossen, das Telefonieren einfach sein zu lassen und uns stattdessen den Tag über immer mal wieder Fotos und Nachrichten zu schicken. Damit funktionierte unsere Fernbeziehung sehr gut.

»Schatz? Alles okay?«, begann ich das Gespräch, und ich wusste in der Sekunde, dass nichts okay war.

»Die Aana ist weg!«, schrie er ins Telefon.

»Was? Wie, sie ist weg?«, krächzte ich verstört, das Handy auf Lautsprecher, während mein Auto langsam vorm Hof zum Stehen kam.

»Ja, sie ist weggelaufen! Ich war im Wald, und sie hat ein Reh entdeckt und ist hinterher! Was mach ich jetzt?!«, stammelte er und konnte seine Panik nicht verbergen.

Ich begann fieberhaft zu überlegen, während ich mit den Fingern nervös übers Lenkrad strich. »Ja, wo hast du sie denn zuletzt gesehen? Geh dorthin und ruf sie!«

»Das mache ich seit zehn Minuten! Sie ist weg!«

Oh mein Gott, wieso konnte dieser Hund nicht einmal keine Probleme machen? Ich fuhr mir mit den Händen durch die

Haare und versuchte, mich innerlich etwas zur Ruhe zu bringen – es reichte ja, wenn einer von uns panisch war. »Dann versuche es weiter! Das gibt es doch nicht, dass sie nicht zurückkommt!«, versuchte ich, Tobi gut zuzureden.

»Sie ist weg, Helga! Was soll ich jetzt machen? Du musst mir helfen!«

»Tobi, was soll ich jetzt machen, ICH BIN IN BAYERN! Geh noch mal den Weg zurück und rufe sie weiter!«, erwiderte ich eindringlich. »Ja, okay, tschüss!«, schnaufte er. *Piep, piep, piep* trötete das Signal in mein Ohr, und ich wusste, dass er aufgelegt hatte.

Aana. Du kleine dumme Ratte. Seit sieben Monaten war dieser Hund jetzt ein Teil unserer kleinen Familie. Und seitdem hielt sie uns ganz schön auf Trab. Ich hatte sie im Ausland kennengelernt, als ich nach Bosnien gefahren war, um Straßenhunde zu kastrieren. Ich weiß noch, wie mich eine Freundin kurz vorher gefragt hatte, ob ich mir einen Hund aus Bosnien mitnehmen würde. »Spinnst du? Ich nehme mir doch keinen Hund mit!«, hatte ich ihr vollkommen überzeugt geantwortet.

Sparky, unsere Terrier-Dackelmischung und die größte Diva der Welt, lebte seit sechs Jahren an meiner Seite und würde mich umbringen. Sparky liebte sein Leben als Einzelkind. Er war ein Sturschädel der ganz besonderen Art und verachtete große Hunde, seitdem ihn einmal ein Schäferhund gepackt und den Pelz durchlöchert hatte. Nein, es kam gar nicht infrage, dass ich mir einen Hund aus Bosnien mitnahm. Außerdem soll man keine Hunde aus dem Pool einer Straßenhund-Region entfernen, da die unkastrierten Tiere sich sonst umso schneller wieder vermehren. Nicht zu vergessen, dass ich gar keinen zweiten Hund wollte. Ich war überzeugt davon, garantiert kein neues Haustier von meiner Reise mitzubringen – hach, war ich naiv.

Der Plan war, nach Bosnien zu fahren, so viele Tiere wie möglich zu kastrieren und sie dann zurück in ihr Gebiet zu bringen.

Die Straßenhunde in Bihac, der Stadt, in der wir das Projekt durchführten, lebten auf einer Mülldeponie im Wald, und genau dort fuhren wir auch hin. Täglich fingen wir neue Tiere und kastrierten sie. Dabei halfen uns die lokalen Tierärzt*innen und Leute, die sich um die Hunde kümmerten. Sie brachten den Hunden regelmäßig Futter auf die Deponie und hatten ihnen sogar Unterstände gebaut, in denen sie Schutz suchen konnten. Allerdings war das Leben auf der Deponie, abgelegen auf einem Hügel im Wald, trotzdem sehr hart. Unter den Hunden galt das Gesetz »der Stärkste überlebt«, und da uns eines Tages ein Hund mit Hundebein im Maul entgegenkam, wussten wir auch, was mit den Tieren passierte, die zu schwach waren.

Die Helfer*innen kannten einige Hunde schon und konnten dadurch ihre Charakter einschätzen. Sie fingen die Straßenhunde, indem sie sie mit Futter anlockten und sie dann schnell packten, oder einen Stiel mit Schlinge verwendeten, die sie zuzogen, sobald diese sich um den Hals der Tiere legte. So kann man sich auch leicht erklären, warum viele Streuner Angst bekommen, wenn Menschen ihnen über den Kopf streicheln wollen. Mut haben diese Helfer*innen, denn ein panischer Hund kann schnell mal sehr gefährlich werden. Wenn sie erfolgreich gefangen wurden, wurden die Hunde in einen Transporter gepackt und ins Dorf zur Tierklinik gebracht, in der wir sie dann kastrieren konnten. Dabei kastrierten wir sowohl die weiblichen als auch die männlichen Tiere.

Ich weiß, es gibt diesen alten Glauben, dass Männchen kastriert und Weibchen sterilisiert werden, allerdings hat die Entscheidung, ob man kastriert oder sterilisiert, nichts mit dem Geschlecht des Tieres zu tun, sondern damit, ob man die Geschlechtsorgane entfernen möchte oder das Tier nur zeugungsunfähig machen will.

Wir entschieden uns dazu, alle Tiere zu kastrieren. Die Rüden blieben einen Tag nach der Operation noch zur Beobachtung in Zwingern, die in einer großen Halle neben der Tierklinik standen, die Hündinnen zwei Tage, bevor sie zurück auf die Deponie gebracht wurden.

Am dritten Tag kastrierte ich zum ersten Mal selbst eine Hündin. Da wir nicht feststellen konnten, welche Hündinnen gerade läufig oder sogar trächtig waren, erwischten wir nicht bei jeder Hündin den Zeitpunkt zwischen zwei Läufigkeiten. Zur Kastration ist dieser Zeitpunkt eigentlich am besten geeignet, da das Gewebe währenddessen nicht so stark durchblutet ist.

So kam es natürlich, wie es kommen musste: Die Gebärmutter meiner ersten Kastration war so stark durchblutet, dass die abgetrennten Stümpfe nach dem Abbinden trotz meiner Ligatur zu bluten begannen. Ligaturen sind abschnürende Unterbindungen von Hohlorganen und Leitungsbahnen, wie Blutgefäße. Ich hatte sie mit meinem Nahtmaterial gesetzt und die Knoten fest zugezogen. Trotzdem füllte sich die Bauchhöhle immer mehr mit Blut, und ich konnte die Blutung nicht stoppen, obwohl meine Ligaturen gut saßen. Ich rief den leitenden Oberarzt zu Hilfe, und zusammen schafften wir es schließlich, weitere Blutungen zu unterbinden. Endlich blieb die Bauchhöhle trocken. Ich verschloss die Bauchhöhle, und wir brachten die Hündin an einen warmen Platz, an dem sie aus ihrer Narkose aufwachen konnte.

›Arme Maus‹, dachte ich, sie hatte viel Blut verloren und sah so hilflos aus, wie sie da neben mir lag und von einer warmen Decke umhüllt wurde. Ich blieb den Rest des Tages an ihrer Seite, da sie in der letzten Kastrationsschicht operiert wurde und ich erst mal nichts weiter tun konnte. Schließlich beobachtete ich die anderen Tierärzt*innen und Student*innen, wie auch sie ihre Arbeit für den Tag beendeten. Da kam die Hündin neben mir langsam wieder zu sich.

»Na, du«, flüsterte ich und strich ihr sanft übers Fell. Sie wirkte immer noch so hilflos, und ich war erleichtert, dass sie endlich aufwachte. Zusammen mit einem der Helfer brachte ich sie in ihren Zwinger, in dem sie die nächsten zwei Nächte verbringen sollte, bis sie sich erholt hatte.

Am nächsten Tag gingen wir zuerst zu den Hunden, um mit ihnen Gassi zu gehen. Ich ging geradewegs zu der Hündin, um mich zu vergewissern, dass sie die Operation gut überstanden hatte. Zu meiner Freude saß sie putzmunter in ihrem Zwinger und wedelte mich an, als ich mich näherte.

Vor der Reise hatten wir alle unsere alten Hundehalsbänder und Leinen zusammengesucht, um sie dem Projekt in Bihac zu spenden. Und wie der Zufall so will, hatte irgendjemand genau dieser Hündin das Halsband meines alten Hundes angelegt. Es passte ihr perfekt. Ich entließ sie aus ihrem Zwinger, und sie sprang gut gelaunt Richtung Wiese, um nach Futter zu suchen. Mir schmolz das Herz, als sie um mich herumhopste. Die Narbe an ihrem Bauch führte dazu, dass sie nur sehr kleine, aber dafür viele Sprünge machte, was sehr süß aussah. Und immer wieder schwankte sie dazwischen, im Gras herumzuschnüffeln und ganz abrupt aufzuhören und sich vor mich zu setzen, um mich anzuhimmeln. Dann saß sie einfach da und glupschte mit ihren dunklen Augen zu mir hoch, als würde sie sagen: »Hallo, du! Ich liebe dich! Danke, dass du da bist!«, um in der nächsten Sekunde wieder loszuspringen und weiter nach Futter zu suchen.

Ich musste unwillkürlich lachen. Es war Liebe auf den ersten Blick. Sie war wie Nana, die Hündin aus *Peter Pan,* die sich um die Kinder kümmerte. Doch das »N« passte nicht ganz zu ihr. Wieder drehte sie sich zu mir um, und ich rief: »Aana« Sie strahlte mich an und lief freudig weiter. Ja, das passte. Sie lief am anderen Ende der Leine vor mir her, und ich merkte, dass meine und ihre Zukunft gerade neu geschrieben wurden.

Ich brachte sie zurück in ihren Zwinger und schrieb eine Nachricht an Tobi. »Ist es okay, wenn ich eine Hündin mitbringe?«, und fügte noch ein Foto von Aana an. Da konnte er gar nicht widerstehen.

Gleichzeitig postete ich mein erstes Foto von mir und Aana auf Facebook, da ich noch kein Instagramprofil hatte. »Diese Hündin lebte bis heute auf der Mülldeponie, und übermorgen soll sie dahin zurückgebracht werden«, schrieb ich darunter. Ich wusste genau, was mein Post auslösen würde.

Es dauerte nicht lange, und mein Vater kommentierte: »Nein, Helga. Du hast schon einen Hund, das reicht!« Hatte ich euch schon von den netten Versuchen meines Vaters erzählt, mich von Ideen abzubringen? In der Zwischenzeit hatte sich Tobi schon in ihr Bild verliebt und mir begeistert geantwortet, dass ich sie mit nach Hause nehmen sollte. Ich wusste es doch! Aana wusste eben schon von Beginn an, wie man posiert. Den Einwurf meines Vaters ließ ich erst mal unkommentiert.

Als wir am nächsten Morgen wieder bei der Halle eintrafen, in der die Hunde untergebracht waren, stand gerade der Lkw vor dem Tor und lud die ersten kastrierten Hunde auf, um sie zurück auf die Deponie zu bringen. Ich ging schnell zu Aanas Box, und ein kalter Schauer lief mir über den Rücken. Ihr Zwinger war leer, obwohl ich ihn mit einem Hinweis versehen hatte, dass die Hündin nicht zurück auf die Deponie sollte.

Ich ging zu den Männern, die gerade die Luke des Lkws schlossen, und rief aufgeregt: »Stop! Stop! You took the wrong dog! Open the truck again!« Sie sahen mich verständnislos an, weswegen ich energisch gestikulierte, dass sie den Lkw nochmals öffnen sollten. Schließlich war ein Mann bereit, meiner Aufforderung Folge zu leisten. Die Rampe senkte sich, und als ich in den Laderaum voller Hunde sah, erblickte ich Aana am anderen Ende des Lastwagens. Sie stand inmitten der anderen Hunde ganz hinten auf der Ladefläche und schaute mich ängstlich an. Ihr Blick sagte, ›Hol mich hier raus, lass mich nicht hier‹. »That is the dog!«, rief ich und zeigte auf meine Hündin. »This one comes with me.«

Kopfschüttelnd kletterte einer der Männer auf den Lkw und zwängte sich durch die anderen Hunde zu ihr nach hinten.

Kaum merkte sie, dass sie wieder rausdurfte, sprintete sie mir entgegen, und ich schloss sie in meine Arme und vergrub meinen Kopf in ihrem Fell. Ich war selten in meinem Leben so erleichtert gewesen. Ja, sie würde bei mir bleiben, das stand fest.

In den nächsten Tagen besuchte ich sie jedes Mal, wenn ich zwischen Kastrationen, Vor- und Nachbereitungen Zeit hatte, und holte sie aus ihrem Zwinger, um mit ihr frische Luft zu schnappen. Ich versuchte, sie noch einmal umzutaufen, denn ich war der Meinung, dass »Trash dump« beziehungsweise »Trash« ein süßer und passenderer Name wäre, doch sie ignorierte meine Versuche, ihr den Namen anzugewöhnen, so lange, bis ich sie wieder »Aana« rief.

Als wir schließlich alle Hunde, die sich irgendwie fangen ließen, kastriert hatten, war es Zeit, abzureisen. Wir bereiteten alles für Aanas Einreise nach Österreich vor. Ich hoffte, dass ihre Papiere und ihr Pass keine Probleme an der Grenze verursachen würden. Diese Hunde lebten zwar auf der Straße, waren dank der Arbeit der Organisation aber trotzdem geimpft. Aana bekam noch einen Mikrochip, und dann waren wir auch schon bereit für die Fahrt nach Österreich. Meine Heimat und bald auch ihre. Auf Facebook verkündete ich noch glücklich, dass meine Dame mit mir nach Hause kommen würde, und mein Vater antwortete nur kapitulierend: »Und wie wird sie heißen?« Noch heute muss Steini, einer meiner zwei besten Freund*innen, über diese Antwort herzhaft lachen, nachdem sich mein Vater davor so sehr gewehrt hatte.

Heute, wo Aana jeden Tag mit mir im Praxisauto mitfährt, kann man sich das nicht mehr vorstellen, aber als sie für unsere Fahrt nach Hause das erste Mal mit mir ins Auto stieg, hatte sie einfach nur Angst. Sie sprang zwar mit mir ins Fahrzeug, versteckte sich aber sofort unter meinem Sitz, als wüsste sie, welchen Bammel ich trotz der passenden Papiere vor der Grenze hatte. Dort blieb sie zusammengekauert, bis wir über die österreichische Grenze fuhren, wie die perfekte Schmugglerin.

Zu Hause angekommen, streikte Sparky zwei Tage lang und warf mir diesen »Das kann nicht dein Ernst sein«-Blick zu, während er sich sicherheitshalber nur zwischen Couch und Bett bewegte. Der Boden, auf dem Aana sich fortbewegte, war für ihn zu Lava geworden. Tobi hingegen liebte unsere Hündin von der ersten Sekunde an und sie ihn ebenso. Was wir jedoch nicht liebten, war der unerträgliche Mülldeponiegestank, den sie im Fell trug. Nachdem wir eine Woche, trotz Kälte, mit offenen Fenstern in Wohnung und Auto gelebt hatten, konnte ich endlich ihre Nähte entfernen und sie kurz danach baden, um den schrecklichen Geruch endlich loszuwerden. Man glaubt gar nicht, wie sehr ein Hund stinken kann!

So war Aana also in unser Leben gekommen, und jetzt war sie weg. Ich war immer noch nicht ausgestiegen, um nach Mia zu schauen, da meine Gedanken rasten. ›Was macht man, wenn der Hund wegläuft? Natürlich!‹ Ich griff zum Telefon. »Tobi, geh nach Hause!«

»Was?«, erwiderte er verständnislos, nachdem er sofort abgenommen hatte.

»Geh nach Hause. Wenn sie dich nicht findet, ist sie bestimmt heimgelaufen!« Er tat, was ich sagte, ich legte das Handy weg und machte mich auf die Suche nach dem Stallbesitzer. Minuten, die sich wie Stunden anfühlten, vergingen, aber Tobi rief nicht zurück. Erst als ich die Visite bei Mia endlich abgeschlossen hatte und wieder zu meinem Auto lief, sah ich erleichtert die Nachricht von Tobi: »Aana ist da. Hat vor dem Haus gewartet.« Sie war eben doch eine gute Hündin.

Vom Pensionisten, der nicht mehr aufstehen wollte

Wieder einmal führte mich mein Weg in den Bayerwald, der fünfunddreißig Kilometer von der Praxis entfernt beginnt. Meine Kollegin Conny rief mich an und bat mich, zu einem Patienten zu fahren, da sie zu weit entfernt war. »So, wie die Besitzer klangen, wird das auf eine Euthanasie hinauslaufen, aber schau mal, was du machen kannst«, bereitete sie mich auf den Besuch vor.

Keine schöne Aufgabe, ein Pferd zu erlösen, aber nach vielen Praktika und einigen Monaten in der Praxis kein neues Thema mehr für mich. Man steht immer vor der qualvollen Frage, wann man ein Pferd erlösen und wann man das Leiden in Kauf nehmen soll. Vielleicht erholt sich der Patient doch noch, wird gesund und hat noch viele schöne Monate oder sogar Jahre vor sich.

Ich wusste, dass ich Conny bei Problemen sofort anrufen und um Rat fragen konnte, was mir die Anfahrt um einiges erleichterte. Mein Navi zeigte die letzten beiden Abzweigungen an, und nach wenigen Minuten konnte ich das Grundstück schon erkennen. Die Koppel lag auf einem Hang. Der alte Wallach lag mit dem Rücken zu mir auf der Weide.

Kaum hatte ich den Motor abgedreht, stand auch schon die nervöse Besitzerin neben meinem Fenster. In ihrem Gesicht spiegelte sich keine Hoffnung wider. »Guten Tag, wie geht es ihm?«, begrüßte ich sie und stieg aus dem Auto, um auch gleich wieder dahinter zu verschwinden. Ich griff nach meinem Stethoskop und dem Fieberthermometer und wandte mich wieder der besorgten Frau zu.

»Er muss sich heute Morgen hingelegt haben, und jetzt kommt er nicht mehr auf. Wir haben schon versucht, ihn aufzutreiben und ihm zu helfen aufzustehen, aber er ist einfach zu schwer.«

Ich nickte ihr zu, und zusammen stiegen wir durch den Weidezaun und den kleinen Hang hinauf, der zu dem Pensionisten führte. »Ja hallo, Schatzi«, begrüßte ich das Pferd mit ruhiger Stimme und kniete mich zu ihm. Er lag still da und beobachtete mich mit seinen wachen Augen. Ich begann, sein Herz abzuhören und seine Temperatur zu messen. Danach betrachtete ich seine Schleimhäute und maß seine Kapillarfüllungszeit. Dafür übte ich mit meinem Finger so lange Druck auf die Schleimhäute aus, bis sie weiß waren, entfernte schnell meinen Finger und zählte die Sekunden, bis das Gewebe wieder rosa wurde. Der Wallach stieß ein leises Schnaufen aus, blieb ansonsten aber ruhig liegen.

Als ich fertig war, versuchte er zum ersten Mal aufzustehen, doch ich erkannte gleich, dass ihm die Kraft fehlte, den schweren, alten Körper wieder auf seine vier Beine zu stellen. Ich trat um das liegende Pferd herum und tastete seine Beine und seinen Rücken ab. Auch hier konnte ich keine Besonderheiten feststellen. Die Beine waren warm und hatten eine normale Spannung, man konnte sie bewegen, es gab keine Schwellungen oder schmerzhafte Stellen. Es lag scheinbar einfach an der fehlenden Kraft, dass er nicht mehr aufstehen konnte.

»Und was glauben Sie, Frau Doktor? Da kann man nichts mehr machen, oder?«, fragte die Besitzerin geknickt. Sie hatte die ganze Zeit neben mir gestanden und aufmerksam beobachtet, was ich tat.

»Seine Werte sind eigentlich unauffällig. Jetzt bekommt er erst mal Schmerzmittel, und Sie holen bitte vier Stricke«, sagte ich mit betonter Zuversicht in der Stimme und beeilte mich, zurück zu meinem Auto zu kommen. Ich wusste, dass wir nicht viele Versuche hatten, ihn zum Aufstehen zu bewegen. Erschöpfte Pferde geben schnell auf. Nach wenigen Minuten war ich wieder beim alten Wallach und schaffte es, ihm seine Medikamente zu injizieren, während die Besitzerin seinen Kopf stützte. Er tolerierte den Stich und blieb ruhig, was nicht immer ein gutes Zeichen war. Ich kannte das Pferd nicht, deswegen konnte ich nicht einschätzen, ob meine Versuche überhaupt noch sinnvoll waren.

Ein kurzer Blick auf die Besitzer*innen, der Mann war mittlerweile auch anwesend, ließ meine Hoffnung schwinden. Sie wirkten resigniert, ohne jegliche Erwartung, dass ihr Pferd die nächsten Stunden überleben würde. »So, und jetzt warten wir fünf Minuten. Danach binden wir an jedes Bein einen Strick und versuchen, ihn über seinen Rücken zu drehen«, fuhr ich unbeirrt fort.

Wenn Pferde lange auf einer Seite liegen, schmerzen die unten liegenden Extremitäten oft so sehr, dass das allein der Grund sein kann, warum sie es nicht mehr schaffen, von alleine aufzustehen. Eine Sache, die mir Conny noch gesagt hatte, als sie mich am Telefon vorhin auf den Fall vorbereitet hatte.

Während wir warteten, erklärte ich den beiden mehrmals den genauen Ablauf. Sie schienen nervös, hörten mir aber aufmerksam zu. Dann begannen wir mit dem Versuch, den alten Wallach wieder auf seine Beine zu stemmen. Wir stellten uns auf die Rückseite des Patienten, die Seile waren an seinen Fesseln befestigt und spannten sie über seinen Körper auf unsere Seite. Ich zählte von drei runter, und wir zogen, so fest wir konnten, an den Stricken, um die Beine erst nach oben und dann auf die andere Seite zu manövrieren. Der Körper sollte sich dabei mitdrehen, um seine Extremitäten Richtung Abhang zu bringen, damit er auf der anderen Körperseite zum Liegen kam. Der unangenehmste Teil war der Moment, in dem er am Rücken lag und seine Beine zum Himmel zeigten. Wir versuchten, diesen Moment so kurz wie möglich zu halten, und zogen mit aller Kraft weiter.

Und es funktionierte: Sobald das Gewicht über der Mitte des Pferdes war, kippten seine Beine mit Schwung Richtung Boden. Als wäre das Gras heiß, versuchte der Wallach sofort, aufzustehen, sobald seine Hufe den Boden berührten.

»Lasst die Stricke los!«, rief ich. Das war der Moment der Wahrheit. Das Pferd stemmte die Vorderbeine nach vorne, streckte den Hals, um Schwung zu holen, und ich hoffte, dass die Besitzerin, die seinen Kopf hielt, daran dachte, nicht mit dem Strick am Halfter zu ziehen, sondern ihn lediglich half zu stabilisieren, falls er ins Schwanken kam. Er begann, seine Hinterbeine durchzustrecken, konnte aber nicht aufstehen. Ein Atemzug verging, in dem niemand handelte.

Kurzerhand sprang ich hinter das Pferd, krallte meine Finger in seinen Pelz und stemmte sein Hinterteil an seinen Sitzbeinhöckern mit all meiner Kraft nach oben. Das Gewicht, das erst unendlich erschien, wurde leichter, der Druck auf meinen Armen ließ nach, und in der nächsten Sekunde stand der alte Herr. Er stand! Sofort machte er einen unsicheren Schritt nach vorne.

Ich schnappte mir schnell den Schweif und half ihm mit leichtem Zug, sein Gewicht zu balancieren, während ich nach vorne rief: »Einfach gehen! Einfach langsam vorwärtsgehen.«

Hörten die Besitzer*innen das Zittern in meiner Stimme? Mein Herz schlug mir bis zum Hals. Freude durchflutete meinen gesamten Körper. Mit schwachen Beinen, sowohl beim Patienten als auch bei mir, begannen wir, uns zu bewegen. Voller Erleichterung besprach ich mit den Besitzer*innen, was sie die nächsten Tage zu beachten hatten und wie sie ihn unterstützen konnten. Sie konnten ihr Glück kaum fassen.

»Das hast du sehr gut gemacht«, verabschiedete ich mich schließlich mit einem Strahlen im Gesicht von meinem Patienten und streichelte ihm anerkennend über den Kopf. Zurück beim Auto, holte ich meine Mappe, um den Namen und die Daten der Besitzer*innen aufzuschreiben, als die Besitzerin plötzlich wieder vor meiner Autotür stand und fragte: »Darf ich Sie umarmen?« Ich sah, wie der Druck von ihr abgefallen war und ihr die Freudentränen über die Wange rannen.

»Oh! Ja, natürlich«, stammelte ich mit halb gebrochener Stimme, und wir umarmten einander.

»Vielen, vielen Dank!« Sie drückte mich etwas fester. »Ich dachte, wir könnten ihm nicht mehr helfen«, schluchzte sie und entließ mich aus ihrem Griff.

»Ist doch selbstverständlich«, brachte ich noch hervor, bevor auch meine Stimme brach und ich versuchte, meine glasigen Augen unter Kontrolle zu bringen. Ich bin einfach zu nah am Wasser gebaut für diesen Beruf. Wir füllten die Formulare aus und verabschiedeten uns. Ich war erleichtert, dass das Schicksal diesmal auf meiner Seite gewesen war, und fuhr freudig zu meinem nächsten Termin.

Nach einigen Stunden, die zum Glück weniger aufregend als der Morgen gewesen waren, beendete ich meinen Dienst. Es war Freitag, und ich hatte Wochenenddienst, daher war ich über jede Stunde glücklich, die ich entspannt zu Hause verbringen konnte.

Am nächsten Morgen läutete wie üblich der Wecker, und ich machte mich fertig, um in der Praxis Stuten zu untersuchen. Die Saison hatte ja vor Kurzem begonnen, und es gab in der Geschichte der Veterinärmedizin ganz sicher wenige, die so unfähig waren, eine gynäkologische Ultraschalluntersuchung durchzuführen, wie ich. Glücklicherweise besaß Herbert einige Zuchtstuten, an denen ich mein nicht vorhandenes Können aufbessern konnte. Ich war gerade dabei, die zweite Stute zu untersuchen, als meine Laune schon begann, in den Keller zu rutschen. Wieder einmal brauchte ich Ewigkeiten, um die Eierstöcke zu finden und am Ultraschallgerät darstellen zu können. Mein Arm, der bis zur Schulter im Rektum einer Stute steckte, fühlte sich an, als würde er jeden Moment absterben. Unruhig trat das Tier im Untersuchungsstand hin und her.

»Ich weiß, ich bin unfähig, mich nervt es auch«, sprach ich zum Pferdekopf nach vorne.

Da kam Herbert in den Stall und unterbrach meine Übungseinheit mit den Worten: »Ich hab gleich den ersten Fall für deinen Wochenenddienst, eine Schwergeburt bei einem Mini-Shetlandpony.«

›Sehr lustig‹, dachte ich und drehte mich zurück zum Ultraschall. Ich versuchte, die Stute weiter zu untersuchen, doch auf einmal war es seltsam still im Stall. Ich drehte mich erschrocken zu meinem Chef.

»Wirklich?«, fragte ich etwas fassungslos. Ich hatte in meinem Leben erst einmal eine Geburt miterlebt, in Kalifornien, während eines Praktikums. Die war jedoch völlig komplikationslos verlaufen. Ich hatte keine Ahnung, was mich bei einer Schwergeburt erwarten würde. »Ähm, okay«, stammelte ich.

»Traust du dir das zu?«, fragte Herbert und wartete mit hochgezogenen Augenbrauen auf meine Antwort.

›Nein!‹, rief es in meinem Kopf. ›Bist du irre?‹ – »Ja, ich denke schon«, kam es stattdessen aus meinem trockenen Mund. »Hilft ja nix. Du musst mich nur kurz vorbereiten«, antwortete ich mit fester Stimme. Meine Nervosität reduzierte sich wie immer um die Hälfte, sobald mein Chef begann, mir die nächsten Schritte zu erklären. Stumm hörte ich zu, was er zu sagen hatte. Eine außergewöhnliche Situation, denn ich neige normalerweise dazu, meinen Chef mit ständigen Unterbrechungen in den Wahnsinn zu treiben.

»Hast du Angst?«, hörte ich Herberts Stimme, als ich gerade dabei war, meine Sachen zusammenzupacken.

»Ja«, gab ich zurück und sah, wie ihm ein Schmunzeln übers Gesicht lief.

»Das ist okay. Du schaffst das schon.«

Die ganze Autofahrt über versuchte ich, in Gedanken jeden Schritt zu wiederholen, den Herbert mir erklärt hatte. Vierzig Minuten später fuhr ich auf den Hof des Besitzers. Er begrüßte mich, sobald ich einen Fuß aus dem Auto setzte, und zusammen gingen wir zu einer Wiese, auf der selig ruhig ein Pony graste. »Wo ist denn die Stute?«, fragte ich und suchte das Grundstück mit meinen Augen ab.

»Das ist sie«, und zeigte dabei auf das grasende Pony.

»Was, die? Die da steht und frisst?« Er nickte nur, und wir traten etwas näher zur Stute. Sobald der Besitzer ihren Schweif hob, erkannte ich es auch. Eihäute hingen aus ihrer Scheide, vom Fohlen war noch nichts zu erkennen. Die Stute schien hingegen an dem Gras vor ihrem Maul mehr Interesse zu haben als an dem Baby, das dabei war, ihren Körper zu verlassen. Mein Hirn war plötzlich komplett leer. Ich erklärte dem Besitzer, dass ich meine Sachen holen würde, und drehte mich rasch um. Auf dem kurzen Weg zu meinem Auto, das ich zum Glück außer Hörweite des Besitzers geparkt hatte, wählte ich Herberts Nummer. So würde er die Unsicherheit in meiner Stimme wenigstens nicht hören.

Herbert wiederholte seine Anweisungen von vorhin. »So wie besprochen, mach die Stute sauber, mach dich sauber, und dann fasst du mal rein und fühlst, was los ist.«

Klingt doch alles ganz einfach, ein Kinderspiel. Ich atmete einmal tief durch und lief mit meiner Arzttasche in der Hand zurück zur Stute, die immer noch gemächlich das Gras fraß. Ich bat den Besitzer, mir einen Eimer mit sauberem Wasser zu holen, und legte mir Gleitgel zurecht. Nach einer kurzen allgemeinen Untersuchung stellte ich mich an die linke Seite des Ponys, um so gut wie möglich vor den Hinterbeinen geschützt zu sein, und begann mit der Hebammenarbeit.

Sobald ich meine Hand entlang der Eihäute bewegte, erkannte auch das Pony, dass es eigentlich in Geburt war, und begann zu pressen. Das erleichterte meine Arbeit zwar nicht gerade, aber weil das Pony so auf sich konzentriert war, konnte ich meine Position etwas ändern, um besser arbeiten zu können. Vorsichtig tastete ich mich entlang und versuchte mir irgendwie zu erklären, was ich da gerade außer Wärme und Enge fühlte. Zwanzig Zentimeter meines Armes waren schon in der Stute verschwunden, aber ich konnte immer noch kein Fohlen spüren.

»Sind Sie sicher, dass sie das Fohlen nicht schon verloren hat?«, fragte ich etwas verzweifelt, während mein Arm weiter von dem Pressen der Stute zerdrückt wurde.

»Nein, ich hab überall nachgesehen, da ist nix«, hörte ich die Stimme des Besitzers, der nicht weit von mir stand. In dem Moment stieß ich auf etwas Hartes.

»Ah!«, stieß ich ein kurzes, freudiges Seufzen aus. Mittlerweile hing ich halb hockend, halb kniend hinter dem kleinen Pony. Der Besitzer schaute interessiert zu mir herunter. Das musste es sein, aber ich konnte nicht differenzieren, welchen Teil des Fohlens ich spürte. Es war kein Fell zu fühlen, da immer noch eine Eihaut zwischen mir und dem Fohlen war. Das Fohlen lag noch tief im linken Horn der Gebärmutter, nicht im Geburtsgang, wie man es erwartet hätte. Ich erklärte dem Besitzer, was ich fühlte, und unterbrach die Untersuchung, um noch mal bei Herbert anzurufen. »Also ich fühl jetzt das Fohlen, aber da sind noch Häute dazwischen«, erläuterte ich.

»Na dann musst du die Häute durchtrennen, damit du zum Fohlen kommst«, gab er zurück.

›Also die Häute durchtrennen, kann ja nicht so schwer sein‹, sprach ich mir in Gedanken Mut zu. ›Mit einer Hand‹, erwiderte mein Kopf. Na super. Ich hörte noch zwei Sekunden dem Signal des beendeten Gespräches zu, bevor ich wieder genug Mut hatte, zur Stute zurückzugehen. Ich tastete mich erneut zu der Stelle, an der das Ungeborene lag, und versuchte, die Häute zu durchtrennen. Das fühlte sich zwar gefährlich an, aber ich vertraute auf die Hinweise von Herbert.

Weitere Minuten vergingen. Mittlerweile waren die Stute und ich gleichermaßen erschöpft, immer wieder legte sie sich ins Gras. Ich achtete darauf, dass weder ich sie verletzte noch sie mir den Arm brach. Meine Finger wurden immer tauber und meine Kraft immer weniger. Schließlich hatte ich es geschafft, mich zum Fohlen durchzuarbeiten, und versuchte herauszufinden, welchen Teil des Fohlens ich fühlte. Ich fühlte Fell und etwas rundes Hartes auf der linken Seite, das ein Gelenk sein müsste. Rechts davon war eine noch größere runde Struktur, und wieder rechts davon war noch eine harte Struktur. Was konnte das sein? Ein Schauer lief mir über den Rücken, als ich daran dachte, dass es das Hinterteil des Fohlens sein konnte, was die Geburt umso schwieriger gestalten würde. Ich umfasste erneut den linken Bereich, der wie ein umgeklappter Schlauch in der Gebärmutter lag, und begann, leicht daran zu ziehen. Es war ein Bein, aber war es das Karpalgelenk oder das Sprunggelenk? Ich zog noch etwas mehr und tastete, soweit ich konnte. Der Form nach musste es das Karpalgelenk sein. Das war gut, denn das bedeutete, dass es sich um ein Vorderbein handelte. Ich zog wieder etwas und schaffte es mit meinen Fingerspitzen, den Huf zu ertasten. Die Stute hatte aufgehört zu pressen und lag wieder erschöpft im Gras. Ich kniete am Boden und umfasste mit der linken Hand ihre Hüfte, während ich mit meinem rechten Arm kämpfte.

Nun kam der Moment, für den sich die Übungen mit einer Stoffpuppe an der Uni gelohnt haben. Die Professorin hatte uns gelehrt, dass man den Huf umfassen muss, um die Gebärmutter vor Schnitten zu schützen, und dann versuchen soll, das Bein aus einer Beugehaltung in eine Streckhaltung zu führen. Ich erfasste den Huf und versuchte in dem engen Arbeitsfeld, das Bein durchzustrecken. Einige Momente vergingen, doch ich schaffte es. Ich atmete erleichtert aus und versuchte, einen Augenblick meinen Arm zu entspannen, der immer mehr an Kraft und Durchblutung verlor.

Es waren sicher schon mehr als sechzig Minuten vergangen, aber ich hatte jegliches Zeitgefühl verloren, so konzentriert war ich. Nun tastete ich mich zum zweiten Bein und tat dasselbe auf der rechten Seite. Halb kniend, halb liegend befand ich mich hinter dem Tier und versuchte, die Schmerzen in Muskeln und Gliedern zu ignorieren, die trotz Adrenalin langsam aus der unveränderten Position meines Körpers kamen. Nach weiteren Minuten schaffte ich es, auch das zweite Bein aus seiner Karpalbeugehaltung zu befreien. Nun fehlte nur noch der Kopf. Doch sosehr ich mich auch bemühte, ich konnte einfach nichts davon fühlen.

Ich überlegte, ob ich erneut Herbert um Rat fragen sollte, aber was half das schon? Er konnte mir auch nicht helfen, ich musste es selbst erfühlen. Und es half auch nichts, ihn zu bitten, zu mir zu kommen. Seine Arme sind doppelt so groß wie meine. Das würde es für ihn noch schwieriger machen, diesem kleinen Pony zu helfen. Nein, ich musste einfach allein weiterkämpfen. Die Stute stöhnte vor Schmerzen, und ich streichelte ihr einmal beruhigend über den Rücken. Bald hatten wir es sicher geschafft! Sie begann wieder zu pressen, als ich schließlich etwas spürte, das von der restlichen Masse hervorragte. Es war ein Ohr. Ich tastete mich weiter vor und fühlte ein Auge, doch weiter reichte mein Arm nicht. Die Nase des Fohlens zeigte zur Nase der Stute anstatt zu mir. So ein Mist! Ich musste es irgendwie schaffen, den Kopf zu wenden, um ihn zum Geburtsgang zu befördern. Die Stute presste und versuchte dasselbe, aber durch den Druck und das Pressen im Geburtsgang hatte ich nur noch weniger Spielraum.

»Wenn ihr bei einer Geburt das Ungeborene manipulieren wollt, müsst ihr es zurück in die Gebärmutter schieben, damit ihr genug Platz habt«, hörte ich plötzlich die Stimme meiner Uniprofessorin in meinem Kopf. »Also Helga, du hast das gelernt, zwar an Puppen, aber du hast das gelernt«, redete ich mir selber gut zu.

Ich tastete mich Millimeter für Millimeter vor und schaffte es schließlich, meine Fingerkuppe in den Mundwinkel des Fohlens einzuhängen. Ich schob den kleinen Körper etwas zurück, um mehr Platz zu bekommen, und zog, so fest ich konnte, mit meiner Fingerkuppe an meiner eingehakten Stelle. Und es funktionierte! Stück für Stück begann sich der Kopf zu drehen – und dann schnappte mein Finger zurück, und der Kopf war wieder an der ursprünglichen Position. Ich stöhnte verzweifelt auf. Wie gerne hätte ich meinen zweiten Arm verwendet, aber dafür war einfach nicht genügend Platz.

Das Fohlen hatte während der ganzen Manipulation nicht reagiert. Langsam dämmerte mir, was ich die ganze Zeit von mir weggeschoben hatte: Die Schwergeburt ging wahrscheinlich schon seit Stunden, das Fohlen lag noch nicht im Geburtskanal, und die Stute lag drei Monate vor dem Geburtstermin. Das Fohlen war bereits tot. Ich biss kurz die Zähne zusammen und schluckte. Es ging hier nicht darum, das Fohlen zu retten, sondern die Mutter. Sollte ich sie in eine Klinik schicken? Würde sie den Transport überstehen? Würde der Besitzer es überhaupt zulassen, oder würde er sie dann lieber einschläfern lassen, um Geld zu sparen? Nein. Ich musste das Fohlen da rausbekommen, alles andere würde noch länger dauern und wäre zu riskant. Ein Kaiserschnitt bei einem Pferd war nicht nur teuer, sondern auch riskant und konnte nur in einer Klinik erfolgen. Ich hakte mich wieder mit der Fingerspitze im Mundwinkel ein und versuchte es erneut. Wieder rutschte ich ab. Und noch mal. ›Jetzt bloß nicht aufgeben‹, dachte ich.

Beim vierten Versuch schaffte ich es, und der Kopf verlagerte sich endlich an die richtige Stelle. Nun musste ich das Fohlen nur noch hinausbringen. Ich fuhr mir kurz mit dem Handrücken über meine schweißnasse Stirn, um eine Strähne aus dem Gesicht zu streichen, die sich aus meinem Zopf gelöst hatte. Mit sanftem stetigem Zug zog ich an den Beinen, doch nichts passierte. Ich umfasste den Kopf, doch verglichen mit dem Geburtskanal war er einfach zu groß. Oh nein, das darf nicht wahr sein! Was sollte ich jetzt machen? Das Fohlen war einfach zu groß für den kleinen Körper des Ponys.

Der Besitzer trat nervös von einem Fuß auf den anderen, aber schaute mir ansonsten ruhig zu. Worüber ich heilfroh war, aufgeregte Nachfragen konnte ich jetzt nicht auch noch ertragen. Wieder umfasste ich den Kopf und tastete noch mal alles ab. Jetzt, wo das Fohlen endlich die richtige Position eingenommen hatte, merkte ich, wie sich das gesamte Gewebe langsam lockerte und der Geburtskanal begann, sich zu weiten. Sehr gut! Ich kämpfte weiter und konnte mich langsam, Stück für Stück rausarbeiten. Aus meiner zwischenzeitlichen Verzweiflung wurde Hoffnung, und plötzlich war der Kopf durch den engsten Teil durchgerutscht, und im nächsten Moment flutschte die Totgeburt auch schon hinaus.

»Ma super! Ganz, ganz super!«, strahlte der Besitzer mich an und klopfte mir anerkennend auf die Schulter. Ich untersuchte das Fohlen noch, doch wie befürchtet war es nicht fertig entwickelt und bereits tot. Die Nachgeburt folgte kurz nach dem Fohlen, und die Stute zeigte endlich keine Anzeichen von Schmerzen mehr. Ich war traurig und gleichzeitig so erleichtert, dass ich mich einen Moment hinsetzen musste. Mein Arm war gerötet und schmerzte, aber das merkte ich kaum.

Der Besitzer bedankte sich noch mehrmals bei mir und drückte mir Bargeld in die Hand. Er war sichtlich erleichtert, dass seine Stute die Schwergeburt überlebt hatte. »Das war wirklich eine Spitzenleistung! Wirklich! Ganz toll! Vielen Dank!« Ich war froh, dass ich helfen konnte, und war gleichzeitig erschöpft und energiegeladen. Ich versorgte die Stute noch fertig, verabschiedete mich, stieg in mein Auto und ließ mich in meinen Sitz fallen.

Sparky, der natürlich auf seinem angestammten Platz auf dem Beifahrersitz saß, gähnte und sah mich an. ›Na? Endlich fertig?‹ Da klingelte das Telefon. »Hallo, Gerti!«, nahm ich noch etwas benommen von den letzten Stunden ab.

»Hallo, Helga, wo bist du denn? Da ist ein Koliker.«

Also nichts da mit einer kurzen Pause. Sie gab mir die Adresse durch, und während ich mich am Weg machte, erzählte ich ihr kurz, was geschehen war.

»Ja, da kannst du stolz sein! Bei Schwergeburten von Mini-Shetlandponys kann man das Fohlen bei fünfzig Prozent nicht rausholen, und sie müssen operiert oder euthanasiert werden.«

Fünfzig Prozent. Wow. Zum Glück hatte ich das erst jetzt erfahren. Hätte ich diese Information früher gehabt, hätte ich bestimmt schneller aufgegeben. Stattdessen hatte es nur einen Gedanken gegeben: Das Fohlen muss da raus.

Manchmal ist Unwissenheit eben doch ein Segen. Ich schüttelte ungläubig den Kopf und bog in die nächste Straße ein. Kurz bevor ich ankam, vibrierte mein Handy. »Wie geht's dir?«, stand auf meinem Bildschirm. Eine Freundin aus Österreich hatte mir geschrieben. Ich parkte mein Auto auf dem Hof und griff zum Handy. »Gut, aber bin grad am Weg zum Koliker«, antwortete ich und steckte mir das Handy in die Hosentasche, um meine Sachen aus dem Kofferraum zu holen. Ich schritt zum Stall, als mein Handy erneut vibrierte. Als ich die Nachricht las, entfuhr mir ein lautes Lachen, denn da stand: »Wer ist dieser Herr Koliker, zu dem du immer fährst?«

Durchgeröntgt

Ich war immer noch sehr stolz über die Rettung des Shetlandponys am Wochenende und war so beschwingt in die neue Woche gestartet. Doch mein kleiner Höhenflug sollte bald ein jähes Ende finden, denn an diesem Mittwoch beging ich einen Fehler, für den ich mir noch Jahre später viel Gelächter anhören darf.

Doch bevor es dazu kam, begann auch Aana ihren Tag mit einer Lektion. Es war ein kühler Tag. Tanja und ich waren wieder einmal zu zweit unterwegs. Bevor wir den Hof der Praxis verließen, brachten wir noch die Pferde vom Stall auf die Koppel. Die Weide lag gegenüber der Praxis auf einer Anhöhe neben einem Wald. Tanja und ich führten jeweils zwei Pferde und gingen im Gänsemarsch den kleinen Hügel hinauf.

»Aana, geh da weg«, rief ich über die Schulter, als ich sah, dass sie knapp hinter einer meiner Stuten lief. Sie tänzelte weiter hinter ihr entlang. »Aana, geh jetzt weg!« Doch mein Schrei wurde unterbrochen, als das Pferd neben mir am Strick riss und den Körper anspannte. Von hinten kam ein lautes Geheule, und ich musste mich nicht umdrehen, um zu wissen, dass Aana gerade die Hufe des Pferdes abbekommen hatte. Ihr schmerzhaftes Jaulen ging mir durch Mark und Bein.

»Was ist passiert?«, hörte ich Tanjas irritierte Stimme von vorne.

»Die Zelda hat die Aana geschlagen!«, rief ich aufgebracht. Am liebsten hätte ich die Stricke fallen gelassen, um zu sehen, wie es meiner Hündin ging. So schnell ich konnte, brachte ich die zwei Pferde auf die Weide und lief den Hang hinunter. Die paar Hundert Meter fühlten sich an wie Kilometer, und ich versuchte, nicht über die Rillen des Feldweges zu stolpern, als ich besorgt nach meiner Hündin suchte. Ich wusste nicht, wie schwer Aana verletzt war. Ging es ihr gut, oder fehlte ihr der halbe Kopf? Als ich endlich auf dem Hof ankam, sah ich sie schon in einer Ecke kauern.

»Oh Aana«, rief ich und lief zu ihr. Ich war erleichtert, ihr Kopf war scheinbar unverletzt. Sie sah mich mit hängenden Ohren an, und als ich ihr Maul öffnete, sah ich, dass ihre unteren Schneidezähne leicht verschoben waren und ihr Zahnfleisch blutete. »Du Dummi«, sagte ich und tröstete sie. Zum Glück hatte sie nur einen kleinen Schönheitsfehler davongetragen. Doch von diesem Tag an wusste sie, dass die Hinterbeine von Pferden, oder besser alle Pferdebeine, zu meiden sind. Ich machte ein Foto von Aanas Maul und schickte es Tobi. Er würde sich sicher freuen, von den neuesten Eskapaden von Aana zu hören.

Mittlerweile war Tanja auch eingetroffen, und wir machten uns auf den Weg. Wir hatten einen Termin in dem Stall eines Stammkunden. Ein Pferd sollte vor dem Verkauf geröntgt werden. Dafür wurden mit mehreren Aufnahmen sowohl die Vorder- als auch die Hinterbeine, manchmal auch Hals und Rücken geröntgt, um mögliche Knochenveränderungen zu erkennen. Je nachdem, was der Käufer oder die Käuferin wünschte. Tanja ließ den Praxiswagen in den Vierkanthof einrollen. Während die Stallbesitzer*innen uns begrüßten und uns zeigten, welches Pferd wir untersuchen sollten, begannen wir damit, das Röntgengerät aufzubauen.

Die mobile Gerätschaft ist sehr schwer und besteht aus einem großen Koffer, in dem die Röntgenplatte und der Laptop verpackt sind, einem kleineren Koffer, in dem die schwere, gepolsterte Röhre gelagert wird, und mehreren Röntgenschürzen, um alle Anwesenden zu schützen. Als alles aufgebaut war, sedierte Tanja das junge Pferd. So konnte sie sicherstellen, dass es während des Röntgens ruhig stehen würde und keine Gefahr für das Gerät, sich selbst oder uns darstellte. Das Röntgengerät war nämlich eins der teuersten Instrumente unserer Praxis, es kostete vierzig- bis sechzigtausend Euro. Und nicht nur der Einkaufspreis, auch die Reparaturen waren immer sehr teuer. Deswegen versuchen alle, es so gut wie möglich zu schützen.

Die Untersuchung lief sehr gut. Der junge Hengst döste gemütlich im Stehen vor sich hin. Innerhalb kürzester Zeit hatten wir fast alle Aufnahmen im Kasten. Dank des Laptops konnte man die Bilder auch immer gleich bewerten: Waren sie scharf, stimmte der Winkel, sah man alles, was zur Beurteilung wichtig war? Früher musste man nach wenigen Röntgenaufnahmen in die Praxis fahren und die Bilder mühsam entwickeln, bevor man wusste, ob sie gelungen waren.

Es fehlten nur noch die Aufnahmen der Knie. Die befinden sich beim Pferd direkt am Bauch anliegend, was eine Aufnahme nicht nur für Anfängerinnen manchmal sehr knifflig macht. Denn man muss die Platte an die Innenseite des Knies legen, wenn man das Gelenk von der Seite darstellen will, und sie, soweit der Schenkel und der Bauch es zulassen, nach oben und hinten schieben. Um das Gelenk von vorne nach hinten darzustellen, muss man die Platte von vorne ans Knie legen, gegen den Bauch drücken und mit der Röhre von hinten das Bild aufnehmen. Natürlich nicht sehr angenehm für das Pferd, und weder für Hengste noch für Stuten eine beliebte Stelle.

Und genau da begingen Tanja und ich einen gravierenden Fehler. Da der Hengst sich während der ganzen Untersuchung so ruhig verhalten hatte, wurden wir unvorsichtig.

Während ich mich mit der Röhre direkt hinter und nicht, so wie empfohlen, seitlich des Pferdes befand und mit dem Strahl in die Kniekehle zielte, legte Tanja die Platte an. Dabei streichelte sie nicht zuerst das Pferd und tastete sich langsam zum Knie, wie erfahrene Tierärztinnen es eigentlich machten, sondern klatschte die Platte ohne Vorwarnung an das Knie des schlafenden Pferdes. Die Reaktion folgte natürlich sofort. Der Hengst schreckte aus seinem Halbschlaf und schnalzte sein Bein nach hinten. Zack!

Das Erste, das ich wahrnahm, war die Röhre, die in weitem Bogen aus meinen Händen flog, während ich durch die Luft segelte. Mein einziger Gedanke war: ›Oh mein Gott, die teure Röhre.‹ Ich überlegte noch, nach ihr zu greifen, um sie aus dem Gefahrenbereich zu holen. Zum Glück war ich noch so geistesgegenwärtig, dabei nicht meinen Kopf zu drehen, falls das Pferd erneut austrat. Im nächsten Moment knallte ich am harten Stallboden auf, weit genug entfernt, um außer Gefahr zu sein. Das Ganze hatte sich innerhalb von Sekunden abgespielt. Ich blieb erst mal sitzen und überlegte, ob mein Oberschenkel gebrochen und das Gerät noch heile war.

»Alles okay?!«, rief Tanja und sah mich verblüfft an. Sie hatte anscheinend auch nicht damit gerechnet.

»Ich glaube schon, gib mir mal einen Moment«, sagte ich und versuchte, langsam aufzustehen. Scheinbar war nichts gebrochen. Ich versuchte, langsam zu atmen, während das Adrenalin noch immer durch meinen Körper schoss. Jetzt bloß nicht weinen. Ich sog etwas Luft durch die Lippen.

»Brauchst du etwas? Ist etwas gebrochen?«, fragte mich die besorgte Stallbesitzerin, die natürlich alles mitbekommen hatte.

»Nein, ich glaub nicht«, schnaubte ich und stützte mich mit den Armen auf meinen Knien ab. ›Atmen, einfach atmen‹, dachte ich. Die Röntgenschürze hatte wohl das Schlimmste abgefangen. Während Tanja sich um das Gerät kümmerte, ging ich ein paar Schritte. Ziemlich schmerzhaft, aber es war erträglich. Ich humpelte durch den Stall. Langsam gewann ich meine Fassung zurück. »Na gut, nächster Versuch«, sagte ich und versuchte, mein Zittern zu verbergen, während ich die Platte wieder in die Hand nahm.

»Aber diesmal stell dich bitte nicht hinters Pferd«, meinte der Besitzer und musste sich dabei ein Grinsen verkneifen. Wie peinlich. Kommentarlos setzten wir die Arbeit fort und bekamen die restlichen Bilder noch in den Kasten, das Gerät war zum Glück nicht beschädigt.

»Geht's?«, fragte mich Tanja, als wir wieder im Auto saßen.

»Ja, aber, boah, das zieht scho ordentlich. Zum Glück ist dem Röntgen nichts passiert!« Ich versuchte, am Beifahrersitz eine halbwegs bequeme Position zu finden.

»Oh ja!«, seufzte sie erleichtert. »Aber soll ich dich heimbringen, oder willst du weiterarbeiten?« Doch ich schüttelte nur den Kopf und meinte, es würde schon gehen. Zehn Jahre in der Bundesliga Handball spielen hatten mich gut auf solche Verletzungen vorbereitet.

Als ich abends meine Hose auszog, klafften ein großer blauer Fleck und eine Mulde an der Stelle, an der mein Muskel durch den Aufprall gerissen war. Ich hatte mir eine Pferdesalbe mit Heparin mitgenommen und schmierte die Stelle ein, sooft ich konnte. Die nächsten zwei Tage waren definitiv nicht lustig. Mein Oberschenkel hatte den Huftritt ziemlich persönlich genommen und verkrampfte sich bei jedem Schritt. Aber ich konnte es mittlerweile mit Humor nehmen.

Und ich erinnere mich noch gern an eine Züchtersitzung vier Jahre später zurück, in der ich noch mal auf den Vorfall angesprochen wurde: »Wisst ihr noch, damals, die Tierärztin, die die Platte einfach ans Knie gehalten hat, ohne zuerst hinzugreifen?«, erzählte der Besitzer, als wir über die Praxis und die früher angestellten Tierärzte und Tierärztinnen sprachen.

»Ja! Und die zweite Tierärztin ist dann durch die Luft geflogen!«, ergänzte die Besitzerin, und alle fingen an zu lachen.

Ich schaute belustigt in die Runde. »Ja… die, die geflogen ist, war ich!« Alle Augen in der Runde wurden groß.

»Nein, das warst du!?«, prusteten sie zurück, und ich stimmte gut gelaunt mit ein.

Der Kaiser von Österreich

Ich hatte mich vom spektakulären Huftritt, wie Herbert den Vorfall liebevoll nannte, ganz gut erholt. Mein Oberschenkel tat zwar immer wieder mal weh, aber arbeiten konnte ich zum Glück trotzdem.

Mittlerweile fuhr ich nicht mehr alleine in die Praxis, sondern Aana und Sparky begleiteten mich täglich bei meinen Visiten. Während wir also die Woche zu dritt in Bayern verbrachten, war Tobi alleine in Wien. Aber wir beide hatten so viel zu arbeiten, dass es für mich ganz angenehm war, nicht auch noch auf jemanden Rücksicht nehmen zu müssen. Ist Tobi zu Besuch, sind meine Abende weitaus stressiger, weil ich bei jedem neuen Notfall ein schlechtes Gewissen habe, dass er jetzt noch ein bis zwei Stunden länger in meiner einsamen Wohnung rumsitzt und auf mich wartet. Und wenn ich dann endlich heimkomme, bin ich meist gestresst, weil ich Rufbereitschaft habe und womöglich bald wieder losmuss. Wie letztens, als wir eigentlich zusammen Pizza essen wollten und er den Abend am Ende wieder alleine auf der Couch verbracht hat. Deshalb nennt er mich in Bayern liebevoll und leicht tadelnd die »Arbeits-Helga«, mein stets gestresstes Alter Ego.

Zu dritt fuhren wir also an diesem Tag Richtung Rottal, das bei Österreich liegt. Natürlich durfte Sparky, die kleine Diva, auf dem Beifahrersitz Platz nehmen, wo er alles im Blick hat. Aana, die um einiges größer war, nahm den Fußraum des Beifahrersitzes für sich ein.

Wir parkten gerade vor Gertis Hof, als Sparky freudig zu kläffen begann. Er erkannte, wo wir waren, und wartete darauf, dass ich meine Tür öffnete und er rausspringen konnte. Natürlich musste eine Diva nicht warten, bis die eigene Tür geöffnet wurde, nein, sobald ich den Türgriff der Fahrertür hinuntergedrückt hatte, sprang er auf meinen Schoß und zwängte sich durch den Spalt, um dann laut bellend Richtung Tor zu sprinten. Aana wollte es ihm gerade nachmachen. Sie stand schon mit den Vorderbeinen am Beifahrersitz, bereit, über die Sitze zu klettern, als ich sie ermahnte: »Warte! Lass mich erst aussteigen.« Sie gab mir ihr gewohntes Gegrunze zur Antwort, und ihr ungeduldiger Blick sagte: »Ich hab nicht den ganzen Tag Zeit.«

Meine beiden Hunde sind wirklich nicht gerade für ihre Geduld bekannt, aber gut, das haben sie wahrscheinlich von ihrer Besitzerin.

»Ja hallo, Sparky!«, rief Gerti ihm freudig entgegen, die Mistgabel noch in der Hand. Ich war es mittlerweile gewohnt, dass Menschen erst meine Hunde und dann mich begrüßten. Sparky und Aana hatten sich derweil zu Gertis zwei Terriern gesellt, die selig ruhig vorm Hof in der Sonne lagen. »Hallo, Helga! Nimmst du bitte auch gleich das Fieberthermometer mit? Der eine Absetzer macht mir etwas Sorgen, der liegt viel zu viel«, begrüßte mich Gerti, während sie immer noch mit der Mistgabel rumhantierte. Es gibt eigentlich keine Sekunde, in der Gerti nichts nebenbei macht, wenn ich da bin. Entweder sie verteilt Futter, führt Pferde durch die Gegend oder mistet aus. Wie heute gerade.

Absetzer sind Fohlen, die gerade von der Mutter getrennt wurden und alleine sind, bis sie in eine Herde von jungen Pferden gebracht werden. Ich schnappte aus dem Auto alles, was ich brauchte, und machte mich auf den Weg zum Stall. »Warte, gib her«, half mir Gerti, die mittlerweile aufgehört hatte zu misten, und nahm mir das Ultraschallgerät ab. »Machen wir erst die Stute, dann musst du nach dem Absetzer kein anderes Pferd mehr angreifen.«

Ich mag es, dass diese Frau mitdenkt. Wir platzierten das Gerät auf einem Strohbündel, das Verlängerungskabel lag schon bereit, und Gerti platzierte die Schimmelstute so, dass ihr Hinterteil zum Boxenausgang schaute.

»Untersuche niemals ein Pferd rektal ohne Zwangsstand«, hallte es kurz durch meinen Kopf, während ich mich mental darauf vorbereitete, die Stute zu untersuchen. Ein Satz, den mir eine Studienkollegin in den USA einmal gesagt hat, als ich für ein Auslandssemester dort war. Gut gemeint, nur nicht durchführbar, wenn man in einer Fahrpraxis arbeitet. Man lernt einfach, welche Stuten man untersuchen kann und bei welchen man sich lieber ein Vorderbein aufnehmen lässt, eine Nasenbremse raufdreht oder zur Not sediert. Ab und zu gibt es auch Stuten, die ich tatsächlich nicht ohne Stand untersuche, aber diese Pferde kann ich an einer Hand abzählen.

Die Stute, die ich hier vor mir hatte, konnte ich zum Glück ohne Zwangsstand oder Nasenbremse untersuchen, denn sie stand ganz ruhig da, während Gerti sie am Halfter hielt. »Na, dann tu ma mal Babys schauen«, grinste ich und begann mit der Untersuchung. Nachdem ich alles ertastet hatte, nahm ich den Schallkopf und fuhr die Gebärmutter langsam bis zu beiden Eierstöcken ab. Das linke Horn zeigte leichte Radspeichen, eigentlich ein Zeichen, dass die Stute in Rosse kam. Für uns eher ungünstig, da die Stute schon seit achtzehn Tagen tragend sein sollte. Ich hatte den linken Eierstock erreicht und bewegte mich nun Richtung rechten. Da war es, kurz nach der Aufzweigung der Uterushörner im rechten Horn: eine kleine Kugel namens Glück. Es war nur vierundzwanzig Millimeter groß, aber das genügte, um zu sagen, dass die Stute trächtig war. In einer Woche würde man bereits den Herzschlag sehen können.

»Und trägt's?«, fragte Gerti. Sie stand vor der Stute und strich ihr während der Ultraschalluntersuchung beruhigend über den Kopf.

»Ja!«, gab ich freudig zurück und hörte Gertis erleichterten Seufzer. »Ich schau nur noch mal alles durch.« Wir waren ziemlich sicher, dass sie keine Zwillinge haben konnte, dennoch wollte ich auf Nummer sicher gehen. Eine Zwillingsträchtigkeit ist bei Pferden sehr unerwünscht, weil sie meist zu Komplikationen führt. Die Voruntersuchung beim Besamen hatte ergeben, dass sie nur einmal ovuliert hatte. Deshalb dürfte die Stute nur einen Embryo haben, aber meine Erfahrung hat mich gelehrt, dass die Medizin nicht viel von der Theorie hielt. Diesmal zum Glück aber schon.

»Okay, alles gut. Ich putz ihr noch das Gel runter, und dann kannst du sie wieder loslassen.« Die Stute schnaubte einmal kurz, denn obwohl ich mir Mühe gab, war die Untersuchung nicht sehr angenehm. Als das restliche Gel abgeputzt war, zog ich meine Handschuhe aus und klopfte ihr mehrmals auf die Schulter, während ich beruhigend auf sie einredete.

»Und jetzt schau dir bitte noch den Absetzer an«, sagte Gerti, als ich fertig war. Wir gingen rüber in den zweiten Stall, und ich spähte durch die Gitterstäbe.

»Also der ist vor zwei Tagen gekommen, und er liegt viel zu viel. Dem zweiten Pferd, das bei ihm steht, fehlt gar nichts, aber mit ihm stimmt etwas nicht.« Gerti schaute ratlos zu mir rüber, die Hände in die Hüften gestützt. Wir öffneten die Box, um uns die beiden etwas näher anzuschauen. Zwei Blondinen blickten uns entgegen. »Ich konnte mir die Namen nicht merken, deshalb habe ich sie kurzerhand Sisi und Franz getauft, die sind nämlich beide aus deiner Heimat«, lachte Gerti.

Ich musste grinsen und näherte mich dem kleinen Haflinger. Beide waren erst vier Monate alt. Franz hatte einen wachen Blick, machte aber keine Anstalten, aufzustehen, sondern blieb ruhig im Stroh liegen, während Sisi mich neugierig beschnupperte. Ich ging zaghaft einen Schritt nach vorn, um ihn nicht zu erschrecken, und ging vor ihm in die Hocke. »Na, kleiner Mann! Was ist denn los?«, flüsterte ich und begann, ihn mit meinem Stethoskop und dem Fieberthermometer zu untersuchen. Er hatte Fieber und etwas gerötete Schleimhäute. Sicherheitshalber untersuchte ich auch die Stute, die während Franz'

Behandlung genaustens beobachtete, was mit ihrem Spielkameraden geschah, es aber ziemlich uncharmant fand, als sie selbst untersucht wurde. Ihr fehlte nichts. »Frisst er denn?«, fragte ich Gerti.

»Ja, das schon, aber er liegt halt viel.«

Ich runzelte die Stirn. »Okay, dann schicke ich sein Blut weg. Gib den Besitzern bitte Bescheid«, sagte ich und ging zum Auto, um Medikamente und Blutröhrchen zu holen. Währenddessen lief Aana aus dem ersten Stall hinaus und schnüffelte mit der Nase den Boden ab, um nach Futter zu suchen. Wie immer, für sie ist Gertis Hof ein kleines Paradies.

Wenige Tage später kam ich wieder auf Gertis Hof. Inzwischen hatte mein Chef die Behandlung fortgeführt, da ich eigentlich für ein anderes Praxisgebiet zuständig bin. »Ma, jetzt beginnt er zu lahmen«, erzählte mir Gerti aufgebracht, während sie wieder mal mit der Mistgabel herumhantierte. Das ist wirklich nicht gut.

»Oh nein, hoffentlich ist das nichts Neurologisches?«, gab ich zurück und ging zu Franz' Box, um mir den Kleinen einmal anzuschauen.

Gerti schloss die Box, aus der sie kam, und folgte mir. Seltsam, er schien nur auf dem linken Hinterbein zu lahmen. Vielleicht war es auch ein Abszess? Das Laborergebnis hatte ergeben, das seine Leukozyten, also seine weißen Blutkörperchen, bei 35 000 lagen und somit um das Dreieinhalbfache höher waren als bei gesunden Pferden. »Und zum Fiebern hört er auch nicht auf«, murmelte Gerti vor sich hin. Sisi war munter wie eh und je und zeigte Franz den ganzen Tag, wo es langging. »Eigentlich sollten die beiden nur ein paar Tage bleiben, aber so kann ich ihn ja nicht zurückschicken.«

Die Besitzer*innen sind Österreicher*innen und haben eine Haflingerzucht. Franz hatte mit seiner Mutter auf der Alm gelebt. Mittlerweile hatten wir erfahren, dass er schon in Österreich behandelt worden war. Was wir allerdings nicht wussten, war, dass auf der Alm schon zwei Pferde gestorben waren. Das erzählten sie uns erst im Nachhinein. Äußerlich war bei Franz nichts zu finden, was die Lahmheit erklären würde. Herbert hatte ihn von oben bis unten untersucht, aber konnte nichts Untypisches erkennen. Deshalb hofften wir, dass er doch noch auf seine Medikamente ansprechen würde. Wir hatten mittlerweile das Antibiotikum geändert, mal schauen, ob das half.

Es vergingen wieder zwei Tage, als ein Anruf von Gerti auf meinem Handy aufleuchtete. »Weißt du was, der Herbert hat heute einen Abszess in der Glutealmuskulatur geöffnet, und jetzt geht der Franzl schon viel besser! Er hatte gestern eine weiche Stelle bekommen. Wir haben heute den Schall draufgehalten und gesehen, dass ein Abszess darunter sitzt, und dann hat der Herbert ihn gespalten.« Gerti erklärte ausführlich, was noch geschehen war, denn sie hat das einmalige Talent, minutenlang ohne Pause durchzusprechen.

Ich war eigentlich gerade am Autofahren und hatte mir das Handy nur schnell zwischen Schulter und Ohr eingeklemmt, notierte mir aber, dass ich morgen zu ihr fahren sollte, um die riesige Abszesshöhle zu spülen. Die nächsten Tage zeigten, dass Franzl nicht nur einen Abszess in seiner Glutealmuskulatur, oder auf Bayrisch »Orsch«, hatte, sondern dass sich mehrere Abszesse gebildet hatten, die immer wieder gespalten werden mussten. Zwar lahmte der Haflinger nicht mehr, aber er hörte nie auf, wie ein Glühwürmchen zu glühen. Die Tage verstrichen, und Gerti kümmerte sich täglich um Franzls Abszesse, spülte sie, säuberte seine Haut und schützte sie mit Fettcremes vor dem zerstörerischen Eiter. Aus Tagen wurden Wochen, und langsam wusste jeder, wer gemeint war, wenn vom Franzl die Rede war.

Ein paar Wochen später saßen wir gerade bei der morgendlichen Besprechung an Herberts Esstisch, als ich von meinem klingelnden Handy abgelenkt wurde. Gerti. Ich verließ kurz den Raum, um die anderen nicht zu stören.

»Morgen! Weißt du was?«, hallte Gertis aufgeregte Stimme durch mein Telefon.

»Was?«, antwortete ich, obwohl ich wusste, dass sie gar nicht auf eine Antwort wartete.

»Der Franzl ist seit vorgestern fieberfrei!«

»Nein! Das gibt's doch nicht! Super!«, rief ich und konnte meine Freude nicht fassen.

»Ja! So cool! Ich hoffe, er wird jetzt endlich gesund und kann bald heimfahren«, jubelte Gerti, und ich konnte ihr nur zustimmen. Es war wirklich Zeit, dass der kleine Hengst endlich zurück nach Österreich in die Aufzucht konnte.

Diese Nachricht verschönerte meinen ganzen Tag. Ich fuhr meine Besuche ab und telefonierte abends noch einmal mit Gerti, die mir erzählte, dass die Löcher der Abszesse noch immer sehr tief waren und wohl noch einige Tage Behandlung brauchten. Aber allein die Tatsache, dass seine Körpertemperatur endlich im normalen Bereich lag, überstrahlte alle Mühen.

Doch ein paar Tage später riss Gerti mich aus meiner Hochstimmung. »Die Besitzer wollen die Behandlung nicht mehr fortführen. Die Rechnung liegt jetzt bei tausend Euro, und sie können ihn nicht mehr verkaufen, weil der Käufer schon abgesprungen ist. Jetzt haben sie gesagt, dass es genug sei.«

Ich wollte meinen Ohren nicht trauen, das konnten die doch nicht ernst meinen? Das Pferd war endlich fieberfrei, und kurz vor dem Ziel wollten sie aufhören? Des Geldes wegen?

»Was? Nein, oder? Das gibt's doch nicht!«, sagte ich aufgebracht, während ich über den Praxishof marschierte. Es waren nur wenige Tage seit der freudigen Nachricht vergangen und jetzt das.

»Ja, also ganz sicher sind sie noch nicht, sie überlegen noch einen Tag, aber ich befürchte, sie wollen ihn morgen einschläfern.«

Ungläubig blieb ich stehen. »Ja, dann nehme ich ihn und behandle ihn weiter!« Die Worte waren so schnell über meine

Lippen gekommen, dass mein Verstand sie noch gar nicht begriffen hatte.

»Wirklich?«, fragte Gerti überrascht. »Soll ich den Besitzern Bescheid sagen?« Ich hörte ihre Hoffnung durch den Hörer. Hatte ich gerade gesagt, ich würde ein Pferd nehmen? Wo sollte ich das denn hinstellen? Ich hatte weder Zeit noch besonders viel Geld.

»Nein, sag bitte noch nichts. Vielleicht überlegen sie es sich ja noch anders«, versuchte ich, Gertis Euphorie zu stoppen. Noch hatten die Besitzer*innen die Euthanasie nicht offiziell in Auftrag gegeben, vielleicht hatte ich ja Glück.

Ich stand immer noch vor der Praxistür, so verdattert war ich von meiner spontanen Idee. Ich konnte doch nicht einfach ein Pferd adoptieren. Klar, ich hatte Aana und Sparky adoptiert, aber das war was anderes. Was sollte ich mit einem Pferd machen? Es bei mir im Bett schlafen lassen und tagsüber auf meinen Balkon stellen?

Andererseits waren unsere Familienpferde Senator und Laila schon sehr alt, weswegen wir schon seit zwei Jahren nicht mehr auf ihnen ritten. Und eigentlich wollte ich sowieso eines Tages ein junges Pferd. Aber eben *eines Tages,* wenn ich in einem Haus lebte und nicht mehr siebzig Stunden die Woche arbeitete, so wie jetzt gerade. Wenn ich nicht versuchte, eine Fernbeziehung zwischen Wien und Bayern zu führen, und nebenbei noch dreißig Länder gleichzeitig bereisen wollte. Noch dazu war Franzl krank, wahrscheinlich würde er nicht einmal seinen ersten Geburtstag erleben. Also warum machte ich mir Gedanken? Man kann doch nicht wochenlang ein krankes Fohlen behandeln lassen, um es dann einschläfern zu lassen, wenn es gesund wird.

Ich war mir sicher, sie würden sich noch mal umentscheiden – oder jedenfalls versuchte ich, mich selbst davon zu überzeugen –, und schritt entschlossen durch die Tür, um zu schauen, ob Herbert schon mit dem Tagesplan rausrücken würde.

Man kann. Am nächsten Morgen kam Gertis Anruf. »Also sie wollen den Franz jetzt einschläfern«, seufzte sie, sichtlich resigniert. Irgendwas in mir hatte schon geahnt, dass es so kommen würde.

»Dann sag ihnen, ich nehme ihn«, sagte ich und machte mich auf den Weg zu Gertis Hof. Ich hatte am Vortag noch mit Herbert darüber gesprochen, ob ich den Haflinger zu ihm auf den Hof stellen könnte.

»Ja, aber Helga, du kannst doch nicht jedes kranke Pferd nehmen«, versuchte Herbert mir noch zuzureden, aber er ahnte, dass es zwecklos war. Und ich wusste, dass er dasselbe tun würde. Wie viele Pferde hatte Herbert schon auf seinem Hof stehen, nur weil ihre Besitzer*innen sie nicht mehr wollten. Eines davon war ein kleines Pony namens Michl, dessen Besitzer ihn vor einigen Jahren einschläfern wollten, weil er eine chronisch kranke Lunge hatte. Er würde Franzls zukünftiger Spielgefährte werden und ihm sicher ein treuer Freund sein.

Während der Autofahrt machte ich Tobi aufgeregt eine Sprachnachricht. Sicher überraschte es ihn kein Stück, dass ich mich eines kranken Fohlens annahm. Ich fuhr mit quietschenden Reifen auf Gertis Hof und öffnete das Tor. Die Besitzer*innen waren bereits da und warteten. Schnell schlüpfte ich aus meinem Auto und gesellte mich zu ihrem kleinen Kreis.

»Und Sie wollen ihn wirklich übernehmen?« Die Frau schaute verwundert zu mir rüber.

»Ja! Ich werde Franzl einfach weiter behandeln, und falls er gesund wird, ist alles gut, und falls nicht, dann soll es so sein«, erklärte ich den beiden.

Sie schauten mich irritiert an, und mir fiel ein, dass Gerti Franzl getauft hatte und er eigentlich anders hieß. Ich lachte, und Gerti sagte schnell: »Ach so, so haben wir ihn kurzerhand getauft, da er ja auch aus Österreich kommt, so wie Helga.«

Sie schienen zwar immer noch etwas verblüfft, dass ich ihr krankes Pferd weiter behandeln wollte, nickten sich aber gegenseitig zu und waren mit der Sache einverstanden. Wahrscheinlich waren sie einfach froh, den Franzl loszuwerden, ohne dass er eingeschläfert werden musste. Ich bekam den Pass, und mit einem Handschlag besiegelten wir unser Geschäft. Sie hatten bereits alle Rechnungen bezahlt und schwups, schon gehörte der Haflinger Waijaro offiziell mir. Ab nun würde ich mich um ihn kümmern und versuchen, sein Leben zu retten.

Die beiden stiegen sichtlich erleichtert in ihr Auto und machten sich auf den Weg. Gerti und ich schauten uns noch eine Sekunde lächelnd an. Sie war froh, dass Franzl bei uns blieb, denn auch sie hatte ihn über die letzten Wochen ins Herz geschlossen. Und ich realisierte langsam, dass ich jetzt tatsächlich die Besitzerin eines Haflingers war. Habe ich eigentlich erwähnt, dass die einzige Pferderasse, die ich nie besitzen wollte, ein Haflinger war? Tja, das war Waijaro wohl egal. Er hatte sich mich als seine neue Besitzerin ausgesucht, und ich bereute es keine Sekunde in meinem Leben.

Ich verabschiedete mich von Gerti und fuhr beschwingt zur Praxis zurück, wo ich von Herbert empfangen wurde. Grinsend stand er mit einem Kaffee in der Hand in der Praxistür und zog sich mit der anderen seine Schuhe an.

»Na, wie fühlt man sich so als stolze Besitzerin eines Haflingers?«, neckte er mich, während er rüber zum Stall spazierte.

»Guuut!«, rief ich und lachte.

»Weißt eh, wofür Haflinger gut sind?«, sagte er und tat so, als hätte ich seinen Lieblingsspruch nicht schon tausend Mal gehört.

»Jaja, nur für die Wurst«, sagte ich, ohne mir meine gute Laune versauen zu lassen. »Aber lieb ist er!«

Kurz nachdem Franzl im Stall der Praxis eingezogen war, stieg sein Fieber wieder an. ›Also stirbt er doch‹, dachte ich. Es war zum Verzweifeln. Wir öffneten weitere Abszesse, aber seine erhöhte Temperatur klang auch nach mehreren Tagen nicht ab. Auch seine Leukozyten waren laut einem erneuten Bluttest immer noch hoch. Herbert war dazu noch im Urlaub, und meine ganze Hoffnung, dieses Pferd zu retten, begann langsam zu schwinden.

Eines Morgens, mittlerweile war das gesamte Praxisteam über Franzls Geschichte informiert, fand Perdite noch einen letzten hartnäckigen Abszess. Und endlich begann Franzl zu heilen! Nach ein paar Tagen tollte er sogar mit Michl auf der Weide herum. Es dauerte noch einige Tage, bis ich begriff, dass die Abszesse wirklich abgeklungen waren und kein Eiter mehr weggespült werden musste. Wir kontrollierten sein Blut noch mal, um sicherzugehen, und es bestätigte sich: Nach Wochen, Tagen und Stunden des Bangens war Waijaro Franz Meier tatsächlich ein gesundes Pferd. Mir fiel ein Stein vom Herzen.

Endlich traute ich mich, meinen Freund*innen zu erzählen, dass Franzl nun Teil unserer Familie war. Die meisten reagierten belustigt, hatten sie wohl schon damit gerechnet, dass ich ihnen bald von meinem eigenen Pferd erzählen würde. Doch die wohl schönste Antwort fand Matthias, einer meiner besten Freunde.

»Matthias, ich hab ein Pferd übernommen, weil die Besitzer es einschläfern wollten«, erzählte ich ihm aufgeregt am Telefon, als ich gerade mal freihatte. Matthias und ich waren befreundet, seitdem wir als kleine Kinder im Schwimmunterricht gelernt hatten, nicht zu ertrinken.

Ich hörte förmlich, wie er durch das Telefon grinste und meinte: »Na, da hast du ja lang durchgehalten, Helga! Du bist ja schon ein Jahr dort.«

Lernt man das in Afrika?

In jedem Job hat man Menschen, mit denen man gerne und mit denen man weniger gerne arbeitet. Als Tierärztin zählen dazu nicht nur die Kolleg*innen, sondern auch die Tierbesitzer*innen, die meistens als ständige Begleitung bei der Behandlung dabei sind. Sie tragen wesentlich zum Arbeitsklima bei. Es gibt einige Leute, die schon seit langer Zeit zur Kundschaft unserer Praxis zählen. Am Anfang meiner Karriere schüchterten mich vor allem die Besitzer*innen ein, die schon seit vielen Jahren Erfahrung mit Pferden haben und eine wichtige Kundschaft der Praxis sind. Eine davon war Amanda Tulpe.

Eine Frau, die wusste, was sie wollte, und ziemlich einschüchternd auf eine junge, unerfahrene Tierärztin wirken konnte. Sie besaß einen Stall mit mehreren Pferden und züchtete nicht nur, sondern kümmerte sich auch um die Aufzucht. Daher befanden sich auf ihrem Hof immer verrückte Jungpferde, die zwischen der Geburt und dem dritten Lebensjahr, dem Jahr, in dem die meisten Pferde angeritten werden, mehrere Impfungen brauchen, von denen sie meistens weniger begeistert sind.

Ich hatte den Morgen in der Praxis verbracht, um beim Ausmisten zu helfen. Franzl war letztens von Gerti zu Herbert gezogen und durfte dort die nächsten Jahre verbringen. Meist lief er dort auf irgendwelchen großen Weiden herum. Im Gegenzug half ich Herbert mal mehr und mal weniger bei der Stallarbeit. Er würde jetzt sicher behaupten, mal weniger.

Jedes Pferd braucht frisches Stroh in der Box. Das schmutzige Stroh kommt also raus oder wird bei den Tiefstreuboxen gerade gemacht und mit einer frischen Schicht Stroh bedeckt. So bekommen die Pferde genügend Futter für die nächsten Stunden. Während dem Ausmisten hatte ich mich seelisch auf den Besuch bei Frau Tulpe, oder Amanda, wie wir sie alle nannten, vorbereitet. Wir mussten die erste Tetanusimpfung bei vier jungen Pferden im Alter von sechs Monaten machen, und ich wollte wie immer einen guten Eindruck hinterlassen. Als alle Pferde versorgt waren, schnappte ich mir Aana und Sparky, und gemeinsam fuhren wir Richtung Amanda.

Ich fuhr gerade durch eins der vielen Dörfer, die Fensterscheibe einen Spalt offen, und hörte Musik, als zwei Vögel mit einem lauten »Bums« gegen meine Windschutzscheibe knallten. Ich fuhr nicht allzu schnell, hatte mich aber trotzdem erschrocken und instinktiv gebremst. Scheinbar war den beiden Spatzen nichts passiert. Statt sich nach dem Aufprall um ihr Wohlbefinden zu kümmern, stritten sie sich weiter auf meiner Scheibe und waren damit beschäftigt, dem jeweils anderen zu zeigen, wer hier der Boss war.

Aana und Sparky waren vom Knall hochgeschreckt, und wir drei starrten gebannt auf die Scheibe. Der ganze Vorfall dauerte weniger als ein paar Sekunden, das Auto rollte weiter, und die Vögel wurden vom Wind zur Seite gezogen. Für einen Moment waren sie aus meinem Sichtfeld, bis einer der beiden Unruhestifter durch den Fahrtwind durch mein offenes Fenster ins Auto gezogen wurde. Vogel im Auto! Das war Aanas Moment. Sie sprang auf und versuchte, den wild flatternden Eindringling zu schnappen.

»Aana, aus!«, schrie ich und riss meinen rechten Arm zur Seite, um sie zurück auf ihren Platz zu katapultieren. Mit der linken Hand versuchte ich, das Fenster weiter zu öffnen, damit der Vogel wieder hinausfand. Mit beiden Händen vom Lenkrad und dem Auto schon fast im Stillstand, folgte auf den kurzen Schock der Moment der Erleichterung. Der Vogel war so schnell wieder aus dem Auto, wie er hereingeflogen war. Puh! Jetzt waren wir alle munter. Aana sah mich enttäuscht an, weil ich den Vogel hatte entwischen lassen. Ich legte die Hände zurück aufs Lenkrad, atmete einmal tief durch und setzte meine Fahrt fort. Wer brauchte schon einen Kaffee, wenn er einen Vogel hat?

Zwanzig Minuten später rollte mein Praxisauto vor Amandas Stall. Wie so oft stand sie nicht vor ihrem Hof, um mich zu begrüßen, sondern war irgendwo im Stall beim Arbeiten. Ich stieg aus und begann, die Impfungen vorzubereiten. Da hörte ich auch schon das Stalltor hinter mir aufgehen.

»Ah, bist du auch mal im Lande«, begrüßte sie mich.

»Ich bin doch eh immer da!«, betonte ich und ging nicht weiter darauf ein, dass Amanda scheinbar meine Reisefotos der letzten Tansania-Reise auf Facebook gesehen hatte, die nur ein paar Tage zurücklag.

»Ich richte gerade die Spritzen her, hast du die Pässe?« Ich sah sie nicht an, sondern konzentrierte mich auf die Spritzen, weil ich die Antwort eh schon kannte.

»Nein, die Pässe hab ich jetzt nicht da, aber du hast doch die Impfliste, oder?«

»Jaja, hab ich, diese vier Pferde sollten es sein.« Ich hielt die Impfliste hoch und zeigte sie ihr. »Die Pässe brauchen wir aber trotzdem, damit wir sie eintragen können.«

»Ja, dann hol ich sie, warte.« Und schon war Amanda wieder verschwunden. Ich legte mein Material in ein kleines Körbchen und machte mich auf den Weg zu den Pferden.

Es war ein sonniger Tag, und ich beobachtete die Pferde, die auf mehreren Koppeln verteilt waren. Sie hatten es sich in den schattigen Unterständen gemütlich gemacht und fraßen an ihrem Heu. »So, da sind die Pässe, ich leg sie dir dahin«, hörte ich Amanda hinter mir sagen.

»Ja, passt. Welche vier sind denn die, die wir brauchen?«

»Die vier kleinen da drinnen«, sagte Amanda und zeigte in die vorderste Koppel. So klein waren die Pferde aber leider nicht mehr. Jedes wog bestimmt schon an die 250 Kilo und besaß eine gewaltige Ladung Muskeln.

Ich schluckte einmal, versuchte mir aber nichts anmerken zu lassen. »Super, und Halfter gibst du ihnen jetzt drauf, oder wie?«

»Na, denen kannst du noch kein Halfter raufgeben! Die müssen wir so halten, und du impfst«, erwiderte sie überzeugt. Ah ja. Wieder einmal die perfekte Voraussetzung, um mich zu blamieren und zu zeigen, dass ich eine Anfängerin war. Natürlich gerade in dem Betrieb *der Frau,* die schon sehr viel Erfahrung mit unserer Praxis hatte und sehr gut mit meinem Chef war.

»Na dann los«, gab ich mich geschlagen und kletterte, bewaffnet mit Spritzen und dem Desinfektionsmittel, in die Koppel. Amanda folgte mir leichtfüßig. Kaum erblickten die Tiere uns, begannen sie auch schon damit, ans andere Ende des Zeltes zu gehen.

»Geh du von der Seite und ich von der anderen«, rief mir Amanda zu und begann, die Tiere einzukesseln. Natürlich begriffen sie sofort, was wir vorhatten, schließlich waren es Fluchttiere, und liefen, so schnell sie konnten, zwischen uns beiden hindurch ans andere Ende der Koppel. Das würde ein Spaß werden.

Wir wiederholten das Ganze noch ein, zwei Mal, bis mir eine Idee kam. »Hast du einen Eimer mit Futter?«, fragte ich Amanda.

»Ja warte, ich hol was«, antwortete sie und holte Müsli aus dem Stall.

Ich nutzte die Zeit, um den abgesetzten Fohlen etwas näher zu kommen und ihnen zu zeigen, dass ich ungefährlich war. Die Spritze in meiner Jackentasche sahen sie ja zum Glück nicht. Kaum war Amanda mit dem Eimer zurück, begannen wir wieder damit, uns den Jungpferden von zwei Seiten zu nähern. Wir raschelten mit dem Müsli in den Eimern, um es ihnen schmackhaft zu machen. Und es funktionierte.

Mit viel Geduld schafften wir es schließlich, die ersten drei Pferde zu impfen: Amanda hielt den Eimer und ließ die Pferde fressen. Ich kraulte ihnen währenddessen die Brust und konnte sie dadurch so weit beruhigen, dass ich sie impfen konnte, ohne dass sie es wirklich merkten.

Eine Nadel ist im Verhältnis zu diesen großen Tieren ziemlich klein. Die meisten Pferde empfinden den Stich als gar nicht schlimm, wenn man sie gleichzeitig krault und vorher die Haut etwas desensibilisiert. Ein Biss eines Insekts oder eines anderen Pferdes ist weitaus schmerzhafter als ein kleiner Pieks. Und Pferde, die noch nie geimpft wurden, wissen zum Glück nicht, was auf sie zukommt. Sie lassen sich ohne Bedenken an die Brust greifen und ablenken. Man muss den Stich nur so gut wie möglich abmildern.

Nach ein paar Minuten hatten wir es geschafft, drei der vier Kandidaten zu impfen. Doch der vierte hielt anscheinend nichts von menschlichem Kontakt, egal ob mit oder ohne Spritze in der Hand. Auch der Eimer mit Futter interessierte ihn nicht. Man konnte sich zwar nähern, aber sobald man den Arm auch nur leicht in seine Richtung streckte, schoss er los und galoppierte davon, um zwischen sich und dem vermeintlichen Angreifer wieder Abstand zu gewinnen. Ich näherte mich ihm gerade auf einen Meter, als Amandas Handy klingelte.

»Dein Chef«, sagte sie und hob ab, während ich mich auf das Pferd konzentrierte.

Das war mein Moment! Das Tier war für einen Augenblick abgelenkt, und ich sprang los. Als ich vor ihm landete, schnappte ich es gleichzeitig an Schweif und Oberlippe. Doch kaum war das Überraschungsmoment vorbei, rannte der Hengst auch schon los und versuchte, mich abzuschütteln. Stroh flog durch die Gegend, während wir zwei wie ein Rodeopaar durch den Unterstand sausten. Ich klammerte mich an das Pferd, während es an den anderen Tieren vorbeisauste, und hoffte nur, dass sich keins von ihnen mit einem Tritt an unserer Impfaktion rächen würde. Im Adrenalinfieber bekam ich kaum noch mit, was um mich herum geschah. Immer weiter rang ich mit dem Tier und versuchte, es zum Halten zu bringen. Langsam verlor ich die Kraft, doch die Energie des Tieres schien grenzenlos.

Wir sausten weiter, und ich war kurz davor, das Pferd wieder loszulassen, als ich meine Griffe um Schweifrübe und Lippe noch ein letztes Mal verstärkte. Meine linke Hand verkrampfte, langsam hatte sie keine Kraft mehr. Jede Sehne unserer Körper war angespannt. Doch plötzlich wurde das Pferd ruhig und versuchte nicht mehr, sich gegen mich zu wehren. Ich hatte es endlich richtig zu fassen bekommen, und mein Griff an seiner Oberlippe ließ es in einen Rausch fallen. Mit hängenden Augenlidern blieb es in meinen Armen stehen.

Außer Atem sah ich zu Amanda, die uns die ganze Zeit beobachtet hatte. »Herbert, das hättest du jetzt sehen müssen, wie die Helga das Pferd gefangen hat. Wie du in jungen Jahren!«, lachte sie ins Telefon. »Du, ich melde mich später wieder«, beendete sie das Gespräch und kam zu mir, um das Pferd zu halten. »Lernt man das in Afrika?«, scherzte sie und sah mich zufrieden an.

Ich grinste stolz zurück. Wir setzten die Spritze an und impften auch das letzte Pferd für heute. Von da an war ich nie wieder nervös, wenn ich auf den Hof von Amanda Tulpe fuhr, denn seit meiner spektakulären Impfaktion hatte ich bei ihr einen Stein im Brett.

Die Donald-Therapie

Mein kleiner Rodeoritt machte in der Praxis schnell die Runde, und ich war froh, eine unserer Stammkundinnen von mir überzeugt zu haben. Doch nicht nur Amanda, auch Donald konnte ich glücklicherweise auf meiner Seite wissen. Und wie der Zufall so will, ist er der Therapeut in der nächsten Geschichte.

Ihr erinnert euch, Donald ist der Hund meiner Kollegin Perdite, der sie dazu gebracht hat, für meine Einstellung zu stimmen. Er ist eine Mischung aus vielen Rassen, deren Namen ich jedes Mal vergesse, und wohl der lustigste Hund, den ich je gesehen habe. Denn er sieht aus wie ein kleiner Husky mit sehr langem Fell.

Eins seiner liebsten Hobbys ist es, Autos zu jagen. Nicht Mäuse, was für seine Größe angemessen wäre, immerhin reicht er mir kaum bis zum Knie – nein, Autos. Egal wer gerade wegfährt, Donald jagt das Auto, bis es außer Sichtweite ist. Dafür ist er bei uns in der Praxis schon bekannt. Man muss stets Angst haben, dass dieser verrückte Vierbeiner eines Tages unter die Räder kommt. Aber wie durch ein Wunder passierte das bisher nie. Stattdessen passierte etwas, womit wohl niemand gerechnet hatte.

Donald rannte diesen Morgen wieder mal einem Auto hinterher, das gerade den Hof verließ, als er abrupt stoppte und sich keinen Schritt mehr bewegte.

Was war los? Warum konnte er nicht mehr gehen? Perdite hatte gesehen, wie Donald mit einem Jaulen am Rande vom Hof stehen geblieben war, denn sie stand gerade vor ihrem Praxisauto und rauchte.

Besorgt brachte sie ihn zu einem Kleintierpraktiker, da die Tierärztinnen unserer Praxis ja nur Pferde und Kameliden behandelten. Die Diagnose war niederschmetternd: beidseitiger Kreuzbandriss. Sehr schmerzhaft, aber glücklicherweise heilbar. Die Operationstermine wurden direkt vor Ort ausgemacht, und kurz darauf bekam Donald erst das eine und dann das andere Knie operiert.

Die Operationen verliefen gut, seine Wunden waren vollständig verheilt und die Haare an den Operationsstellen nachgewachsen, doch es gab ein Problem. Auch nach den Operationen machte Donald keine Anstalten zu gehen. So trug Perdite ihn überallhin und half ihm beim Gassigehen mit Tüchern, die sie ihm unter den Bauch band, um ihn zu stützen. Und sie ging mit ihm zur Hundephysiotherapie, doch die Ursache der Lähmung konnte niemand finden. Perdite war ratlos.

Als sie wieder einmal beim Physiotherapeuten erschien und dieser immer noch keinen Grund für Donalds Gehblockade finden konnte, meinte er: »Wissen Sie was, stehen Sie einfach mal auf und verlassen den Raum.«

Perdite war erstaunt. Sie sollte ihren Hund einfach zurücklassen? Sie hatten noch nicht einmal darüber gesprochen, welche Therapien noch möglich wären. Doch sie war so verdutzt, dass sie einfach seinen Rat befolgte.

Und da geschah es: Donald stand auf und folgte ihr. Er hatte es einfach genossen, den ganzen Tag von Perdite getragen zu werden. Dieser Schlingel! Perdite lachte herzhaft und verabschiedete sich vom Physiotherapeuten, unbeschreiblich froh, dass ihr Hund wieder geheilt war.

Ja, das war Donald. Ein unglaublich lustiger Hund. Und er mochte mich, was wirklich nicht jeder von sich behaupten konnte. Seit meiner Einstellung saß er den ganzen Tag auf meinem Schoß, wenn ich mit Perdi, wie sie alle nannten, unterwegs war. Doch nicht nur zu meinem Job sollte mir Donald verhelfen, sondern auch zur Rettung eines meiner Patienten.

Ich war nun ein gutes Jahr in der Praxis und wusste die Namen einiger meiner Patienten. Eine Patientin, die mir leider bestens bekannt war, hieß Katja. Es war eine alte braune Warmblutstute. Ihr Rücken hing schon etwas durch, und ihr Kopf zeigte schon weiße Haare, vor allem an der Stirn. Wann immer mein Diensthandy die Nummer ihrer Besitzerin anzeigte, ahnte ich Schlimmes. Katja lag nämlich ungefähr einmal im Monat fest: Sie legte sich hin und schaffte es aus eigener Kraft nicht mehr, aufzukommen.

An diesem Morgen läutete mein Praxistelefon, als ich gerade unterwegs nach Deggendorf war. Mein Handy zeigte die Nummer des Grauens an, Katjas Besitzerin. ›Oh nein, nicht schon wieder‹, dachte ich.

»Helga, bist du weit weg?«, schallte ihre besorgte Stimme durch mein Auto.

»Nein. Ich dreh um. Ich bin in fünfundzwanzig Minuten da.« Die Impfung in Deggendorf würde warten müssen. Ich wendete und machte mich auf den Weg.

Wie immer, wenn ich auf dem Weg zu Katja war, ging ich in meinem Kopf alle Behandlungsmöglichkeiten durch, bis ich bei ihrem Stall ankam. Ich überlegte, was ich der alten Dame spritzen konnte, damit sie die Kraft und vor allem die Schmerzfreiheit hatte, um wieder aufzustehen. Obwohl sie immer wieder festlag, war es nie schwer, ihr beim Aufstehen zu helfen. Vielleicht auch, weil ich mittlerweile eine gute Technik entwickelt hatte, wie ich ein 600-kg-Pferd wieder auf die Beine bekommen konnte: Wichtig ist es, nicht einfach vor dem Kopf zu stehen und am Halfter zu ziehen, was viele Besitzer*innen versuchen. Eine rutschfeste Unterlage muss her. Und dann wird dem Pferd geholfen, indem man die Vorderbeine nach vorne zieht. Sind diese in Position, motiviert man das Tier, sich aufrecht hinzulegen und einen Versuch zu wagen. Sobald sich die Muskeln spannen und das Pferd sich erheben will, packt man es an der Hüfte und drückt um sein Leben, damit der Körper hochkommt und die Beine darunter sich aufstellen. Eine Person hält dabei das Pferd an einem Strick und hilft ihm so, das Gewicht auch nach vorne auszubalancieren. Wenn sein schwerer hinterer Teil von den eigenen Hinterbeinen gestützt wird, hat man gewonnen. Das war mein Plan, der bis dato immer funktioniert hat.

Mittlerweile waren wir angekommen. Ich ließ mein Auto auf den nur zu gut bekannten Hof rollen und stellte es ab. Aana und Sparky blieben unter Protest im Auto, aber ich brauchte meine volle Konzentration und konnte mich dabei nicht darum sorgen, ob Aana wieder mal den Hof verließ, um Futter zu suchen. Ich schnappte mir meine Tasche, in der die Spritzen und die notwendigen Medikamente waren, und schritt rüber zum Stall.

Als ich den Stall betrat, lag Katja am Boden. Aber diesmal war etwas anders. Sie lag nicht in Brustlage, sondern flach zur Seite gestreckt. Ihre Besitzerin kauerte neben ihr und flüsterte ihr beruhigend zu, sprang aber auf, sobald sie mich sah.

»Na, dann wollen wir mal nach dir schauen, alte Dame«, sagte ich betont fröhlich und ging zu Katja rüber.

Die erste Untersuchung ergab einen erhöhten Puls, gerötete Schleimhäute, Kapillarfüllungszeit noch bei zwei Sekunden, normale Körpertemperatur und eine ruhige Atmung. Nicht gut, aber auch nicht katastrophal. Eine rektale Untersuchung zeigte außer etwas trockenen Kot, der davon kam, dass sie wohl schon ein paar Stunden lag, nichts Beunruhigendes. Auch die Beine schienen unverletzt und konnten physiologisch gebeugt und gestreckt werden, an der Wirbelsäule fand ich ebenfalls keine Auffälligkeiten. Immerhin konnte ich der Besitzerin mitteilen, dass es Katja so weit gut ging. Trotzdem richtete sie sich nicht auf. Wir holten vier Stricke für ihre Beine und drehten die Stute über ihren Rücken auf die andere Seite. Das allein hilft den Pferden oft schon, von selbst aufzustehen, da die von dem langen Liegen schmerzhafte Seite endlich nicht mehr am Boden liegt.

Doch Katja wollte nicht aufstehen, sondern schob den Kopf wieder zurück und drückte ihn gegen den Stallboden. »Na gut, dann versuchen wir es eben mit Medizin«, murmelte ich. Die Tasche mit den Medikamenten bereits neben mir, applizierte ich Schmerzmittel und Cortison. Etwas, das ich bei anderen Patienten wahrscheinlich gleich versucht hätte, doch bei Katja hatte das Umdrehen oft schon zum Erfolg geführt. Ich wartete. Keine Besserung. Die Versuche, sie zum Aufstehen zu bewegen, fruchteten nicht. Ich holte noch ein stärkeres Schmerzmittel aus dem Auto und wartete eine halbe Stunde. Nichts. Sie blieb liegen und war selbst beim Spritzen des Medikaments ruhig geblieben. Etwas, das sie eigentlich bis aufs Blut hasste. Oh nein. Mir wurde schwer ums Herz.

»Was machen wir denn jetzt?«, hörte ich die Besitzerin neben mir fragen, die langsam unruhig wurde.

Stille.

»Wir versuchen es noch mal, alle zusammen, geht schon.«

Mittlerweile waren auch der Mann der Besitzerin und ihr Vater dazugestoßen, um der alten Dame zu helfen. Sie stellten sich an die Positionen, die ich ihnen genannt hatte, während ich einen Besen holte. Als ich damit zurückkam, schauten sie mich etwas verdutzt an. Aber der Besen war mein perfekter Partner in Sachen Festliegen. Ich klopfte damit immer wieder auf den Boden und auf das Pferd und rief mit lauter Stimme Anweisungen.

»AUF, KATJA!«, schrie ich und drosch den Besen neben ihrem Kopf auf den Boden. »AUF, AUF, AUF!! KOMM SCHON!! BEWEGUNG!« Denn in solchen Situationen ist es wirklich wichtig, fest überzeugt zu sein, dass das Tier aufstehen wird. Da sie sich von meinen Rufen unbeeindruckt zeigte, zielte ich nun auf ihren Körper und versuchte, viel Lärm zu erzeugen, während der Besen aufs Fell prallte. Dabei wollte ich ihr keine Schmerzen zufügen, sondern ihren Fluchtinstinkt wecken.

Endlich hob sie den Kopf. Alle stürzten zu ihr, bereit, ihr

beim Aufstehen zu helfen. Doch sobald man ihren Hals von der Seite stützen und sie in eine aufrechte Liegeposition manövrieren wollte, ließ sie sich wieder zurückfallen.

»KOMM JETZT!«, schrie ich weiter, und auch die anderen riefen ihr aufmunternde Worte zu.

Als sie erneut den Kopf hob und ihre Schulter sich dabei etwas vom Boden abhob, presste ich mein Knie unter sie und versuchte, sie zu stützen. Doch sie verlagerte ihr Gewicht wieder Richtung Boxenboden, wo nun leider mein Unterschenkel war. Er war zwischen ihrer Schulter und dem Boden eingeklemmt. Mein Fehler. So schnell kam man in eine Situation, die einem einen gebrochenen Knochen bescheren konnte. Panisch schaute ich in die Runde. Eine Zehntelsekunde fühlte sich an wie eine ganze Minute, und nicht nur mein Adrenalinspiegel stieg ins Unermessliche an, auch der Druck auf mein Knie wurde immer stärker. Doch Katja verlagerte ihr Gewicht noch mal, wodurch ich das Bein befreien konnte. Glück gehabt! Ich seufzte erleichtert auf, während Katja zurück zu Boden sank.

Alle Beteiligten atmeten schwer und erholten sich von den anstrengenden Aufstehversuchen. Wenn Katja nicht wollte, waren wir chancenlos. Ich blickte ins Leere, als die Besitzerin »und jetzt?« fragte, diesmal schüchterner. Waren ihre Gelenke einfach zu alt und zu arthrotisch? Hatte sie doch ein Problem an der Wirbelsäule? Was auch immer es war, Katja hatte aufgegeben. Zu viele Male lag sie in den letzten Monaten fest, sie hatte genug. Wir mussten es beenden.

Ich sah zur Besitzerin, die meinen Blick mit hoffnungsloser Miene erwiderte. Auch die anderen schauten sichtlich niedergeschlagen. Ich wollte gerade das Wort Euthanasie in den Mund nehmen, als mir hinter ihr das zweite Pferd ins Auge fiel. Nervös ging es in seiner Box auf und ab und beobachtete das Schauspiel mit gespannten Nerven. Das war es.

»Sag, kleben die beiden sehr aufeinander?«, fragte ich und spürte, wie ein Funken Hoffnung in mir aufkeimte.

»Ja, total. Die sind immer zusammen«, antwortete die Besitzerin irritiert.

›Danke‹, schickte ich ein Stoßgebet gen Himmel. Jetzt kam Bewegung in die Sache. »Dann nehmt ihn bitte und bringt ihn auf die Weide.« Wollten wir doch mal schauen, ob Katja genauso schnell zu ködern war wie Donald.

Der Vater der Besitzerin holte das nervöse Tier und führte es an Katjas Box vorbei Richtung Koppel. Der Kopf der alten Stute schoss in die Luft. Ein flehendes Wiehern entwich ihrer Kehle. Sie holte Schwung und versuchte aufzustehen. Alle Beteiligten standen staunend daneben und vergaßen ganz ihre Aufgabe. Außer mir, die nur auf diese letzte Chance gewartet hatte. Ich hechtete nach vorne, krallte meine Finger in ihr dickes Fell und drückte um ihr Leben. Einen Moment schien ihr Gewicht mich zu übermannen, doch dann ließ der Druck nach, und sie stand. Sie stand! Oh mein Gott! Ich schnappte sie am Strick und warf meine Arme um ihren Hals.

»Katja, du dumme alte Stute«, flüsterte ich, und Tränen liefen mir über die Wangen. Die Besitzerin strahlte mich an, während Katja ein paar holprige Schritte Richtung Weide unternahm. Sie hatte nun mal schwere Arthrose. Doch sobald sie ein paar Schritte gegangen war, kam der alte Kasten wieder in Schwung. Der Vater der Besitzerin holte das zweite Pferd, und nach einer letzten Untersuchung und Besprechung, was in den nächsten Tagen zu beachten war, verließ ich beschwingt den Hof.

Sparky und Aana lagen unbeteiligt auf ihren Plätzen und warfen mir einen »Das hat aber gedauert«-Blick zu. Und Katja? Ab diesem Tag sollte sie eine leichte Dosierung Schmerzmittel bekommen und nie wieder festliegen. Sie wusste wahrscheinlich gar nicht, wie knapp sie dem Tod von der Klinge gesprungen war. Und schon gar nicht, wer ihr das Leben gerettet hatte. Sein Name war Donald.

A Diva is born

Mittwoch. Der Tag, den so viele als Wochenteiler bezeichnen, ist für die meisten Tierärzt*innen kein besonderer Tag. Wir arbeiten schließlich an Wochenenden, an Feiertagen, genauso wie an allen anderen Tagen der Woche – da lässt die Euphorie des Mittwochs schnell nach. Ich war gerade auf dem Weg in die Praxis. Vor Kurzem war ich in eine neue Wohnung gezogen, die um einiges schöner war als das Loch von einer Wohnung, in dem ich zuletzt gewohnt hatte. Sie war schön und hell, allerdings fast eine halbe Stunde von der Praxis entfernt. Was natürlich bedeutete, dass ich noch eher aufstehen musste. Aber trotzdem war ich froh, das Loch hinter mir gelassen zu haben.

Es nieselte an diesem Morgen, und ich hatte mir nur hastig eine alte Regenjacke übergeworfen, bevor ich ins Auto gestiegen war. Ich brachte das Auto am Anfang der langen Landstraße, die zur Praxis führte, zum Stillstand, um die Hunde aussteigen zu lassen. Es war eine kaum befahrene Straße, mehr ein Feldweg, der hauptsächlich von den Praxismitarbeiter*innen genutzt wurde. Deswegen hatte ich mir angewöhnt, hier anzuhalten und die beiden den Rest laufen zu lassen. Als ich wieder losfuhr, raste Aana bis zur Praxis neben dem Wagen her, während Sparky seiner Wege ging. Ein bisschen schnüffeln hier, Morgengeschäft verrichten da. Er genoss seine Freiheit. Doch kaum hatte ich mein Auto an der Praxis geparkt und die erste Ladung Medikamente aus der Apotheke geholt, kam Sparky auch schon angedackelt.

Angedackelt beschrieb die Gangart dieses kleinen Mischlings wirklich am besten. Er bringt die Sturheit eines Terriers und eines Dackels zur Perfektion und hat das Glück, die doppelte Beinlänge des Dackels geerbt zu haben. Er watschelte also an mir vorbei, stellte sich neben die Fahrertür und sah mich erwartungsvoll an. Er hatte genug Frischluft geschnappt und wollte auf seinen Platz im Auto.

Ich ignorierte ihn. ›Kind, spiel doch ein bisschen im Freien‹, sollte mein strenger Blick ihm sagen. Statt ihn einsteigen zu lassen, machte ich mich weiter daran, mein Auto aufzufüllen. »RRRwafff«, hörte ich es hinter mir, bevor die Bürotür ins Schloss fiel. Als ich wieder ins Freie trat, sprang er im Kreis und tanzte seinen Sparky-Tanz, den er auch gerne vor seiner Futterschüssel zu Hause vorführt. Dabei hüpft er mit allen vieren im Kreis und lässt seinen kleinen Dackelpo gekonnt in alle Richtungen schwingen. »Okay, okay, du kleiner Wichtigtuer, ich lass dich ja schon rein!«, mahnte ich ihn, als ich mit der nächsten Ladung Medikamente im Arm ankam. Ich stellte die Kiste erst mal ab, da Sparky ungeduldig um mich herumlief. Glaubt ja nicht, dass er wartete, bis ich fertig war! Die Tür kaum geöffnet, zwängte er sich auch schon über den Fahrersitz auf den Beifahrersitz und ließ sich gekonnt fallen, um mir einen zufriedenen Blick zuzuwerfen.

»Man sollte nicht glauben, dass der Hund von der Straße ist«, hörte ich Perdis Stimme hinter mir. Sie schnaubte, während sie mit einer Zigarette im Mund an mir vorbeiging und ihr Auto auffüllte. Sie ist dabei jedoch viel professioneller. Ich muss immer wieder in mein Auto gucken und schauen, wo was fehlt – sie hat eine Liste fürs »Einkaufen« und weiß genau, was sie holen muss.

»Er weiß auch nicht, dass er das ist. Man hätte ihn damals etwas länger vorm Supermarkt sitzen lassen sollen. Hast du 'ne neue Weste?«, fragte ich und musterte ihr makelloses Outfit. Während ich zum Arbeiten meine alte Kleidung trage, die ich nicht mehr in der Freizeit anziehen will, ist Perdite immer in einem perfekten Outfit unterwegs. Ihr Kleiderschrank ist wirklich für jede Wetterlage bestens ausgestattet, natürlich mit Topmarken der höchsten Qualität.

»Ja«, antwortete sie mit einem Grinsen, und ich folgte ihr in Herberts Küche, nachdem alle Medikamente eingeräumt waren.

Vor dem Supermarkt wurde Sparky vor zehn Jahren gefunden. Geschätztes Alter zu dem Zeitpunkt: ungefähr acht Wochen. Bereits erreichtes Selbstbewusstsein: 99 %.

Ich erinnere mich noch gut an den Tag, an dem ich Sparky kennenlernte. Es war ein Samstag, als ich in die Kleintierpraxis kam, in der ich so oft als Studentin volontierte. Ich war die Zweite an diesem Morgen, meine übrigen Kolleg*innen würden erst später eintreffen. Die diensthabende Tierärztin meinte, der Morgen sei bisher ruhig verlaufen. Ich wollte mir gerade einen Überblick über die anstehenden Termine verschaffen, als ich ein Winseln aus dem Zwingerraum hörte. Ich trat vor den ersten Käfig, und da saß er, klein Sparky, nicht größer als ein Meerschweinchen. Er sah mich an und begann zu bellen und am Gitter zu kratzen.

»Ja, wer bist denn du?«, fragte ich, als ich mich zu ihm runterbeugte.

»Den haben sie vor einer halben Stunde vor dem Supermarkt gefunden und zu uns gebracht«, rief mir meine Kollegin zu.

›Oh mei, wer setzt denn so ein kleines Wesen aus‹, dachte ich mir und öffnete den Zwinger. Kaum geöffnet, sprang der kleine Welpe auch schon aus dem Käfig und rannte zu meinen Beinen. Er biss in mein Hosenbein und ließ es nicht mehr los. »Okay, kleiner Mann, das erklärt so einiges«, lachte ich und ging ein paar Schritte. Unbeirrt ließ sich das freche, kleine Tier über den Boden schleifen und knurrte dabei, als wäre es von einer Hornisse gestochen worden. »Und was macht ihr mit ihm?«, fragte ich die Helferin, die mittlerweile eingetroffen war und gerade dabei war, die Behandlungszimmer für den ersten Besuch vorzubereiten.

»Mal sehen, vielleicht nimmt ihn jemand, ansonsten werden wir ihn am Montag ins Heim bringen«, erwiderte sie resigniert.

Ins Heim? Aber das geht doch nicht, irgendwer wird doch wohl einen Welpen nehmen, alle lieben Welpen! Ich schaute sie bestürzt an.

Leider lag ich wie so oft falsch. Die meisten Menschen mögen weibliche Welpen und Rassehunde, nicht so eine kleine freche Promenadenmischung, die aussah wie eine schwarze Ratte mit kurzem Schwanz. Bis zum Ende meines Arbeitstages hatte niemand Interesse daran gezeigt, Sparky mit nach Hause zu nehmen. Er musste wohl das Wochenende im Zwinger verbringen, bis er am Montag ins Tierschutzheim gebracht wurde. Die Vorstellung zerbrach mir das Herz. »Na, dann nehme ich ihn übers Wochenende mit nach Hause. Wir können ihn doch nicht die ganze Zeit da drinnen sitzen lassen«, raunte ich der diensthabenden Tierärztin zu, bevor wir unseren Dienst beendeten. Ich schloss den Zwinger auf, in dem Sparky aufmerksam saß, und nahm ihn übers Wochenende mit zu mir.

Während ich mich neben Perdite zur Morgenbesprechung setzte und über Sparkys Geschichte nachdachte, musste ich lächeln. Zehn Jahre, ein ganz schön langes Wochenende. Natürlich hatte ich anfangs versucht, einen Besitzer für Sparky zu finden. Doch nachdem sich kein gutherziger Mensch gefunden hatte, der diesen wilden Welpen adoptieren wollte, hatte ich beschlossen, ihn zu adoptieren. Ich hatte ihn schon viel zu sehr in mein Herz geschlossen. Also blieb Sparky bei mir. Er wurde mein kleiner schwarzer Schatten, der seit diesem Tag nicht von meiner Seite wich.

Schon stolzierte Herbert mit einer dampfenden Tasse Kaffee ins Zimmer und erklärte unsere Morgenbesprechung damit für eröffnet. ›Mal schauen, was dieser Tag für mich bereithält‹, dachte ich und lächelte ihm entgegen.

Ein schwieriger Fall

In unserer Praxis war ich mittlerweile so gut eingearbeitet, dass mir immer öfter die Pferde zugeteilt wurden, die keiner von uns angreifen mochte. Eines davon war Bundy. Er war kein sehr großes Pferd und schien auf den ersten Blick nicht besonders gefährlich. Er mochte nur keine Spritzen und begann, im Kreis zu laufen, sobald er merkte, dass die Tierärztin im Raum war.

Den ersten Kontakt mit Bundy hatte ich, als seine Besitzerin mich anrief und mich anflehte, ihr Pferd zu impfen. Sie hatte meine Nummer von einer Freundin, die mich anscheinend empfohlen hatte. Wem ich diese Ehre verdanke, sollte ich nie erfahren. So kam es, dass ich einige Tage später bei der Frau im Reitstall stand und Bundy kennenlernen durfte. Die Besitzerin hatte mich gleich bei der Autotür mit einer Flasche Wein begrüßt und mir noch mal gedankt, dass ich zu ihrem Pferd gekommen war – kein gutes Zeichen.

»Kein Problem, jetzt sehen wir uns das mal an«, sagte ich und versuchte, mir mein unangenehmes Bauchgefühl nicht anmerken zu lassen.

Sobald ich mir das Pferd näher angeschaut hatte, wurde ich doch etwas nervöser. Bundy war zwar nicht besonders groß, aber es schien, als hätte er Araberblut in sich.

Die Besitzerin stand neben dem Pferd. »Er ist sonst so brav, aber er mag einfach keine Tierärztinnen«, sagte sie und streichelte Bundy dabei. Ich durfte mir noch eine verrückte Geschichte über die letzte Tierärztin anhören, die ich allerdings unter »erfundene Geschichten von Besitzern über Kolleginnen« abspeicherte, und bereitete die Impfung vor.

Das Längste an einer Impfaktion ist meistens das Ausfüllen des Impfpasses und das Vorbereiten der Spritze. Ist der Patient allerdings unkooperativ, konnte sich das schnell ändern. Diesmal war das zum Glück nicht der Fall. Schnell merkte ich, dass *die Besitzerin* wohl die meiste Angst vor ihrem Pferd und der Spritze hatte. Die Anweisung, das Pferd ruhig zu halten, während ich es impfte, hatte nicht funktioniert. Darum hatte ich Bundy geschnappt, war in eine Box gegangen und hielt den Strick in einer Hand, während er um mich herumtanzte und ich ihm mit der anderen Hand die Impfung verpasste. Na, geht doch! Die Besitzerin begann vor Freude zu weinen und stopfte mir Trinkgeld in die Hand. Sie hatte anscheinend ein wirkliches Trauma von den letzten Arztbesuchen. Ich war froh, den Hof zu verlassen, denn ich konnte mit traumatisierten Menschen nicht besonders gut umgehen – mir reichten schon traumatisierte Pferde. In den nächsten vier Jahren hatte ich noch zwei Mal die Ehre, Bundy impfen zu dürfen. Jedes Mal lief alles gut, doch dann kam der vierte Besuch.

Es war kurz vor Mitternacht, als mich das Klingeln meines Handys unsanft aus dem Schlaf riss. »Hallo, Helga? Dem Bundy geht es nicht gut! Ich gehe seit drei Stunden mit ihm spazieren, aber jetzt musst du leider doch vorbeikommen.« Ich versuchte, einen klaren Gedanken zu fassen, und versicherte ihr, dass ich mich gleich auf den Weg machen würde.

Normalerweise bin ich wirklich schlecht darin, Pferde und Besitzerinnen zuzuordnen, vor allem weil die Besitzerin sich nicht mit ihrem, sondern mit dem Namen ihres Pferdes gemeldet hatte. »Hallo, mein Name ist XY, und Sie kennen mein Pferd, weil es damals die und die Erkrankung hatte«, das waren Begrüßungen, die sich eine Tierärztin wünschte. Stattdessen gehen Besitzer*innen oft davon aus, dass man ihr Pferd so gut kennt wie sie selbst und man natürlich auch ihre Stimme und ihren Namen nie vergessen würde, weil man ja schließlich auch nur *ihr Pferd* behandelt.

Nun ja, in diesem Fall hatte ich die besorgte Stimme sofort erkannt und wusste auch, wo das Pferd stand – und das, obwohl es mitten in der Nacht war. Sie hatte also drei Stunden gewartet, um mich anzurufen. Ja, ergibt wirklich Sinn, kurz vor Mitternacht zu einem Patienten zu fahren, der seit drei Stunden schon krank ist… Macht auch viel mehr Spaß als um 9.00 Uhr abends.

Ich seufzte und schüttelte mit dem Kopf, während ich mich aus der Bettdecke schälte. »Kommst du mit?«, fragte ich Sparky, der müde aus seinem Körbchen aufschaute, um seinen Kopf sofort wieder ins Kissen zu kuscheln. Vergiss es. Dieser Hund ist kein Arzt, er ist Professor und hat an der minderen Nachtdienstarbeit seiner Besitzerin kein Interesse. Aana hingegen stand schon an meiner Seite und freute sich auf den nächtlichen Ausflug.

Ich war hundemüde und überarbeitet, die letzten Wochen waren sehr anstrengend gewesen. Während ich über die Landstraße fuhr, kam mir ein Auto entgegen, und anstatt das Fernlicht abzudrehen, stellte ich das Radio leise. »Sorry!«, rief ich dem verärgerten Fahrer zu, als ich es bemerkte. Ich brauchte Urlaub, das wurde mir gerade klar. Zum Glück flogen Tobi und ich bald für zwei Wochen auf die Malediven. Nach fünfundzwanzig Minuten erreichte ich den dunklen Stall und ging zur Box, wo mich vier Personen erwarteten.

»Hallo, Helga! Danke, dass du gekommen bist! Er ist die ganze Zeit nervös und sieht sich dauernd um«, überfiel mich die Besitzerin. Es schien, als hätte Bundy nicht wirklich große Schmerzen, sondern zeigte einfach nervöses Verhalten. Vielleicht war es eine leichte Kolik.

»Okay, holst du ihn mal raus, damit ich ihn untersuchen kann?«, fragte ich und sah sie erwartungsvoll an.

»Das geht leider nicht. Ich habe drei gebrochene Rippen und war einige Tage im Krankenhaus, weil er mich getreten hat«, murmelte die Frau etwas kleinlaut.

Ich schaute ungläubig in die Runde. So viel zu meinem Glauben, dass dieses Pferd nicht gefährlich sei. Ich wunderte mich, was sie seit dem Unfall mit dem Pferd gemacht hatte, wenn sie es nicht mehr anfasste.

»Na gut, kann sonst jemand das Pferd halten?«, fragte ich die restlichen Beobachter*innen. Sie sahen mich mit großen Augen an, bis ein Mann sich mit einem »Ja, gut, ich kann ihn halten« bereit erklärte.

Die erste Hürde startete schon damit, ihn aus der Box zu holen. Ich schob die Tür langsam auf und versuchte, ihn mit gutem Zureden und einem Eimer voller Müsli zu mir zu locken. Er schnaubte und zeigte mir seinen Po. So ging ich sicher nicht in diese Box, ich würde die Nächste mit gebrochenen Rippen sein. Ich raschelte immer wieder mit dem Eimer, bis er sich nach ein paar Minuten doch überzeugen ließ, zumindest mal einen Blick hineinzuwerfen. Mit einer schnellen Bewegung schnappte ich sein Halfter und stellte mich nahe an seine Schulter, damit ein Tritt nicht so schmerzen würde. Doch auch das Abhören des Herzens war eine Herausforderung.

Ich hielt das Stethoskop in meiner Faust und strich erst mit dem Handrücken über die Schulter und führte ihn dann zum Brustkorb. So mache ich das immer mit nervösen Pferden. An der Stelle, an der man das Herz hörte, drehte ich die Faust langsam und drückte das Stethoskop leicht gegen die Rippen. Doch bei der Berührung begann Bundy, mit dem Hinterbein nach mir zu treten. »Noch einmal«, fluchte ich, »und ich tret zurück.«

Als er wieder mit dem Hinterbein ausholte, klatschte mein Schuh gegen seinen Bauch. Oh, er hatte sich eine schlechte Nacht für solche Spielchen ausgesucht. Er zog den Schweif ein und sprang nach vorne. »So, mein Junge, jetzt hör mal zu. Angst ist okay, aber so was spielt's hier nicht. Du wirst schon noch Respekt lernen, mein Lieber!«

Ich spürte, wie mir das Adrenalin in den Kopf schoss. Ich legte das Stethoskop noch mal an sein Herz, und diesmal riss er sich zusammen. Ich konnte sehr viel Geduld bei ängstlichen Pferden zeigen, aber Aggression gegen Menschen stieß bei mir auf komplettes Unverständnis. Ich wartete einige Sekunden, bis Bundys Puls sich von der Auseinandersetzung beruhigt hatte. »Also der Puls ist eigentlich ruhig, und die Schleimhäute sehen auch gut aus«, sagte ich, nachdem ich ihm ins Maul gesehen hatte. Ich untersuchte noch, was mir möglich war, ließ das Temperaturmessen und die rektale Untersuchung aber lieber weg. Man musste sich ja nicht unnötig in Lebensgefahr bringen.

»Also bis jetzt ist bis auf sein Verhalten alles unauffällig. Ich werde ihm jetzt ein Schmerzmittel geben und sehen, ob er sich beruhigt. Dafür bekommt er eine Nasenbremse.« Eine Nasenbremse ist ein Holzstab, an dessen Ende sich eine Schnur in Form einer Schlaufe befindet, mithilfe derer man das Pferd in eine Art Trancezustand versetzen konnte.

Die Besitzerin atmete hörbar ein. »Aber Nasenbremse funktioniert bei ihm nicht«, sagte sie.

»Das hilft nix, anders bekommen wir das Schmerzmittel nicht in die Vene, und woanders darf das Medikament nicht rein, sonst stirbt das Gewebe ab. Wir versuchen das einfach, so können wir ihn nicht lassen.« Ich ging zum Auto und holte meine Ausrüstung, während das Mondlicht den Platz vorm Stall erhellte. Mittlerweile war es schon fast 1.00 Uhr morgens. Ich ließ Bundy sicherheitshalber aus der Box holen, da ich Angst hatte, zwischen ihn und die Boxenwand zu gelangen. Ich vertraute dem Strickhalter nicht ganz, aber ließ ihn weiterhin den Strick halten, während ich versuchte, die Bremse auf die Nase zu drehen. Doch sobald Bundy den Druck des Seils spürte, flippte er komplett aus. Er sprang nach vorne und rammte den Mann zur Seite, der sich gerade noch aufrecht halten konnte, den Strick weiter festhaltend. Wir versuchten es einmal ohne Bremse. Doch Bundy sprang sofort los, sobald ich die Nadel in der Vene versenkt hatte. Jeder, der nicht rechtzeitig in Deckung ging, wurde rücksichtslos niedergerammt. Also doch nicht ohne Bremse.

Ich ließ ihn zum Stillstand kommen und versuchte erneut, die Bremse anzubringen. Ich drehte den Holzgriff einmal herum, und er blieb ruhig. Ich drehte ein zweites Mal herum, noch funktionierte es. Noch einmal drehen, und sie wäre fest genug, um die Hormonausschüttung auszulösen. Ich hielt den Atem an, begann mit der Drehung, und Bundy ging los. Es war zum Verrücktwerden. »Na, so schlecht kann es dir ja gar nicht gehen«, ärgerte ich mich. Wir versuchten es noch drei Mal. Mit jedem Fehlversuch stieg meine Wut, verstärkt durch Übermüdung, Überarbeitung und Frust.

»So, jetzt reicht's!«, fluchte ich. Ich bat den überforderten Mann, mir den Strick zu geben. »Ist denn so was möglich?!«, schrie ich und riss am Strick. »So was habe ich noch nicht erlebt«, brüllte ich das Pferd an und ließ meinem Frust freien Lauf.

Bundy starrte mich mit großen Augen an und versuchte erneut, mich niederzurennen, doch ich hielt dagegen. Wenn ich *etwas* in diesem Job gelernt habe, dann, meine Kraft einzusetzen. Und die habe ich, dafür haben Pferde wie Bundy gesorgt. »Nein, sicher nicht! So etwas Unerzogenes wie dich hab ich doch in meinem Leben nicht erlebt! Du rennst nicht über mich drüber!«, fluchte ich weiter.

Ich nahm das Strickende und schlug ihm auf die Brust, bis er rückwärtslief. Dann griff ich nach seiner Oberlippe und presste meine Finger so fest zusammen, wie ich konnte, während ich die Bremse drauf drehte. Er sprang noch einmal nach vorne, konnte mich jedoch nicht abschütteln. Schnell drehte ich zu, und Bundy erstarrte sofort. Ich drückte dem Mann schnaubend den Strick entgegen und spritzte Bundy seine Medikamente. Er gab keinen Ton von sich.

»So«, sagte ich zu Bundy und atmete tief durch. Mein ganzer Körper zitterte. Ich strich ihm über den Hals, bevor ich ihm langsam und vorsichtig die Bremse wegnahm. Er stand da und sah mich an. »Das war jetzt brav«, sagte ich und streichelte ihm erneut über seinen Hals. Er schnaubte ab. Ich traute mich gar nicht, die Besitzerin anzusehen. Das war wohl das letzte Mal, dass ich ihr Pferd behandeln durfte, nachdem ich gerade so die Fassung verloren hatte.

»Na, das war ja richtig gut«, sagte der Mann neben mir etwas erstaunt und klopfte mir anerkennend auf die Schulter. Ich sah rüber und bemerkte, dass mich alle durchaus anerkennend ansahen. »Ich glaub, das hat ihm mal richtig gutgetan«, sagte der Mann mit einem breiten Grinsen im Gesicht. Auch die Besitzerin lächelte erleichtert.

Beruhigt begann auch ich zu lächeln. »Ja, das musste jetzt einfach sein«, lachte ich und merkte, wie die Anspannung von mir abfiel. Ich betrachtete Bundy, der sich auch beruhigt hatte. Das Medikament begann anscheinend zu wirken. »Jetzt stellt ihr ihn bitte in den Paddock, damit er nichts fressen kann. Das Medikament wirkt drei Stunden, und falls er wieder Probleme bekommt, ruft bitte gleich an und wartet nicht drei Stunden.« Ich erklärte ihnen noch, dass sie regelmäßig nach ihm sehen sollten, und machte mich erschöpft auf den Heimweg. Die restliche Nacht blieb es ruhig. Am nächsten Tag meldete sich die Besitzerin, dass Bundy wieder ganz der Alte war. Ob das jetzt gut war oder nicht, war ein anderes Thema.

Ein Hühnchen zu rupfen

Zum Glück gehören schwierige Pferde wie Bundy eher zu den selteneren Fällen. Meistens habe ich sehr liebe Patienten. So fühlten sich die Besuche nach mehr als einem Jahr in unserer Praxis schon fast an, wie Freund*innen zu treffen. Vor allem, weil die meisten nicht nur mich, sondern auch meine Hunde kennen und die beiden die Zeit auf den Höfen immer sehr genießen. Die Termine fühlen sich selten wie arbeiten an, ich habe vielmehr das Gefühl, jeden Tag ein Abenteuer zu erleben und dafür auch noch Geld zu bekommen.

Eine dieser Kundschaften ist eine Familie mit eigenem Hof, auf dem immer mehrere Pferde und ein Hund herumlaufen. Ich habe überwiegend mit der Mutter und ihrer Tochter zu tun, die sich liebevoll um ihre Pferde kümmern, doch manchmal öffnen mir auch die Großeltern das Tor, wenn eine Visite ansteht. Dann laufen sie immer mal wieder durch den Garten, während ich da bin.

Bei meinem letzten Besuch hatte eines ihrer Tiere, eine alte Stute, mit einer fiesen Hufverletzung zu kämpfen. Ich habe sie von Anfang an in mein Herz geschlossen. Da sie schon alt ist, ihr Horn nur sehr langsam wächst und sie keinen Beschlag hat, dauerte es einige Wochen, bis sie endlich wieder ohne Verband ihre Pension genießen konnte. Um Kosten für die Besitzerin zu sparen, hatte ich es geschafft, von einem Tierschutzverein einen Hufschuh zu organisieren, den sie sich leihen konnte. So ersparte sie sich einiges an Verbandsmaterial und musste immer nur die Wundauflagen wechseln.

Schließlich kam der Tag, an dem ich die Patientin entlassen konnte. Es war ein sonniger Tag, und ich freute mich darauf, die Stute wieder ohne Probleme laufen sehen zu können. Als ich in den Hof einfuhr, begrüßten mich nicht nur die Besitzerin und ihre Tochter, sondern auch ihr geselliger Vierbeiner, der immer genau beobachtet, was ich auf ihrem Grundstück zu suchen habe. Es könnte ja durchaus möglich sein, dass ich ein Leckerli in meiner Jeans versteckt habe.

»Hallo, Helga!«, rief mir die Frau des Hauses zu, als ich die Autotür öffnete. »Schön, dass du da bist! Bevor wir in den Stall gehen, haben wir etwas für dich!«, grinste sie mich an und hielt einen riesigen Geschenkkorb in ihrer Hand.

»Ach, das wäre doch nicht nötig gewesen«, meinte ich und nahm ihn beschämt entgegen. Ich kann mit Geschenken unserer Kundschaft immer sehr schwer umgehen, da ich ja weiß, dass sie auch noch für die Behandlung aufkommen müssen, die meistens nicht billig ist. Ich blickte auf den Korb und musste lachen, sie hatten sogar an Aana und Sparky gedacht und Hundeleckerlis zu den Süßigkeiten und anderen Leckereien gepackt. »Haha, na, die zwei werden sich freuen, so was bekommen sie von mir eh nie.«

Die Besitzerin sah zum Auto: »Na, lass sie doch raus! Die können mit unserem Hund spielen, solange wir die Abschlussuntersuchung machen.«

Die Hunde hatten sich bei meinen letzten Besuchen immer gut verstanden, also öffnete ich die Beifahrertür. Aana und Sparky hatten schon ungeduldig an der Fensterscheibe geklebt und uns aufmerksam beobachtet. Die Tür war keine Sekunde offen, da sprangen sie auch schon aus dem Auto, um mit dem Hofhund zu spielen. Während die Hunde laut bellend herumtollten, spazierte ich mit den beiden Damen rüber zum Stall, um einen letzten Blick auf den geheilten Huf zu werfen. Wie erwartet sah er gut aus, und ich freute mich, die alte Stute wieder gesundschreiben zu können. Ich nahm den Hufschuh, um ihn später zurückzubringen, und spazierte mit den glücklichen Besitzerinnen zurück zum Auto.

Doch plötzlich beschlich mich ein ungutes Gefühl. Ich konnte im Garten nur noch Sparky entdecken, von Aana war nichts zu sehen. »Habt ihr Hühner?«, fragte ich vorsichtig.

»Ja, hinterm Stall, aber die sind eingesperrt«, erwiderte die Tochter verdutzt. Sie kannte meine freche Hundedame nicht so gut wie ich.

›Bitte nicht‹, dachte ich und begann zu laufen. Kaum bog ich um die Ecke des Stalles, sah ich auch schon die offene Gehegetür und Aana, die mir stolz entgegenspazierte, ein lebloses Huhn im Maul. Türen öffnen, eine Leichtigkeit für diesen klugen Straßenköter. Mittlerweile waren auch die Besitzerin und ihre Tochter zu uns gestoßen und beobachteten die grauenvolle Szene.

»Aana«, brüllte ich. Sie erstarrte und ließ das Huhn fallen. Mit eingezogenem Schwanz und angelegten Ohren schoss sie, so schnell sie konnte, an mir vorbei und sprang ins Auto.

Ich machte ein paar Schritte nach vorne und kniete mich zum Huhn. Es sah mich noch einmal an und verdrehte die Augen. ›Oh nein, ich muss es retten‹, schoss es mir durch den Kopf. Ich lief zum Auto, um mein Stethoskop zu holen, aber als ich zurückkam, konnte ich wie befürchtet keinen Herzschlag mehr hören. Ich zog mein Stethoskop zurück, auf dem kleine Federn klebten. Wie schrecklich! Wo war eine Schaufel, damit ich mir ein Loch buddeln konnte? Zähneknirschend stand ich auf und drehte mich zu den beiden Damen, die bisher verdächtig still geblieben waren. »Oh mein Gott, es tut mir so leid!«, stammelte ich.

»Die gehören dem Opa«, flüsterte die Tochter betreten. Das auch noch! Konnte dieser Moment noch schlimmer werden? Ich schämte mich in Grund und Boden. Ich hastete zurück zum Auto und wühlte nach meiner Geldbörse, während die Tochter im Haus verschwand. Zum Glück fand ich zwanzig Euro, normalerweise hatte ich nie Bargeld dabei. Ich drückte sie der Besitzerin in die Hand und entschuldigte mich erneut.

»Was macht ihr denn jetzt mit dem Huhn?«, fragte ich vorsichtig. Hoffentlich würden sie es dem Hund füttern, dann ergab der Tod wenigstens irgendeinen Sinn.

»Das werden wir vergraben«, sagte die Besitzerin und blickte dabei sehr unglücklich drein.

Ich wurde noch blasser. Ein Bauer hätte es wahrscheinlich weggeschmissen oder verwertet, aber diese Leute hatten so eine enge Beziehung, dass sie ihm sogar ein Loch buddelten. Ich schämte mich noch mehr. Meine Hunde schafften es einfach immer wieder, mich zu blamieren. Die Tochter kam aus dem Haus, nachdem sie dem Opa erzählt hatte, was passiert war. »Und was hat er gesagt?«, fragte ich besorgt.

»Er hat nur gesagt: Ach, die war eh nicht mehr die Jüngste.« Wenigstens der Opa nahm es auf die leichte Schulter! Und die Besitzerinnen wollten ihren Geschenkkorb auch nach mehrmaligen Beteuerungen von mir nicht zurück. »So etwas kann nun einmal passieren, wenn man Hunde hat«, meinten sie. Für mich wird dieser Tag wohl immer einer der peinlichsten Arbeitstage in meiner Karriere bleiben. Danke, Aana.

Luftballon

In der Praxis war zum Glück wie immer sehr viel los, was mich von dem Wunsch, vor Scham im Boden zu versinken, etwas ablenkte. Vor allem, weil ich es am nächsten Tag mit einem sehr wilden Pony zu tun hatte.

Das Abwechslungsreiche an diesem Beruf ist, dass jeder Patient anders ist. Jedes Pferd hat seinen eigenen Charakter. Doch oft trügt der erste Eindruck. Riesige Pferde mit 900 kg sind meist fromm wie Lämmer, und kleine Ponys, die einer Dogge gerade mal bis zur Schulter reichen, können so wild sein, als wären sie in den Steppen der Mongolei groß geworden. Eines dieser Wildponys ist Max. Ein kleines schwarzes Pony, das nicht nur Knopfaugen hat, mit denen er jedem Stofftier Konkurrenz macht, sondern auch eine viel zu nette Besitzerin.

Max ist ein klassisches Luftballon-Pferd: Er explodiert, sobald ihm eine Nadel zu nahe kommt. Ich bereitete mich also schon psychisch darauf vor, dass das Impfen spannend werden könnte, als ich meinen Wagen in die Einfahrt lenkte.

Die Besitzerin kam lächelnd aus dem Haus, als sie mein Auto hörte. »Das wird wieder lustig!«, rief sie mir zu und griff zu dem Strick, um die Pferde zu fangen, bevor sie begriffen, was vor sich ging, und flüchteten.

»Na, mal sehen«, murmelte ich, während ich die Kofferraumklappe öffnete und die notwendigen Utensilien holte. Es waren zwei Pferde zu impfen, wobei das andere Pony im Gegensatz zum Luftballon wahrscheinlich kaum Probleme machen würde. Ich steckte ein, zwei Reservenadeln in meine Jackentasche, nahm ein paar Alkoholtupfer und machte mich mit den Impfungen auf den Weg zu den Pferden. Der Bruder der

Besitzerin trat aus dem Haus und grüßte mich mit einer kurzen Handbewegung. Er stellte sich neben den Koppelzaun und beobachtete uns.

Als mich Max erblickte, begann er, seine Nüstern zu weiten und laut zu schnauben. »Ich glaube, wir beginnen lieber mit dem anderen«, sagte ich kopfschüttelnd und ging zum zweiten Pony, das mittlerweile schon einige Eigenarten seines Freundes übernommen hatte. Es begann, im Kreis zu gehen, sobald ich mich zu seiner Brust hinunterlehnte. Aber es war natürlich nicht das erste Pony, dem ich eine Impfung verpasste: Bevor es anfangen konnte, wirklich aufzudrehen, war der Impfstoff auch schon verabreicht, und es hatte seinen Arztbesuch hinter sich.

Nun ging es zu Max, der mich mit seinen Blicken am liebsten getötet hätte. Die Besitzerin versuchte, ihn zu halten, doch sobald er mich näher kommen sah, riss er sich los. Laut schnaubend galoppierte er durch die Koppel, während sein Strick neben ihm durch den Dreck schleifte. Na toll. Zum Glück hatte ich für diesen Besuch etwas mehr Zeit eingeplant.

»Geh du von der Seite hin«, rief ich der Besitzerin zu und zeigte ans andere Ende des Zauns, während ich von rechts auf das Pony zuging. Max blieb kurz stehen, sah sich um und sprintete einen Meter an mir vorbei. Der matschige Boden flog durch die ganze Koppel. »Kleine Ratte«, knurrte ich und folgte ihm in die nächste Ecke.

Die Besitzerin trat von der anderen Seite an ihn heran, und zusammen drängten wir ihn langsam in die Ecke. Max sah wild um sich, wo er als Nächstes hinfliehen könnte. Bevor er wieder versuchte, zwischen uns durchzulaufen, machte ich einen schnellen Satz nach vorn und schnappte nach dem Strick an seinem Halfter. Max rannte los, doch wurde im nächsten Moment vom Strick in meiner Hand davon abgehalten, von mir loszukommen. Ihm blieb nichts anderes übrig, als wild um mich herumzugaloppieren.

»Sonst ist er ganz brav«, beteuerte die Besitzerin.

»Ja, ich weiß, er mag nur keine Spritzen«, keuchte ich und versuchte, ihn näher an mich heranzuziehen, um sein Halfter zu greifen. Max schnaufte und fiel langsam vom Galopp in den Trab. Als ich ihn endlich nah genug hatte, schnappte ich ihn am Halfter, und er kam zum Stillstand. Ich bedeutete der Besitzerin, ihn zu halten, und holte die Nasenbremse aus meiner Jackentasche, die ich vorausschauend eingesteckt hatte. Ich zog die Schlaufe der Nasenbremse um mein Handgelenk und griff mit der Hand nach der Nase des Ponys.

Max war wenig davon begeistert, dass ich seine Oberlippe in einen festen Griff nahm, und begann, mit seinem Kopf zu schlagen. Schnell zog ich die Schlinge über meine Hand auf seine Lippe und begann, den Stock zu drehen, um die Schlinge fester zu ziehen. Als sie straff genug gezogen war, wurde Max ganz ruhig und stand vor uns wie in Trance. Genauso hatte ich es geplant. Ich übergab der Besitzerin die Bremse und desinfizierte die Brust des Ponys. Bei manchen Pferden wirken die Nasenbremsen besser und bei manchen schlechter. Max gehörte natürlich zur zweiten Sorte und wurde wieder unruhig, als er meine Hand an seiner Brust spürte. Ich zog schnell die Spritze aus meiner Tasche und begann, die Nadel anzusetzen. Da explodierte der Luftballon. Er stellte sich auf die Hinterbeine und trat mit den Hufen nach uns. Die Bremse flog in die eine Richtung, die Spritze in die andere, und die Besitzerin landete im Dreck. Das Pony nutzte die Chance und ergriff die Flucht. »Verflixt noch mal!«, fluchte ich. Ich hob die Spritze aus dem Dreck, an der zum Glück noch die Nadel steckte, und ging wütend zum Auto, um ein Handtuch zu holen. Die Besitzerin machte sich währenddessen daran, das Pony wieder einzufangen.

Als ich durch das Koppelgatter ging, sah ich den Bruder, der uns zugesehen hatte und belustigt grinste. Schön, dass wenigstens einer sich amüsierte. »Willst du dich nützlich machen? Du kannst uns gleich helfen«, sagte ich im Vorbeigehen. Er lachte und folgte mir zum Pferd. »Geh schon und halte das Pony!«, forderte ich ihn auf. Scheinbar hatte er sehr viel Spaß an der ganzen Sache. Er hielt Max am Strick, während ich versuchte, die Nasenbremse anzubringen. Plötzlich wurde Max richtig wild und begann wieder zu steigen. Er wusste, was ich vorhatte. Dem Bruder war das Grinsen mittlerweile vergangen. Er zog hilflos am Strick, während das Pony mit den Füßen um sich trat.

Ich griff von der Seite ans Halfter und zog das Pony zu mir her. »Hör jetzt auf mit dem Blödsinn!«, schrie ich das Pferd an, und zum Bruder rief ich: »Du musst ihn schon richtig halten, sonst wird das nichts.« Er starrte mich mit großen Augen an. Jetzt war ich diejenige, die sich ein Grinsen verkneifen musste. »Da, nimm ihn am Halfter und greif g'scheit zu, der wiegt nicht viel mehr als du«, wies ich ihn an und griff wieder nach der Nase des Tieres. Er nahm sich meine Anweisungen zu Herzen und hielt Max, so fest er konnte. Als die Bremse fest war und das Pony ruhiger wurde, gab ich der Besitzerin das Stück Holz in die Hand und nahm das Handtuch, um es dem Pony um die Augen zu wickeln. Zu dritt hingen wir an dem kleinen Luftballon. Sicherlich ein lustiges Bild. Dass ein kleines Pony drei Menschen so in Beschlag nehmen konnte!

Als die provisorische Schlafmaske angebracht war, raunte ich der Besitzerin zu, sie solle etwas mit der Bremse wackeln, damit Max abgelenkt sei. Die beiden schauten mich hoch konzentriert an. »Alle bereit?«, fragte ich, und sie nickten zustimmend. Na, dann los. Mit einer Hand griff ich noch mal nach dem Halfter, und mit der zweiten Hand zielte ich. Die Nadel steckte, und der Luftballon begann wieder zu randalieren. Aber diesmal war ich schnell genug. Bevor sich das Pony losreißen konnte, hatte ich den Impfstoff appliziert und Nadel und Spritze in Sicherheit gebracht. »Er ist drin!«, rief ich, damit die beiden das Pony loslassen konnten, das sich sowieso kaum mehr bändigen ließ. Halleluja.

Zufrieden blickte ich auf die leere Spritze in meiner Hand. »Danke«, grinste ich und sah zum Bruder.

»Das ist ja lebensgefährlich, was ihr da macht«, sagte er erstaunt.

Ich begann zu lachen. »Tja, und das war nur ein Pony, versuch das erst mal mit einem richtigen Pferd.« Und damit ließ ich den sprachlosen Mann zurück und setzte meine Route fort. Das war ein guter Tag.

Konkurrenz

Mittlerweile gehörte ich schon fast zu den alten Hasen in unserer Praxis, und mein Händchen für Pferde wie Bundy und Max hatte sich rumgesprochen. Ich genoss die Arbeit sehr, auch wenn es in einer mobilen Praxis sehr anstrengend und fordernd sein konnte. Dem Druck und der Belastung waren viele nicht gewachsen, weswegen uns häufig Tierärztinnen verließen und neue dazukamen.

Vor Kurzem hatte Viktoria in unserer Praxis angefangen. Sie kam frisch von der Uni und war sehr nah am Wasser gebaut. Sie konnte es nicht kontrollieren. Egal ob sie traurig oder wie meistens eher wütend war – die Tränen flossen, sobald sie aus der Fassung geriet. Doch ich liebte sie, trotz oder gerade wegen dieser Angewohnheit. Sie erinnerte mich an mich, als ich angefangen hatte – unsicher, überfordert und immer froh über Hilfe. Sie begleitete mich immer öfter bei meinen Fällen und saugte dabei alles, was ich ihr versuchte zu vermitteln, auf wie ein Schwamm. Meistens musste ich ihr die Dinge nur einmal zeigen, und sie konnte sie schon fast besser als ich.

Nur mit Zahnbehandlungen hatte sie ihre Probleme. Es sollte etwas länger dauern, bis sie diese beherrschte – und mich einige Nerven kosten. Auch wenn ich sie ihr schon mehrmals gezeigt hatte, jedes Mal meinte sie, sie könnte es immer noch nicht. Aber irgendwann hatte ich den Dreh raus: Ich musste mich nur neben sie stellen und sagen: »Na mach mal, ich helfe dir dann.« Und am Ende machte sie doch alles richtig. Die Behandlungen endeten meistens mit dem Satz: »Du weißt eh, dass ich jetzt hier nur danebengestanden bin und gar nichts gemacht habe, oder?«

Viktoria brauchte vor allem etwas Selbstvertrauen, aber das ging uns wahrscheinlich allen anfangs so. So vergingen die ersten Wochen und Monate mit ihr an meiner Seite, und sie wurde ein wichtiger Teil unserer kleinen Praxisfamilie.

Nach einiger Zeit bekam Vicky, wie wir sie alle nannten, ihr eigenes Praxisgebiet, das »Vicky Land«. Und mit ihrem Gebiet hatte sie etwas mehr Glück als ich, denn ich hatte bei unserer Aufteilung die goldene, undankbare Mitte erwischt und musste dadurch oft in die Gebiete der anderen fahren, wenn dort Not am Mann war.

So wie an diesem Tag. Es war 10.00 Uhr, und ich war gerade am Weg zu meinem dritten Morgenbesuch, der im »Vicky Land« stattfand. Ich hörte Radio, als die Musik von meinem Handyklingelton unterbrochen wurde. *Perdite,* sagte mein Display. Ich drückte auf einen Knopf am Lenkrad, der meine Freisprechanlage steuerte, und begrüßte sie. Seitdem ich letztens von der Polizei angehalten wurde, weil ich während dem Autofahren am Handy war, hatte ich mir angewöhnt, doch mal die Freisprechanlage zu nutzen.

»Hast du es schon gehört?«, klang Perdites besorgte Stimme durchs Auto.

»Nein, was?«, fragte ich und nahm meinen Fuß vom Gaspedal, weil vor mir eine Straßensperre war.

»Vicky hatte einen Autounfall.«

Mir wurde ganz flau im Magen. »Was? Geht's ihr gut?!« Langsam rollte ich auf die Sperre zu.

»Ja, scheinbar ist ihr nichts passiert«, beruhigte mich Perdite.

Ich ließ das Fenster runter, da ich nun bei dem Feuermann angelangt war, der die Autos umleitete, und fragte: »Kann es sein, dass da vorne ein Volkswagen verunglückt ist?« Anscheinend war ich gerade auf Vickys Unfallstelle zugefahren.

»Ja, tatsächlich – holen Sie die Medikamente ab?«, erwiderte er. Ich sah ihn verblüfft an. Die Straße vor mir war leer, und der Wagen befand sich scheinbar hinter der nächsten Kurve.

»Ähm, ja, genau«, stotterte ich, und er winkte mich durch. Da sich in unseren Autos Suchtmittel befanden, mussten diese bei einem Unfall sichergestellt werden. »Perdite, ich bin gerade beim Unfallort, ich melde mich später«, sagte ich, als mir einfiel, dass sie ja immer noch am Telefon war, und beendete das Gespräch.

Ich bog um die Kurve, und dann sah ich es schon. Das Praxisauto meiner Kollegin stand umzingelt von Einsatzwägen auf der Landstraße. Der Motorraum war komplett zerdrückt. Zwei Türen waren aus ihren Scharnieren gerissen, sodass sie seitlich abstanden. Und die gesamte Straße war voll von Scherben und Teilen, die von den zwei verunfallten Autos weggeschleudert worden waren. Viktoria war fast frontal mit dem entgegenkommenden Auto zusammengeprallt, wodurch ihr Wagen zur Seite geschleudert wurde und dort mehrere Meter weitergeschlittert war, wie mir einer der umstehenden Feuerwehrleute erklärte. Sie befand sich bereits im Krankenwagen, der noch an der Unfallstelle stand.

Obwohl ich schon gehört hatte, dass es ihr gut ging, stand ich unter Schock. Die Szene sah wirklich schlimm aus. Am Unfallort traf ich Agathe, die sich bereits um Viktorias Hund Emma kümmerte. Emma begleitete Viktoria immer zu Terminen, genauso wie Aana und Sparky bei mir mitfuhren. Zum Glück schien es auch ihr so weit gut zu gehen, abgesehen vom Schock.

Agathe und ich sprachen kurz ab, dass ich die Medikamente mitnehmen würde. Ich konnte noch kurz mit einem der Sanitäter sprechen, der ein Freund von mir war. »Die hat ultra viel Glück gehabt«, meinte er.

»Hat sie was?«, fragte ich besorgt.

»Ja, vor allem viel Glück! Unter den Umständen kann man das nicht anders sagen. Laut letztem Stand hat sie Prellungen, Schulter und Nase sind vielleicht gebrochen, aber sie wird jetzt im Krankenhaus noch mal komplett angeschaut. Den Hund hat jemand mitgenommen, der war gut durch'n Wind!«, sprudelte es aus ihm heraus.

»Hauptsache, sie lebt noch«, stammelte ich, während ich zum Krankenwagen sah.

»Das kannst aber annehmen. Bei Unfällen solcher Art find ma de Leut normalerweise nicht am Straßenrand sitzend«, meinte er noch, bevor der Krankenwagen an uns vorbei ins Krankenhaus fuhr.

Mir blieb wohl nichts übrig, als mich auf den Weg zu meinem nächsten Besuch zu machen, auch wenn es mir sehr schwerfiel, mich zu konzentrieren. Ich schickte eine Nachricht an Viktoria, um zu erfahren, wie es ihr ging und in welchem Krankenhaus sie lag. Kaum hatte ich meinen vierten Besuch erledigt, lenkte ich mein Auto vor den nächsten Bioladen, um Leckereien für Viktoria zu kaufen. Eine kleine Stärkung würde ihr sicher guttun. Mit Süßigkeiten im Gepäck fuhr ich geradewegs ins Krankenhaus.

»Die liegt da drinnen«, zeigte mir eine Krankenschwester freundlicherweise das Zimmer, als ich nach meiner Kollegin fragte. Als ich durch ihre Zimmertür ging, machte ich mich auf einen schlimmen Anblick gefasst. Doch Viktoria saß ohne einen sichtbaren Kratzer am Körper im Bett und begrüßte mich schlecht gelaunt.

»Ich muss bis morgen hierbleiben, das ist so unnötig«, motzte sie mir entgegen.

›Na wenn's sonst nichts ist‹, dachte ich schmunzelnd, während mir ein Stein vom Herzen fiel. Ich legte ihr den Sack voller Leckereien auf den Schoß, und ihr Blick hellte sich auf. »Alte, du bist die Ärgste, sei froh, dass du noch lebst! Warst du bewusstlos?«, fragte ich, während ich ihre Füße sanft zur Seite schob und mich zu ihr ans Krankenbett setzte.

Sie erklärte mir genau, was passiert war. Nachdem sie mit dem anderen Wagen kollidiert ist, ist der Wagen auf der Seite gerutscht, bis er zum Stehen kam. Andere Autofahrer waren bereits stehen geblieben und zu ihrem Wagen gerannt. Als Erstes hatte sie ihren Hund geschnappt und aus dem Fenster gestreckt, wo ihn die Helfer entgegennahmen. Dann war sie selbst hinausgeklettert und hatte am Straßenrand auf die Rettung gewartet. Dem anderen Fahrer war zum Glück genauso wenig passiert.

»Emma und du hattet eine Million Schutzengel!« Ich schaute sie stirnrunzelnd an.

»Ja, ich weiß, mein Körper tut mir auch ziemlich weh«, gestand sie.

»Ah geh, wundert mich jetzt aber gar nicht«, verspottete ich sie lächelnd. Ich hatte ein schlechtes Gewissen, weil ich eigentlich arbeiten sollte, aber Kollegialität war manchmal einfach wichtiger.

Viktoria sollte ihren Körper die nächsten Tage noch ziemlich spüren und blieb deshalb noch ein paar Tage zu Hause, um sich zu erholen. Allerdings kostete es mich einige Überzeugungsarbeit, sie dazu zu überreden, ihre Schmerzmittel zu nehmen, die gleichzeitig auch Entzündungshemmer waren: »Aber ich habe keine Entzündung!«, rief sie empört, als ich sie am Telefon darauf ansprach.

»Viktoria, du hast gerade einen Megacrash überlebt! Dein ganzer Körper ist eine Entzündung, und er hasst dich – also nimm diese scheiß Pillen!« Manchmal benahm sie sich wirklich wie ein bockiges Kind.

Als es ihr besser ging und wir den ersten Schock überstanden hatten, konnten wir auch darüber lachen, dass ich endlich nicht mehr die Nr.-1-Autozerstörerin der Praxis war. Diesen Titel würde Vicky noch eine ganze Weile verteidigen.

Ho, ho, ho,
eine Schlittenfahrt

Vickys Unfall war schon ein paar Monate her, als das nächste Praxisauto herausgefordert wurde. Und zwar genau am 23. Dezember, einen Tag vor Weihnachten. Es war mein zweiter Winter und damit auch mein zweites Weihnachten in der Praxis. Diesmal durfte ich den 24. zu Hause bei meiner Familie verbringen. Im Vorjahr hatten Tobi und ich Weihnachten zu zweit in meiner alten Wohnung feiern wollen. Allerdings hatte mich Tobi um 4.00 Uhr nachmittags angerufen, dass er gerade einkaufen gehen wollte und die Geschäfte schon geschlossen hatten. Also hatten wir am Weihnachtsabend in einem Gasthaus gegessen, in dem uns die Besitzer*innen mit einem »ähm, ja, wir haben schon offen« verblüfft angesehen hatten. Typisch Tobi und ich!

Dieses Jahr durfte ich also Weihnachten zu Hause verbringen und hatte erst ab dem 26. Dezember wieder Dienst. Somit versprach Weihnachten dieses Jahr etwas festlicher auszufallen. Tobi war gerade bei mir in Bayern, und wir wollten nach meiner Arbeit gemeinsam nach Österreich fahren. Ich machte mich fertig für den letzten Arbeitstag vor dem großen Fest und stand ungeduldig im Schlafzimmer.

»Steh jetzt auf, Schatz, wir müssen los«, nörgelte ich und zog an der Bettdecke. Tobi antwortete mit einem unzufriedenen Stöhnen und drehte sich um. Ich bin bei Gott keine Frühaufsteherin, aber dieser Mensch war definitiv noch weniger für den Morgen gemacht als ich.

»Kannst du mich nicht nach der Arbeit holen?«, murmelte er unter der Bettdecke hervor, die er sich sicherheitshalber über den Kopf gezogen hatte, um sich vor dem Licht der Deckenlampe zu schützen.

»Du spinnst wohl. Ich fahr sicher nicht noch einmal extra hierher, nur um dich zu holen. Außerdem könntest du mal wieder mit mir Praxis fahren* und dich etwas für meine Arbeit interessieren. Den Herbert hast du auch schon ewig nicht gesehen«, gab ich grantig zurück und rief nach unseren Hunden. »Aana!« Sie sprang von dem Wippstuhl, den sie seit Neuestem zu ihrem Lieblingsplatz auserkoren hatte, und rannte zu mir. Ich kniete mich vor sie auf den Boden. »Komm, geh den Papa aufwecken«, flüsterte ich ihr ins Ohr. »Sparky, du kommst auch!«

Beide sprangen voller Freude ins Bett. Eigentlich ist unser Bett eine hundefreie Zone. Aber um Tobi aus seiner Bettdecke zu graben, ist mir jedes Mittel recht. So wurde das Verbot kurzerhand aufgehoben, und die Hunde durften ihm zu ihrer großen Freude das Gesicht ablecken.

»Pfui, nein, Aana, geh weg!«, flehte mein Freund und schleppte sich schlecht gelaunt aus den Federn. Wusste ich's doch, dass die Hunde-Attacke helfen würde. Ich grinste verschmitzt. Wie ein Zombie wanderte er an mir vorbei und ließ die Badezimmertür ins Schloss fallen.

»Aber beeil dich, ich muss um 8.00 Uhr in der Praxis sein«, rief ich ihm noch hinterher.

Ich fütterte die Hunde und wartete, bis Tobi abfahrtbereit war, als mein Handy eine neue SMS ankündigte. Sie war von meinem Kollegen Robert, der neben Herbert der einzige männliche Tierarzt in der Praxis war. »Achtung, Blitzeis, fahr vorsichtig«. Ich verdrehte die Augen. Ja, Schlaumeier, das weiß ich selber, es ist Winter, und wir sind in Bayern. Der Bayerwald war um diese Jahreszeit der kälteste Ort Deutschlands. Bei bis zu minus zwanzig Grad war es nicht nur sehr ungemütlich zu ar-

* »Praxis fahren« ist der gängige Ausdruck für mobile Tierärzt*innen

beiten, man musste auch immer viel Equipment mit in die Wohnung nehmen, das bei Kälte nicht im Auto bleiben durfte. Deshalb packte ich alle Sachen zusammen, die ich gestern mühsam nach meinem Dienst nach oben geschleppt hatte.

Endlich war auch Tobi bereit für die Abfahrt. Wir gingen voll bepackt zu meinem Praxisauto, das an einem leichten Hang stand. Ich verstaute alle Praxisgeräte im Kofferraum und auf der Rückbank und wollte gerade einsteigen, als ich plötzlich im Stehen von meinem Auto wegrutschte. Wow, es war heute wirklich sehr glatt! Ich stütze mich am nächsten Wagen ab und schaffte es, mit kleinen vorsichtigen Schritten zurück zu meinem Auto zu gelangen. Kaum hatte ich die Schnalle in der Hand, krallte ich mich fest, damit ich nicht wieder davonschlitterte, und kletterte ins Auto. Tobi und die Hunde hatten es auf der anderen Seite schon in den Wagen geschafft. Sobald wir losfuhren, merkte ich nichts mehr vom Glatteis. Die Streufahrzeuge waren schon am frühen Morgen gefahren und hatten alle Straßen befahrbar gemacht. So konnte ich nach einigen Metern fast mit normaler Geschwindigkeit fahren.

Wie immer saßen die Hunde auf dem Beifahrersitz, weil der gesamte hintere Teil des Praxisautos mit Medikamenten vollgestopft war. Aana saß im Fußraum, und Sparky machte es sich auf Tobis Schoß bequem. Wobei man als Sparkys Sitzkissen immer viel zu tun hatte. Man musste mit einer Hand sein Hinterteil stützen, damit er nicht runterrutschte, und mit der anderen Hand seinen Kopf, damit er bequem schlafen konnte. Wehe dem, der es wagte, sich dabei zu bewegen! Dann bekam man nicht nur einen genervten Blick zugeschleudert, sondern er trat einem so lange auf dem Schoß herum, und bei Männern natürlich gezielt im Schritt, bis er wieder eine für ihn bequeme Position gefunden hatte. Diese kleine Diva!

Wir fuhren die enge Kurve zur Praxis, als ich gerade auf den Feldweg abbiegen wollte. Da merkte ich, dass das Auto nicht mehr auf mein Steuern reagierte. Scheinbar hatte der Streuwagen bei der letzten Straße kehrtgemacht, und die Kurve war nicht mehr gestreut worden. Wir schlitterten auf den Zaun unseres Nachbarn zu, wo zum Glück gerade keine Pferde auf der Koppel standen. Tobi krallte sich in die Sitze und atmete einmal scharf ein. Ich konnte nichts weiter tun als zusehen, wie wir dem Zaun immer näher kamen. Wir waren so langsam unterwegs, dass ich noch überlegte, aus dem Auto zu springen, aber es war zwecklos. In Zeitlupe musste ich zusehen, wie wir in den Holzzaun krachten und der Pfosten, der sich durch den Motorraum bohrte, den Wagen zum Stehen brachte.

»Alles okay?«, fragte ich Tobi, der generell Angst hatte, mit mir Auto zu fahren. Tja, da wurde seine Angst wieder mal bestätigt. Er und die Hunde machten große Augen, waren aber unversehrt. »So ein Mist!«, schimpfte ich und stieg aus dem Wagen, um sofort wegzuschlittern. Ich konnte mich gerade noch an der Autotür festhalten, knallte aber trotzdem mit dem Rücken auf den Eisboden. Das Holz des Zauns ragte aus meinem schönen Nissan und hatte die gesamte Motorhaube verbogen. Ich zog den Pfosten wie aus einer Pfahlwunde hinaus und warf ihn zur Seite.

»Ja, guten Morgen, Frau Nachbarin!«, rief mir der Besitzer des Hofes von seiner Eingangstür aus entgegen.

Ich wurde rot und rief nur: »Hoppala!« Er lachte und kam mir mit seinen Hausschlappen entgegen.

»Na, war ma a bisserl zu schnell gefahren?« Herr Mochet war zum Glück ein sehr gelassener Mensch, aber trotzdem war mir die Situation etwas unangenehm.

»Na ja, eigentlich nicht, aber es ist richtig glatt. Ich dachte, eure Pferde wollen endlich mal ein bisschen mehr Platz«, scherzte ich und kniete mich vors Auto, um den Schaden zu begutachten. Dann drehte ich mich wieder zum Nachbarn. »Brauchst du was von mir? Sonst fahr ich weiter zur Praxis, rufe den Mechaniker an und gebe auch gleich dem Herbert Bescheid.«

»Nein, passt schon, ich schau mir einmal an, was alles kaputt ist.« Erleichtert seufzte ich, bedankte mich und zwängte mich wieder hinters Lenkrad, um den Wagen zu starten, der zum Glück ohne Probleme losfuhr.

Tobi und die Hunde waren die ganze Zeit im Auto geblieben und hatten die Unterhaltung mit Mochet schweigend mit angehört. Wahrscheinlich brauchten sie noch ein wenig, um sich vom Schock zu erholen. Ich rollte langsam in den Hof der Praxis und machte mich bereit, Herbert von der Neuigkeit zu erzählen. Zum Glück wusste ich, dass er schon so einige Autos in seiner Karriere geschrottet hatte.

»Herbert, wir hatten gerade einen Autounfall«, begrüßte ich meinen Chef, als wir zu viert aus dem Auto stiegen und zu ihm gingen.

Er stand gerade hinten im Stall bei Franzl und Michl und schaute mich verdattert an. »Was? Geht's euch gut?«

»Ja, alles gut, aber das Auto ist ziemlich beschädigt«, gab ich etwas zerknirscht zurück und zeigte dabei in Richtung meines zerstörten Wagens.

»Na ja, wo gehobelt wird, fallen Späne. Hauptsache, euch ist nichts passiert«, sagte er und machte eine wegwerfende Handbewegung. Genau deshalb war er der beste Chef der Welt. Er wusste, wie viel Zeit wir im Wagen verbrachten, und war der Meinung, dass es öfter passiert, dass man mal das Auto ruiniert, wenn man viel arbeitet. Das Wichtigste war Herbert immer, dass alle gesund blieben.

»Jetzt kann ich halt nur keine Besuche fahren. Aber ich habe heute eh nichts auf meinem Tagesplan, das ich nicht verschieben könnte«, sagte ich und griff nach einer Heugabel, um ihm bei der Stallarbeit zu helfen.

»Na ja, dann hilf mir jetzt noch im Stall, und dann fährst du nach Hause, der Tobi freut sich sicher«, antwortete Herbert und schaute dabei grinsend zu Tobi hinüber, der bei Franzl stand und ihn streichelte.

»Durchaus«, lachte Tobi, klopfte Franzl noch einmal an die Wange und ging dann in Herberts Küche, um sich endlich einen ersten Kaffee zu genehmigen. Derweil versorgten Herbert und ich gemeinsam die Pferde. Diese Woche hatte ich meine Franzl-Stallarbeit eh noch nicht absolviert, von daher kam mir das ganz gelegen. So hatte ich Glück im Unglück und konnte mit den Weihnachtsfeiertagen früher beginnen als gehofft. Allerdings würde ich diese Methode wirklich niemandem weiterempfehlen. Ho, ho, ho.

Der Joker

Weihnachten war wieder mal viel zu schnell vorbeigegangen, aber ich hatte die freien Tage mit Tobi und unseren Familien sehr genossen. Nun stand Silvester vor der Tür, und Tobi würde währenddessen wieder auf Chinatournee in Asien sein. Er spielte neben dem Studium in mehreren Orchestern, um Geld zu verdienen. Für mich war das sehr angenehm, weil ich so die Notdienste zu Silvester übernehmen konnte und der Rest der Praxis freihatte. Zumindest bis auf Herbert, der mit mir Dienst hatte, denn den Notdienst bewältigten wir immer zu zweit.

Er hatte mich in die Praxis eingeladen, um mit ihm und ein paar Freund*innen, darunter auch ehemaligen Mitarbeiter*innen, ins neue Jahr zu rutschen. Eine Freundin aus Österreich würde auch wieder mit uns feiern, worüber ich mich sehr freute. Und das Schöne war, dass die Hunde währenddessen in Ruhe schlafen konnten, weil es in der Nähe der Praxis weit und breit kein Feuerwerk gab.

Ich mochte es immer sehr, wenn Freund*innen und Familie aus Österreich zu Besuch kamen und ich ihnen mein Leben in Bayern und den Alltag in der Praxis zeigen konnte. Es war amüsant, was alles geschah, sobald sie mich begleiteten. Juli, die mich über Silvester besuchen kam, hatte immer besonders Glück, denn sie war immer bei Notfällen dabei. Sie war nicht nur während der Seepferdchenprüfung zu Besuch, sondern sollte auch bei der Behandlung dieser schlimmen Verletzung dabei sein.

Der Fall erreichte mich, als wir gerade in meiner Wohnung saßen, nachdem wir die ersten Patientenbesuche des Tages erledigt hatten. Meine Wohnung. Man konnte eher »Räume, die mit meinen Sachen belagert waren« dazu sagen. Da ich die meiste Zeit in der Arbeit und bei Tobi in Wien oder auf Reisen verbrachte, hielt ich es nicht für notwendig, meine Wohnung auch nur irgendwie wohnlich zu gestalten. Mein bester Freund hatte mich sogar mal gefragt, ob ich meine Wohnung nicht mal einrichten möchte, als er zu Besuch war. Aber ich hatte nur geantwortet: »Wozu?« Ich besaß ein Bett, einen Fernseher, einen Esstisch und Stühle und ein paar Kästen für meine Kleidung. Und ein Sofa, das allerdings nur von Sparky benutzt wurde. Das einzige Möbelstück, das ich wirklich nutzte, war mein Bett. Die Freundin war mein chaotisches Leben gewohnt und wunderte sich nicht mehr über meine Wohnsituation. Wir überlegten gerade, was wir zu Mittag essen wollten, als der Anruf reinkam.

»Hallo! Hier ist Barbara vom Volbert-Hof, könnten Sie bitte schnell vorbeikommen? Mein Pferd ist im Karabiner hängen geblieben und hat sich den Mundwinkel bis zum Ohr aufgerissen«, heulte die Frau ins Telefon. Ich konnte, oder besser gesagt wollte mir kein Bild von der Verletzung machen, bevor ich sie gesehen hatte. Man konnte nie wissen, was einen erwartete, egal was die Besitzer*innen erzählten. Manche sprachen davon, dass dem Pferd das halbe Bein fehlte, dabei hatte es nur eine kleine Schürfwunde. Manche sprachen von einer kleinen Schürfwunde, dabei hatte ihr Pferd eine lebensgefährliche Verletzung. Mal schauen, was mich in diesem Fall erwartete. An der panischen Stimme der Besitzerin merkte ich jedoch, dass die Beschreibung wohl ziemlich nahe an der Wahrheit lag. Ich versicherte Barbara, dass ich mich sofort auf den Weg zu ihr machen würde, und warf meiner Freundin dabei einen entschuldigenden Blick zu. Das Mittagessen würde wohl erst mal ausfallen.

Im Auto brachte ich meine Freundin auf den neuesten Stand. Sie staunte wieder mal darüber, was sich Pferde nicht alles zuziehen konnten, obwohl sie selbst mit Pferden aufgewachsen war. Unsere Pferde und wir waren früher Nachbarinnen. Ihr Hof lag neben dem Hof meiner Tante, auf dem unsere Pferde Laila und Senator standen und auf dem ich den Großteil meiner Kindheit verbracht hatte. Wir waren zusammen mit unseren Pferden aufgewachsen und hatten gemeinsam schon den größten Blödsinn angestellt.

Nach einer kurzen Fahrt fuhren wir bei Barbara auf den Hof. Ich war auf eine aufgewühlte, heulende Besitzerin gefasst, als wir mit dem Auto an der offenen Stalltür vorbeirollten. »Na, die sieht aber ziemlich gefasst aus, ich dachte, die wäre total panisch«, meinte meine Freundin, als wir aus dem Auto ausstiegen. Die Frau wirkte wirklich sehr ruhig, als wir in den Stall kamen und sie begrüßten.

Da sah ich die wirkliche Besitzerin verheult in der Ecke der Box meines Patienten kauern. Ich biss mir auf die Lippe, um ein Lachen zu unterdrücken. »Na? Verzweifelt genug?«, lag mir auf der Zunge, und ich riskierte einen kurzen Blick zu meiner Freundin.

»Muss sie sterben?«, kam ein schluchzendes Jammern aus der Box. Ich blickte hinüber zum Pferd, das mich etwas nervös ansah.

»Na, jetzt schau ich mir das erst mal an«, versuchte ich, beruhigend auf die Besitzerin einzuwirken. Kopfverletzungen, bei denen der Kopf noch dran ist und nicht übermäßig viel Blut spritzt, sind meist viel ungefährlicher als Verletzungen an Gelenken oder Sehnen. Auch wenn sie um einiges schlimmer aussehen.

Die Besitzerin hatte die Wunde vorhin am Telefon ziemlich gut beschrieben, jedoch mit einer glücklichen Fehleinschätzung. Das Pferd hatte sich den Karabiner seines Stricks irgendwie in die Wange gerammt und ihn dann bis zur Nüster durchgezogen, wo der Haken wie ein Nasenpiercing hängen geblieben war. Die Haut war bis zum Nasenrücken abgezogen und bildete eine Verlängerung des Mundwinkels. Die Wundhöhle war dabei so groß, dass man beide Hände unter der Haut hätte verstecken können. Doch die Sehnen und Knochen und auch die Mundhöhle waren zum Glück unversehrt geblieben.

Trotzdem war nicht daran zu denken, das Pferd ohne Sedierung zu verarzten. Also kehrte ich zu meinem Auto zurück und holte die notwendigen Arzneien. Sie sollten dafür sorgen, dass das Pferd nach der Verabreichung »blaue Elefanten tanzen« sehen würde, während ich in Ruhe und ohne Schmerzen zu verursachen, seine Wunde versorgen konnte.

Nachdem die ersten Nähte gesetzt waren und ich der Besitzerin mehrmals versicherte, dass ihr Pferd auch ganz sicher überleben würde, kam sie langsam zur Ruhe. Ihr war nicht zu verübeln, dass sie von der riesigen Wunde geschockt war – der Anblick war wirklich nicht schön. Sie erzählte mir, dass sie erst vor Kurzem ein Pferd wegen einer Wunde am Bein verloren hatte, und ich begann, ihre Panik zu verstehen.

Wie schlimm für mich der Gedanke gewesen war, drei Nähte setzen zu müssen, als ich gerade frisch angefangen hatte. Ich werde nie das Telefonat vergessen, bevor ich zu meiner ersten Verletzung fuhr, die genäht werden musste. »Du bist da halt echt nur fünf Minuten entfernt. Aber ich kann da schon hinfahren, wenn du so viele andere Patienten hast«, klang Connys genervte Stimme durchs Telefon.

»Ach so, ich wusste nicht, dass ich so in der Nähe bin«, gab ich vorsichtig zurück. Mein »Navi im Kopf« befand sich zu diesem Zeitpunkt einfach noch im Demomodus. »Ich kann schon hinfahren. Ich habe halt noch nie allein genäht«, stammelte ich durchs Telefon.

»Ach so«, schmunzelte Conny, und man hörte sofort, wie sich ihre Laune verbessert hatte, als sie realisierte, dass ich mich nicht gesträubt hatte, weil ich faul war, sondern weil ich einfach nur Angst hatte. »Das bekommst du schon hin!« Es folgte eine kleine Anleitung, welche Naht ich verwenden und wie ich vorgehen sollte. Sie schickte mir sogar ein Foto einer Skizze einer

Donati-Naht, die sie mir für diesen Fall empfahl. Im Endeffekt hätte ich es nicht besser erwischen können. Die Pferdebesitzerin war eine der nettesten und war es gewohnt, mit jungen Tierärztinnen zu arbeiten. Noch heute lacht sie darüber, wie nervös und zitternd ich damals gearbeitet und wie lang ich für die paar Nähte gebraucht hatte. Heute kann ich mir gar nicht mehr vorstellen, wie eine einfache, kleine Fleischwunde jemals eine Herausforderung für mich hatte sein können.

Ich setzte die letzte Haft bei »Joker«, wie ich ihn gedanklich getauft hatte, und verknotete den Drain, der dazu da war, den Wundabfluss sicherzustellen. Halloween war zwar schon eine Weile her, aber als ich mein Werk betrachtete, konnte ich nicht anders: »Das ist wohl das beste Joker-Kostüm, das man sich vorstellen kann«, raunte ich der Besitzerin zu. Aus irgendeinem Grund fand sie meinen Kommentar nur halb so lustig wie ich. Meine Freundin warf mir einen warnenden Blick zu, und ich konnte ihre Stimme in meinem Kopf förmlich hören: »Du bist so ein Vollkoffer.« Wir waren seit zwanzig Jahren befreundet und kannten quasi die Gedanken der anderen.

Die Wunde konnte trotz der enormen Spannung, die in diesem Bereich auf der Naht lag, sehr gut verheilen. In den nächsten Jahren blieb nur noch eine kleine Narbe zurück. Den Namen »Joker« durfte die Stute für mich jedoch behalten.

Fahrkünste

Die ersten Jahre in meiner Karriere fuhr ich einen Nissan X-Trail. Ich liebte diesen Wagen. Als ich eines Tages auf einen VW Caddy umsteigen musste, weigerte ich mich, dieses Auto zu fahren. Ich sagte Herbert, ich würde nicht mit einem »Klempnerauto« durch die Gegend fahren. Herbert explodierte förmlich. Natürlich endete es damit, dass ich trotzdem auf einen Caddy umsteigen musste – und mich letztendlich auch damit anfreundete, aber das ist eine andere Geschichte.

Zurück zu meinem X-Trail. Es war ein richtiges Abenteuerauto, und ich kam mir immer saucool vor, wenn ich damit auf einen Hof fuhr.

Eines Tages war ich wieder mal im schönen Bayerwald unterwegs. Trotz neuem Jahr war immer noch Winter, und Schneeflocken tanzten durch die Luft. Ich rief bei der nächsten Kundschaft an, um zu erfahren, dass der Besitzer nicht da war. »Aber du kennst das Pferd ja eh, gib ihm einfach das Medikament. Er ist ganz brav. Das Halfter hängt in der Sattelkammer«, kamen die Anweisungen des Besitzers durchs Telefon. Also machte ich mich auf den Weg. Die Straße führte einen kleinen Hügel hinauf, an dessen Spitze das Feld lag, das zum Stall führte. Parkte man hundert Meter weiter vorne, konnte man auch durch das Anwesen zur Koppel gelangen. Ich war schon einige Male dort gewesen und war anfangs oft durch das Anwesen gelaufen. Doch danach hatte ich immer oben am Feld geparkt und war übers Feld zum Stall spaziert.

»Fahren Sie doch runter«, hatte der Besitzer jedes Mal gesagt, als ich angekommen war. Durch das Feld verlief ein kleiner gepflasterter Weg, doch bisher hatte ich das Angebot immer ausgeschlagen. Heute jedoch schien mir der richtige Zeitpunkt, die Chance zu nutzen. Ich war allein, es war kalt und matschig, und die Schneeflocken, die vom Inneren des Wagens recht romantisch wirkten, waren von außen betrachtet doch nicht so toll. Ich begrüßte jede Sekunde, die ich in meinem warmen Praxiswagen verbringen konnte, mit offenen Armen.

Ich schlug das Lenkrad ein und fuhr den Weg hinunter. Es war ziemlich steil, und ich bremste vorsichtig, um nicht in den Zaun zu rutschen. ›Na bravo, so toll ist dieser Weg aber gar nicht‹, dachte ich, während ich im Schneckentempo weiterfuhr. Jetzt wusste ich, warum ich den Weg vorher nie genutzt hatte. Am Ende angekommen, parkte ich das Auto mit angezogener Handbremse und sprang raus. »Ich bin gleich wieder da«, sagte ich zu Aana und Sparky, die mich erwartungsvoll anstarrten und schon in den Startlöchern für einen Ausflug auf dem Hof standen. Das Feld grenzte an eine von Bäumen begrenzte Schlucht. Da ich wusste, dass meine beiden Fellnasen immer für Überraschungen gut waren, entschied ich lieber, sie im Auto zu lassen. Schließlich wollte ich keinen Hund aus einer Schlucht bergen müssen. Sparky war als junger Hund mal von einer kleinen Brücke in einen Bach gefallen, seitdem hatte ich wenig Vertrauen in sein Einschätzungsvermögen.

Ich schnappte mir das Medikament und lief zu meinem Patienten. Wie vorausgesagt, war er sehr brav. Wahrscheinlich hätte ich nicht mal das Halfter für die Behandlung benötigt. Ich untersuchte ihn noch und war sehr glücklich über seinen Heilungsverlauf. Die Wunde, weshalb er das Medikament benötigte, sah deutlich besser aus als noch ein paar Tage zuvor. Zufrieden schloss ich die Stalltür und stapfte zurück zum Auto. Es war wirklich matschig, und ich sah skeptisch zum kleinen Weg hinauf. Mein vollgepackter, schwerer Wagen wirkte viel zu groß für ihn.

Während ich hinters Lenkrad kletterte, überlegte ich, wie ich den Berg wieder hinaufkommen sollte. Ich versuchte es mit dem Rückwärtsgang, da ich Angst hatte, den Weg zu verlassen. Ich trat vorsichtig auf das Pedal, doch nach einigen Metern war Schluss. Mein Wagen bewegte sich kein Stück weiter bergauf. Verdammt! Genau deswegen wollte ich bisher nie herunterfahren. Ich fuhr also weiter bergab und versuchte zu wenden, was sich als schlechter Schachzug herausstellte. Sobald ich die gepflasterten Steine verließ, verlor ich jegliche Kontrolle über das Fahrzeug. Die Reifen rutschten durch den Schlamm, und ich konnte weder wenden noch zurück auf die Pflastersteine fahren. Der Wagen rutschte langsam, aber stetig das Feld hinunter. »Mann, jetzt komm schon!«, fluchte ich und trat auf das Pedal, doch der Wagen rutschte nur immer weiter in Richtung Abgrund. Ich entschied mich für die Bremse und atmete durch, als das Auto zum Stehen kam. Keine Chance, wenn ich so weitermachte, landete ich in der Schlucht. Ich sah schon die Schlagzeile vor mir: »Tierarztauto stürzte in Schlucht. Die Fahrerin, eine siebenundzwanzig Jahre alte Österreicherin, und ihre beiden Hunde kommen bei dem Versuch, den Wagen zu retten, ums Leben«.

Ich zog die Handbremse an und sprang aus dem Wagen. Kurz überlegte ich, ob ich die Hunde mitnehmen sollte oder ob es sicher genug im Auto war. Ich entschloss mich, sie lieber mitzunehmen. »Na kommt's, aber bleibt's bei mir«, rief ich, und sie sprangen aus dem Auto. Energiegeladen liefen sie durch den schneebedeckten Matsch und folgten mir den Weg hinauf, auf der Suche nach Rettung. Schon beim ersten Haus hatte ich Glück.

»Ja, guten Tag«, sagte eine Frau und sah mich fragend an.

»Entschuldigung, dass ich störe, aber ich hab mein Auto im Feld versenkt und komm nicht mehr raus. Könnt ihr mich vielleicht rausziehen?«, fragte ich die Dame hoffnungsvoll. Sie überlegte kurz.

»Warten Sie, ich schau mal, ob der Franz da ist«, meinte sie freundlich und trat an mir vorbei, um Richtung Hof zu gehen.

Ich folgte ihr, und sie drehte sich zu mir um. »Sie kommen aus Österreich, oder?«

›Jaja, der Ösi ist mal wieder zu doof zum Autofahren‹, dachte ich, meinte aber nur beschämt: »Ja.«

»Das hört man«, gab sie freundlich zurück und ging weiter. »Fraaaanz«, rief sie in ein großes Gebäude, »komm amal.« Von irgendwo oben hörte man es poltern, als Franz auf den Ruf reagierte. »Die Dame da braucht Hilfe, die steckt im Feld fest«, erklärte sie ihrem Mann, der die Stiegen runterkam und mich amüsiert ansah.

»Oha! Na, da haben S' aber a Glück, dass wir daheim sind. Wo stehn S' denn?«, fragte er, und ich zeigte ihm von oben mein Auto, das am Ende vom Feld stand. Ich fragte mich, ob hier oft Leute im Feld stecken blieben. Aber sonst war sicher niemand so bescheuert wie ich. »Ja, gehn S' mal runter, ich komm gleich«, meinte der Mann und verschwand wieder hinter dem nächsten Tor. Erleichtert atmete ich aus. Es dauerte keine zehn Minuten, da sah ich einen riesigen Traktor um die Ecke biegen. Ich konnte es gar nicht fassen, so ein Glück zu haben. Ich meine, wie häufig kommt es vor, dass man in einem Feld stecken bleibt und daneben ein Mann mit Traktor wohnt? Oder besaß in Bayern einfach jeder einen Traktor?

Das riesige Fahrzeug kam langsam das Feld herab und blieb vor uns stehen. »Bleiben Sie nur drinnen und nehmen Sie den Gang raus«, rief mir der Mann zu und befestigte eine schwere Kette an meinem Auto. Ich setzte mich ins Auto und beobachtete gespannt, wie er mein Auto sicherte. Als der Traktor mit einem lauten Rattern Gas gab, umklammerte ich das Lenkrad und wartete, dass er uns hinaufzog. Doch es passierte das Gegenteil. Auch der Traktor kam ins Rutschen, und wir bewegten uns gemeinsam Richtung Schlucht.

Langsam bekam ich doch Panik und nahm Sparky auf den Schoß. »Okay, Freunde, wenn das da jetzt schiefgeht, springen wir aus dem Wagen«, flüsterte ich meinen Hunden zu und umfasste den Türgriff, um jederzeit rausspringen zu können. Es machte wieder einen Ruck, und wir kamen der Schlucht ein weiteres Stück näher. »Ach du Scheeeeiße«, wimmerte ich und sah hilflos zum Traktor. Der Mann hinterm Steuer fluchte und werkte herum. Ich sah die nächste Schlagzeile vor meinem inneren Auge: »Bauer kommt beim Versuch, einer siebenundzwanzigjährigen Österreicherin zu helfen, selbst ums Leben«. Wusste dieser Mann, was er da tat, und würde einsehen, wenn es zu gefährlich wurde?

Gerade als ich das Fenster hinunterließ, um zu fragen, ob ich doch lieber einen Gang einlegen sollte, begannen die Fahrzeuge endlich, sich bergauf zu bewegen. Immer wieder rüttelte es, doch als wir die Hälfte des Feldes hinter uns hatten, begann meine Angst langsam abzuebben, und ich ließ Sparky zurück auf seinen Platz springen. Noch ein paar weitere Schreckmomente, und wir waren in Sicherheit.

Erleichtert stieg ich aus dem Wagen. »Ma danke, Sie haben mir jetzt wirklich den Tag gerettet«, rief ich und überlegte, wie ich ihm am besten danken konnte. Er winkte nur freundlich aus dem Fenster und war in der nächsten Sekunde auch schon wieder davongefahren. Tja, so war das, einmal schnell der Tierärztin aus der Patsche helfen, und schon geht's zurück an die Arbeit. Gut gelaunt setzte ich meinen Praxistag fort – aufregender konnte der Tag ja gar nicht mehr werden!

The Darkest Hour

Langsam hatte ich wirklich das Gefühl, dass nur mir solche Geschichten passierten. In der Praxis wurde es schon zum Running Gag – ständig fragte mich jemand, in welchen Schlamassel ich heute reingeraten war. Gab es wieder mal ein totes Huhn, war ein Auto in den Zaun gekracht, oder musste mich ein Traktor vom Feld ziehen?

Doch in den ersten Jahren meiner Karriere erlebte ich auch so manchen traurigen Fall. Fälle, die mir noch heute so nah sind, als wären sie erst gestern passiert. Eine der härtesten Wochen erlebte ich, kurz nachdem ich in der Praxis angefangen hatte. In nur acht Tagen verlor ich sieben Patienten, wobei das jüngste Pferd achtundzwanzig und das Älteste vierzig Jahre alt war. Nach der letzten Euthanasie in diesen Tagen sagte ich mir: »Wenn ich noch ein Pferd einschläfern muss, dann hör ich auf.« Zum Glück blieben die Tage ruhig, und ich konnte meinen »007-Status, mit der Lizenz zum Töten« wieder abgeben und schmiss doch nicht alles hin.

Der Fall, der mich noch jahrelang beschäftigte und den ich bestimmt dreihundertmal von Anfang bis Ende im Kopf durchdacht habe, sollte noch auf mich zukommen.

Andrea Essig ist eine meiner liebsten Kundinnen. Sie besitzt einen kleinen Reitbetrieb in der Mitte unseres Praxisgebiets und dazu noch zwei Stuten, mit denen sie nebenbei versucht zu züchten. Vieles habe ich mit Andrea schon erlebt und eines dabei gelernt: Ich darf nie eine Warnung aussprechen. Denn wovor ich warnte, traf leider immer ein.

Meine erste Warnung sprach ich aus, als ich sah, wie sie einem ihrer Pferde nicht eingeweichte Heucops fütterte: »Andrea, das darfst du nicht machen! Die musst du erst aufweichen, sonst bekommt er eine Schlundverstopfung!«

»Geh, was du schon wieder redest!«, hatte sie nur geantwortet. »Ich füttere das immer so!«

Einen Tag später durften wir ihrem Pferd einen Schlauch in die Speiseröhre einführen, um eine Schlundverstopfung zu lösen.

Einige Monate später hatte eine ihrer Stuten zu fressen aufgehört. Sie rief mich an, um rauszufinden, was der Grund dafür sein könnte. Als ich auf den Hof kam, erzählte sie mir, dass sie ihr schon seit zwei Tagen Schmerzmittel gab, weil sie dachte, sie hätte Zahnschmerzen. Sie zeigte mir die Tube.

»Was?!«, fragte ich entsetzt. »So viel hast du ihr gegeben?«

»Ja«, war ihre knappe Antwort, gepaart mit einem überraschten Gesichtsausdruck.

»Andrea, das darfst du nicht machen, das ist viel zu viel! Da bekommt die Stute ein Nierenversagen!«, gab ich leicht alarmiert zurück.

»Geh, Helga, was du wieder redest, da bekommt's doch nicht gleich ein Nierenversagen«, entgegnete sie etwas verunsichert.

Zwei Tage später bekamen wir die Resultate von dem Bluttest. Wir begannen sofort mit der Therapie, um ein Nierenversagen zu verhindern. Nach meiner dritten Warnung hatte sie mir offiziell das Verbot erteilt, Warnungen auszusprechen, und daran halte ich mich auch tunlichst.

Für diesen Fall hier hatte ich allerdings keine Warnung ausgesprochen – wofür ich heute noch sehr dankbar bin.

Ich war wieder einmal bei Andrea im Stall, um ihre Pferde zu behandeln. Da meinte sie ganz beiläufig, dass ich später doch noch auf ihre trächtige Stute sehen sollte. »Ich hab Conny schon ein Foto gesendet«, erzählte sie mir. Conny behandelte ihre Pferde schon seit vielen Jahren. Sie hatte ein nicht endendes Pool an Wissen und Erfahrung, weshalb Andrea oft Rat bei ihr suchte.

Andrea führte mich zu ihrer Stute. Sofort war mir klar, warum sie mich geholt hatte. Das Pferd war hochträchtig, doch anstatt eines großen gleichmäßigen Bauchumfangs zog sich über seine rechte und linke Bauchseite, da wo die Rippen aufhörten, eine lange Einbuchtung vom Ellbogen bis nach hinten zum Knie. Ein klassischer Bauchbruch.

Sofort rief ich meine Kollegin Conny an, die mir ihren Verdacht bereits mitgeteilt hatte. Leider konnte ich den Bauchbruch nur bestätigen. Wir telefonierten über Lautsprecher, damit Andrea mithören konnte. Das Drama an der Geschichte war, dass man nicht viel unternehmen konnte. Die Stute hatte sich scheinbar einen Tag vorher auf der Koppel ausgetobt, und nun war ihre Bauchmuskulatur gerissen. Das sah man neben den Einbuchtungslinien auch am Euter, das durch den Muskelriss ebenfalls seine Position geändert hatte. Die Stute hatte noch drei Wochen bis zu ihrem Abfohltermin.

Ihr fragt euch jetzt sicher, warum die Geburt nicht einfach eingeleitet wird, um das Fohlen zu holen. Doch das wäre, anders als bei Menschen oder anderen Tieren, ein sicheres Todesurteil bei Pferden. Man darf ein Fohlen niemals holen, bevor es auf natürlichem Weg kommen will. Denn egal ob der Abfohltermin erreicht oder schon zwei Wochen drüber ist: Wir wissen nicht, ob das Fohlen auch schon bereit ist zu kommen. Fohlen entwickeln erst in den letzten Stunden vor der Geburt ihre vollständige Lungenreife, und man kann von außen nicht feststellen, ob es schon so weit ist.

Wir konnten der Stute also nur Medikamente geben, um die Lungenreife des Ungeborenen zu fördern, und hoffen, dass die Stute so lange durchhielt, bis das Fohlen kam. Mehrfach diskutierten wir, ob wir den Bauch von außen unterstützen könnten, doch durch das unglaubliche Gewicht des Pferdebauchs würden äußere Maßnahmen nur zu Druckstellen führen. Natürlich überlegten wir, das Pferd in eine Klinik zu überweisen. Dort könnte trotzdem ein Versuch der Unterstützung unternommen werden, und eine Vierundzwanzig-Stunden-Überwachung wäre gewährleistet. Doch dafür hatte Andrea nicht genug Geld. Außerdem wäre der Transport der Stute in diesem Zustand höchst riskant.

Täglich waren Conny, Andrea, Herbert und ich im Gespräch, und ich fuhr einmal am Tag zu Andreas Stall, um die Stute zu untersuchen. Leider rutschte der Bauch Tag für Tag weiter nach unten. Bei jedem Besuch sah ich, wie sehr die Haut zunehmend darunter litt. Am untersten Bereich des Bauches, auf der Linie, wo auch der Bauchnabel lag, begann die Haut zu nässen und wund zu werden.

Der Bauch reißt durch! Ich schrak aus dem Schlaf und atmete schwer. Nicht der erste Albtraum in dieser Woche. Es waren bereits vier Tage vergangen, und es blieb uns nichts übrig, als zu hoffen, dass das Fohlen endlich so weit war und auf die Welt kommen wollte. Dieses Zusehen war schrecklich. Ich ließ mich zurück in mein Kissen sinken und versuchte, weiterzuschlafen. Tobi war in Wien, und die Einzigen, die bei mir waren, waren Aana und Sparky, die zufrieden in ihren Körbchen schliefen.

Vier Stunden später holte mich mein Wecker aus der kurzen Nacht, und ich startete übermüdet in den Arbeitstag. Bis mittags hatte ich von Andrea noch nichts gehört, und trotzdem kreisten meine Gedanken ständig um ihre Stute. Ich war gerade auf dem Weg zu meinem nächsten Termin, als mein Telefon läutete. »Helga, sie kolikt jetzt!«, schrie Andrea ins Telefon. Mein Herz stand für einen Moment still, während ich sofort Ausschau nach einer Wendemöglichkeit hielt.

»Ich bin in zehn Minuten bei dir«, stammelte ich und stieg aufs Gas. Schnell sagte ich meinen nächsten Termin ab und schloss mich mit meinen Kolleginnen Conny und Nina zusammen, die auch in der Nähe waren.

Innerhalb von zwanzig Minuten trafen wir auf dem Hof ein. Da ich die Erste vor Ort war, begann ich direkt damit, die Stute zu untersuchen, und stellte fest, dass sie sich in Geburt befand.

Der Bauch war mittlerweile bis auf ihr Karpalgelenk herabgesunken. Voller Schmerzen lag die Stute in ihrer Box. Da ihre Bauchdecke nicht mehr arbeitete, hatte sie keine Chance, das Fohlen zu gebären, und konnte nichts tun, außer sich im Stroh zu wälzen. Gerade als ich ihr die ersten Schmerzmittel verabreicht hatte, kamen Nina und Conny in die Box. Zusammen versuchten wir, die Stute so gut wie möglich ruhigzustellen.

Conny zog ihren Sweater aus und machte sich daran, der Stute Geburtshilfe zu geben, während Nina und ich uns um die Medikamente und die Lagerung der Stute kümmerten. »Ich kann es spüren, aber es liegt noch viel zu weit drinnen. Stoppt die Zeit. Fünfzehn Minuten lang versuchen wir es«, schnaubte Conny und kämpfte darum, das Fohlen rauszuholen, während die Stute stöhnend ihre Beine durch das Stroh warf.

Ich versuchte, die Stute nicht nur medikamentös, sondern auch durch meine Hände und Stimme zu beruhigen, und kniete bei ihrem Kopf. »Alles gut, Maus, du machst das super«, redete ich mit ruhiger Stimme auf sie ein, während Conny am anderen Ende alles gab. Mittlerweile lag sie am Boden, und ihre Arme waren vollständig in der Stute verschwunden, während ihr Kopf immer röter und ihr Atem immer schneller wurde. »Du machst das super«, sagte ich weiter im gleichmäßigen Rhythmus und drückte gegen den Hals der Stute, wann immer sie versuchte aufzustehen.

»Die Zeit ist um«, sagte Nina und sah uns verzweifelt an. Die fünfzehn Minuten waren viel zu schnell vergangen.

»Okay«, sagte Conny, resignierend, dass sie das Fohlen auf diesem Weg nicht holen konnte. »Wir müssen sie aufschneiden.«

Ich begann, die Narkose vorzubereiten, konnte es aber noch nicht akzeptieren. Ein Kaiserschnitt außerhalb einer Klinik war für ein Pferd ein Todesurteil. Anders als bei Kühen, bei denen Tierärzt*innen die Kälber regelmäßig durch die Bauchdecke holten, war es selbst in einer Klinik schwer, eine Stute nach einem Kaiserschnitt durchzubringen. Viel zu empfindlich und sensibel waren diese wundervollen Tiere. »Lass es mich noch einmal probieren«, sagte ich zu Conny. Ich wollte noch nicht wahrhaben, dass die Stute sterben würde.

Sie ließ mich zum Pferd, während sie alles für den Eingriff vorbereitete. Ich zog mir die Jacke aus, wusch mir schnell die Arme im Eimer und kniete mich hinter die Stute. Es dauerte einen Moment, bis ich das Fohlen spüren konnte, weil es ohne Gegendruck im Bauch lag. Durch die gerissene Muskulatur fühlte sich die Gebärmutter nicht wie normalerweise eng an. Man hatte eher den Eindruck, in ein Schwimmbecken zu greifen, in dem das Ungeborene ohne Widerstand umherschwamm. Ich konnte ein Bein greifen und den Kopf fassen, aber nach einigen Versuchen musste auch ich akzeptieren, dass es nicht möglich war, das Fohlen ohne die Hilfe der Stute durch den Geburtskanal zu ziehen.

Mein Mut sank, während meine Panik stieg. Wir mussten das Fohlen holen und die Stute opfern, es führte leider kein Weg daran vorbei.

Ich konnte spüren, wie meine Lippen begannen zu zittern. Mein Herz wurde ganz schwer bei ihrem Anblick. Ich hatte sie über die Jahre kennen- und lieben gelernt. Sie war eine gute und liebe Stute, die bei keiner Untersuchung bockig gewesen war. Und jetzt mussten wir diese grauenvolle Entscheidung treffen.

Nina leitete die Narkose ein, während ich Conny assistierte, die zum Glück Ruhe bewahrte. Man merkte ihr die jahrelange Erfahrung an. Sie setzte das Skalpell an und öffnete die Bauchdecke. Das Blut floss uns literweise entgegen. ›Wir hätten sie nicht retten können‹, schoss es sofort durch meinen Kopf. Der gesamte Bauchraum war bereits voller Blut, was die starken Schmerzen der Stute erklärte. Selbst wenn wir das Fohlen ohne Operation geholt hätten, wäre die Stute an ihren Verletzungen gestorben.

»Ich kann nichts sehen«, rief Conny. Ich versuchte, die Unmengen von Blut so gut wie möglich zu entfernen, um meine Kollegin zu unterstützen. Sterilität war dabei nicht mehr wichtig, weshalb ich einfach Tücher verwendete. Kurz danach konnten wir das Fohlen endlich aus der Bauchhöhle holen und begannen sofort damit, seine Nüstern zu säubern, damit seine Atemwege frei wurden. Dann regten wir die Atmung noch mit einem Eimer kaltem Wasser an.

Es holte Luft. Der erste Atemzug dieses zerbrechlichen Fohlens. Schließlich hielten Nina und ich es noch mit dem Kopf abwärts, damit Fruchtwasser abfließen konnte, das es durch den Stress möglicherweise inhaliert hatte. Einige Milliliter flossen ab, und als nichts mehr kam, setzte ich mich mit dem Fohlen auf dem Schoß ins Stroh. Nina musste die Stute noch erlösen und Conny den Bauchraum vernähen. Ruhig und friedlich lag das Fohlen in meinem Schoß, bis es plötzlich immer seltener atmete.

»Conny, es wird schwächer«, sagte ich mit erstickter Stimme, während ich die letzten Atemzüge des Neugeborenen beobachtete. Es hatte die Augen nicht geöffnet. Nach drei Minuten war es still. »Wir müssen doch irgendwas tun«, schluchzte ich verzweifelt.

»Die Lunge ist einfach nicht reif, wir können hier draußen nichts machen«, antwortete Conny und wandte traurig den Blick ab, um die Stute fertig zuzunähen. Wir hatten den Kampf verloren, nach all den Tagen des Hoffens und Bangens war es schlagartig vorbei.

Da kniete ich nun, im verdreckten Stroh. Nass und schmutzig. Durchtränkt von Blut, Fruchtwasser und Schweiß, und versenkte mein Gesicht in meinen Händen, während die Tränen von meinem Kinn tropften. Ich konnte nichts mehr als weinen.

»Ihr habt alles getan, Helga«, hörte ich Andreas Stimme. Sie hatte sich zu mir gekauert und ihre Arme um mich gelegt. »Ihr wart sofort da«, schluchzte sie, während sie die Umarmung verstärkte. Mein Brustkorb brannte, meine Stimme erstickte. Ich konnte nur mit einem Schluchzen antworten. Die Besitzerin, die gerade ihre Stute samt Fohlen verloren hatte, saß am Boden und tröstete mich. Die Besitzerin tröstete die Tierärztin, sollte es nicht umgekehrt sein?

Noch lange dachte ich tagtäglich über die Stute und ihr Fohlen nach. Immer und immer wieder ging ich im Kopf alles vom ersten bis zum letzten Moment durch. Uns Tierärztinnen wird oft vorgeworfen, es würde uns nur ums Geld gehen, wir hätten keine Liebe mehr zum Tier und wollten nur Profit machen. Aber ich kann euch ruhigen Herzens vergewissern: Leute, die das glauben, könnten nicht weiter von der Realität entfernt sein.

La Bang

Auch Herbert hatte ein großes Herz für Pferde, standen auf seiner Koppel mittlerweile bestimmt sechs Pferde, die sonst niemand mehr haben wollte. Viele Menschen dachten wohl, seine größte Leidenschaft war es, Tierarzt zu sein. Doch diejenigen, die ihn wirklich kannten, wussten: Es war das Züchten von Pferden, das ihn *wirklich* begeisterte. Er konnte stundenlang dasitzen und darüber philosophieren, welchen Hengst er mit welcher Stute kreuzen würde und warum es eine gute Idee wäre, weil dessen Ururvater ein ganz bestimmter Hengst war. Herbert konnte Stammbäume von Pferden aufzählen wie Greta Thunberg Wege zur Weltverbesserung.

Die Leidenschaft dieses Mannes führte unwillkürlich dazu, dass er den Stall in seinem Garten voll mit Zuchtstuten hatte, die den nächsten Spring Champion gebären sollten. Eine dieser Stuten war La Faccia, meine erste große Liebe in Bayern. Wie so oft liebte ich die Pferde, die andere Menschen verrückt machten.

La Faccia war genau so eine Stute. Sie machte Herbert wahnsinnig, denn sie war durch ihr voriges Leben als Dressurpferd wenig bis gar nicht auf das Leben als Zuchtstute vorbereitet. Andere Pferde machten sie nervös, was dazu führte, dass sie anfangs eigentlich nur eine einzige Freundin hatte. Und zwar mich. Daher übernahm ich auch erst mal ihre Untersuchungen. Sie war so stark rossig, dass die rektale Untersuchung der reinste Horror für sie war. Kaum versuchte ich auch nur, in die Nähe ihres Eierstockes zu kommen, klappten ihre Beine im Untersuchungsstand ein. Ich musste ständig Angst haben, mir den Arm zwischen ihr und dem Untersuchungstor zu brechen.

Aber wir lernten, miteinander umzugehen. Meine von Praktikant*innen oft so strapazierte Geduld entfaltete sich, sobald ich in der Nähe dieses nervösen Pferdes war. Täglich freute ich mich darüber, wie sie langsam ruhiger und umgänglicher wurde.

Nach ungefähr einem Jahr bei Herbert hatte sich La Faccia an das Leben zwischen den anderen Pferden gewöhnt. Sie akzeptierte das Fressen im Laufstall und war mit dem Kopf meist zwischen den Gittern und über dem Futtertisch zu finden.

Eines Tages meinte ich es wahrscheinlich etwas zu gut mit ihr. Ich hatte Wochenenddienst und war mit meiner neuen Kollegin eingeteilt. Doch sie hatte bisher mehr Glück als ich. Während ich gerade mit meinem dritten Patienten fertig war und an der Praxis stoppte, um den Eisprung einer Stute zu kontrollieren, hatte sie den Tag bis jetzt zu Hause verbracht und darauf gewartet, dass ein Notfall anrief.

Ich brachte die Stute, die mir natürlich nicht den Gefallen des Eisprungs und der Besamung gegönnt hatte, zurück in ihre Box und schaute kurz bei Franz vorbei, der mal wieder an der Praxis stand und in einer Herde mitlief. Er genoss seine Jugend, und ich freute mich, dass es ihm gut ging. Ich hatte in letzter Zeit kaum Zeit für ihn gehabt, aber ihn schien das nicht sehr zu stören, hatte er ja genug Pferdefreunde.

Ein paar Stunden später untersuchte ich die Stute, die auf ihre Besamung wartete, erneut, und nach einer Runde durch den Stall kontrollierte ich, ob es allen Pferden gut ging.

Herberts Stall war in mehrere Bereiche eingeteilt. Der obere Bereich bestand aus einem Innenstall mit acht Einzelboxen. Danach kam der obere Außenbereich mit Gitterboxen, der sich um die Ecke zog und den Innenstall umgab. Am Weg zum unteren Laufstall ging man an zwei großen Paddocks vorbei, wobei eines an das Reich von Jawar, dem Araberhengst meines Chefs, grenzte. Es bestand aus viel Weide und einer Hütte am Ende des Hangs, der hinter dem Stall Richtung Wald führte.

Der untere Laufstall war wiederum in weitere vier Bereiche aufgeteilt, in denen meist drei bis fünf Pferde zusammenlebten. Der Laufstall war umgeben von breiten Gittern, an die der Futtertisch grenzte, und einer Betonplatte, die immer voll mit Heu war und von der die Pferde fressen konnten, indem sie den Kopf durch die breiten Gitter steckten.

Ich ging von den oberen Boxen hinunter und betrachtete die Pferde. Die meisten lagen und dösten, während La Faccia am Gitter stand und fraß. Ich kletterte durch die Stangen und stellte mich zu ihr. »Na, Mädi, wie geht's dir?«, fragte ich sie und streichelte ihr über ihren langen Hals. Ihr dunkles Fell schimmerte im gedämmten Licht des Stalls, und als ich an ihr hinunterblickte, erkannte ich, dass ihre linke Brust geschwollen war. Sie fühlte sich heiß an, scheinbar hatte sie sich vor Kurzem einen Schiefer eingezogen, und nun war wohl ein Abszess entstanden.

Ich ging an ihr vorbei und schwang mich durch die Gitter, um eine Zugsalbe aus meinem Praxisauto zu holen. Das war eine schwarze, stinkende und klebrige Paste, die man auf Abszesse oder Pickel streicht, damit sie schneller reifen und sich öffnen. Ich kletterte zurück zu meinem Lieblingspferd und patzte ihr das stinkende Zeug auf die Brust. Dann ging ich in den Stall und warf einen letzten Blick auf die restlichen Pferde.

Es war Zeit, nach Hause zu fahren und ein paar Bissen zu essen. Solange kein erneuter Notfall anrief, wollte ich meine freie Zeit nutzen – schließlich weiß man nie, ob man plötzlich die nächsten Stunden in einem Stall verbringen muss, um ein Pferd zu retten. Ich stieg ins Auto, machte die Musik an und fuhr rückwärts vom Grundstück. Mein letzter Blick galt noch mal La Faccia. Sie stand am Gitter und schmierte ihr Maul an den Stangen entlang, anstatt zu fressen. Oje, da stimmte was nicht. Ich brachte den Wagen wieder zum Stillstand. Durch die Frontscheibe beobachtete ich, wie sie versuchte, die schwarze Paste von ihrer Oberlippe zu wischen. Scheinbar hatte sie die

Salbe an ihrer Brust zu genau inspiziert, und ein Teil der stinkenden Masse befand sich an ihren Lippen.

»Ihr bleibt's da, ich komm gleich wieder«, sagte ich zu Aana und Sparky und stieg aus. Ich ging zum Futtertisch und stieg hinauf, um auf La Faccias Kopfhöhe zu sein. »Komm her, Mädi, was hast du da gemacht«, sagte ich und beugte mich zu ihrem Kopf. Ich legte meine rechte Hand hinter ihre Ohren, um ihren Kopf zu fixieren. Mit der linken Hand wollte ich ihr die Paste von ihrer Nase wischen.

BANG! Ein lauter Krach ertönte durch den Stall, nachdem La Faccia ihren Kopf ruckartig durch das Gitter zurückgezogen hatte und mich panisch anblickte. Ihr Schädel war gegen meine Hand und die Stangen geknallt. Der Schmerz fuhr mir bis in die Schulter, während mir fast schwarz vor den Augen wurde. Was für eine Schnapsidee, ihren Kopf zwischen den Stangen fixieren zu wollen! Ich krümmte mich und sah meine rechte Hand an. Sie war rot und pochte. Ich traute mich nicht, meine Finger zu bewegen. So ein Mist! »Scheiße, Facci, du bist so blöd!«, fluchte ich und versuchte, nicht zu weinen. Himmel, tat das weh! Ich ging in Herberts Haus und nahm eine Packung tiefgefrorene Erbsen aus dem Tiefkühler. Während meine Hand am Eis lag, klingelte mein Telefon. Na toll. Es war Herbert.

»Hey Helga! Na, wie läuft's? Alles ruhig?« Er war mal wieder in Aachen bei einer Zuchtschau und rief wahrscheinlich nur an, um sich zu vergewissern, dass der Laden daheim lief.

»Ja, alles gut, aber ich glaub, die La Faccia hat mir gerade die Hand gebrochen.«

»Was?«, kam aus dem Hörer, und ich erzählte ihm, was passiert war.

»Na, das darfst nicht machen!«, war seine Antwort auf meine Erzählung.

»Ah geh, danke, das weiß ich auch«, sagte ich genervt. »Na ja, ich fahr jetzt mal ins Spital und lass das röntgen«, fügte ich noch hinzu, ehe Herbert noch eine kluge Erwiderung einfiel.

»Tu das und viel Glück«, meinte er und legte auf.

So viel zum Heimfahren und Essen. So was Dummes! Ich stieg ins Auto und fuhr ins nächste Spital. Nicht mein erster Krankenhausbesuch während der Arbeitszeit. Erst ein paar Monate vorher hatte ich ein Pferd eingeschläfert. Genau in dem Moment, als ich das Medikament verabreicht hatte, war der Hofhund zu uns gelaufen. Aus Angst, das Pferd könnte den Hund beim Niedergehen erschlagen, hatte ich einen Moment nicht aufgepasst und war selbst zum Opfer geworden. Der Schädel des Pferdes war im letzten Schwung in mein Knie geknallt und hatte es stark geprellt. Dabei war es eh schon vierfach operiert.

Und nun fuhr ich schon wieder ins Krankenhaus. Ich wartete wie immer ewig, um dranzukommen, und mein Telefon klingelte erneut.

»Hallo, Helga, da ist ein Festliegender in Peterskirchen«, sagte Gerti und wartete darauf, dass ich ins Auto sprang und losfuhr.

»Hallo, Gerti. Ja, den musst du bitte der Elke geben, ich sitz im Spital, weil ich mir vielleicht die Hand gebrochen habe.« Das war sicher das Letzte, das sie hören wollte, denn dann musste sie unserer blutigen Anfängerin den Fall übergeben. Elke hatte nämlich erst vor ein paar Wochen bei uns angefangen.

»Na super, das wird Elke sicher überhaupt nicht gefallen! Die traut sich das doch gar nicht zu!« In diesem Job war einfach kein Platz für Krankenstände.

»Sie soll halt mal hinfahren und mich dann anrufen, wenn sie Hilfe braucht! Außerdem kann sie das eh«, versuchte ich, Gerti zu überzeugen.

»Na gut, dann sag ich ihr das genauso«, meinte Gerti und legte auf. Was für ein mieser Tag.

Während Elke zum Notfall fuhr, erhielt ich die erfreuliche Diagnose, dass meine Hand nicht gebrochen war. Wenigstens etwas! Die nächsten Tage war ich zum ersten Mal froh, eine Praktikantin an meiner Seite zu haben, die für mich morgens die Stuten ultraschallte, während ich die Bilder befundete und meine Hand schonte. Und das Ganze hatte wenigstens etwas Gutes: Ich musste am Vortag nicht zum Notfall fahren, der leider in einer Euthanasie geendet hatte.

Als bitteren Nachgeschmack erzählte mir Herbert wenige Tage später noch, dass er La Faccia einen Tag vor dem Unfall geimpft hatte, also war es kein Abszess gewesen, sondern nur eine Reaktion auf den Impfstoff. Meine ganze Pastenaktion war also völlig umsonst gewesen. Das erzählte ich meiner Hand besser nicht.

Zweigstelle

Meine Hand war zum Glück schnell verheilt und mein Groll über meine Dummheit verflogen. Ich konnte mich also wieder auf das Schöne an meinem Beruf konzentrieren, wobei das gleichzeitig auch das Nervenaufreibende ist: Jeder Fall ist anders. Man kommt in Situationen, die in keinem Lehrbuch stehen. Das macht es spannend, aber anfangs auch sehr angsteinflößend.

An diesem Morgen wollte ich mich gerade auf den Weg in die Praxis machen, als mein Telefon läutete. »Pferdepraxis Dr. Pflaum, Helga da«, meldete ich mich.

»Hallo, hier ist Frau Ströck. Unser alter Skjuti hat eine Schlundverstopfung, könnten Sie vorbeikommen? Ich glaube, Sie waren eh das letzte Mal zum Impfen da.« Ich erkannte die Dame am anderen Ende der Leitung. Sie hatte vier Islandpferde auf einer kleinen Koppel ganz in der Nähe von mir.

»Ah ja, ich erinnere mich«, sagte ich und stieg schon mal ins Auto. »Könnten Sie mir bitte noch mal die Adresse durchgeben?«, fragte ich, da ich nicht mehr ganz wusste, wo ich hinmusste. Es gab wie so oft keine richtige Adresse. Also nannte sie mir einen Ort in der Nähe und beschrieb mir, wo ich dann langfahren musste, um zu ihrer abgelegenen Koppel zu gelangen.

Fünfzehn Minuten später traf ich ein. Vor mir lag die Koppel, in der sich die Besitzerin mit einem der vier Pferde befand, die anderen drei waren weggesperrt. Ich vermutete, dass sie hinter dem Stall ihr Frühstück genossen. Als Frau Ströck mich sah, wandte sie sich von Skjuti ab und stieg durch den Koppelzaun. Skjuti ist übrigens einer der vielen isländischen Namen, den Ponys dieser Abstammung tragen.

»Na, wie geht es ihm? Hat sich schon was gelöst?«, fragte ich, während ich aus dem Wagen stieg. Aana versuchte, schnell hinterherzuspringen, doch ich schloss die Tür vor ihrer Nase und sagte ihr, sie solle im Auto bleiben. In der Praxis durfte sie dann wieder raus. In der Zwischenzeit war Frau Ströck in meine Richtung gelaufen.

»Nein, es ist unverändert. Ihm läuft ganz viel Speichel aus dem Maul, und er will nicht fressen.«

»Fressen soll er vorerst nicht«, erklärte ich ihr, während ich mir mein Stethoskop um den Hals warf und das Fieberthermometer in die Hosentasche steckte. »Schauen wir ihn uns mal an, und dann werden wir ihn sedieren. Haben Sie denn hier einen Schlauch?« Prüfend sah ich mich um und ging im Kopf schon mal alle Vorbereitungen für eine Schlundverstopfungstherapie durch.

War die Speiseröhre mit Futter verstopft, bekamen die meisten Tiere selbstverständlich Panik und versuchten, durch Husten und Kopfstrecken den Druck zu lockern, um wieder frei atmen und schlucken zu können. Jeder, der schon einmal bei einem Kuchenwettessen mitgemacht und sein Talent überschätzt hat, kann sich ungefähr vorstellen, wie sich das anfühlt. Man hat das Gefühl, ersticken zu müssen, Tränen schießen einem in die Augen, und vor lauter Angst spannt man den gesamten Hals an. Dabei kann es für Pferde sehr gefährlich werden, wenn sie etwas weder hoch ins Maul noch runter in den Magen bringen können. Druck auf das Speiseröhrengewebe, unabsichtliches Einatmen von Futterbestandteilen in die Lunge oder Stress, der Tage später auf den Dickdarm schlagen könnte, sind dabei drei mögliche Komplikationen, die tödlich enden können.

Ich schlüpfte durch den Zaun und betrachtete meinen Patienten. Er schien ziemlich entspannt zu sein. Zwar lief ihm Speichel aus dem Maul, aber die Nüstern waren frei von Schleim, der Hals war nicht angespannt, und Husten oder das klassische

Würgen konnte ich auch nicht feststellen. Irgendetwas stimmte hier nicht. Ich begann, ihn zu untersuchen, und ermittelte einen ruhigen Puls, blassrosa Schleimhäute, genau wie sie sein sollten, eine normale Körpertemperatur und eine unauffällige Lunge.

»Ich glaub, das ist was anderes«, sagte ich zu Frau Ströck, während ich mir ihr Pferd weiter anschaute. »Er ist zu cool für eine Schlundverstopfung, und es kommt nichts aus der Nase. Wir sedieren ihn jetzt einmal, aber bevor ich mit der Nasenschlundsonde reingehe, will ich einmal das Maulgatter reingeben und sehen, ob im Maulraum alles unauffällig ist.«

Ich holte meine Utensilien aus dem Auto und begann mit der Behandlung. Skjuti war ein angenehmer Patient. Er ließ sich kaum davon irritieren, als ich ihm ein Sedativum, Schmerzmittel und Muskelrelaxanzien, in seine Halsvene injizierte. Bei Schlundverstopfungen oder Maulbehandlungen will man, dass die Pferde sich entspannen, damit die Behandlung einfacher fällt. Außerdem wollte ich, dass er den Kopf hängen lässt, damit er das Futter nicht einatmete, wenn es sich löste. Ich befestigte das Maulgatter am Kopf und begann, den Unterkiefer langsam nach unten zu spreizen, indem ich am Griff drehte. Jetzt passten meine Hand und mein Unterarm in sein Maul, ohne dass Skjuti mich beißen konnte. Ich warf mit der Kopflampe einen Blick auf seine Zähne, Zunge und Rachen, konnte aber nichts entdecken. Also begann ich, langsam alles abzutasten, um eine Ursache für sein vermehrtes Speicheln zu finden.

Gerade als ich dachte, ich würde nichts finden, spürte ich etwas Hartes zwischen dem vorletzten und letzten Backenzahn. Etwas klemmte da und wollte sich nicht verschieben lassen.

Frau Ströck nahm meinen verbissenen Gesichtsausdruck wahr und sah mich besorgt an. »Ist alles in Ordnung?«, fragte sie.

»Irgendetwas steckt da zwischen den letzten Zähnen, aber ich bekomm es nicht richtig zu greifen«, sagte ich schnaufend, während ich meine Finger immer wieder um den rutschigen Fremdkörper krallte. Das gab's doch nicht, was war das? Nach weiteren Versuchen schaffte ich es endlich, das Ding zu greifen und es zu mobilisieren. Nun konnte ich es auch herausziehen. Doch was sich im Maulraum noch so klein angefühlt hatte, stellte sich nun ganz anders dar. Frau Ströck und ich blickten beide erstaunt auf den fünfzehn Zentimeter langen Ast, der zwischen meinen Fingern klemmte.

»Das gibt's doch nicht«, entwich es der Besitzerin. Das Geäst hatte die Form eines Dreizacks und war glücklicherweise mit der letzten Aufzweigung am Zahn hängen geblieben. Zum Glück hatte ich zuerst die Maulhöhle untersucht, anderenfalls hätte ich dem Pferd den spitzen Ast in die Speiseröhre geschoben.

»Es klebt etwas Blut dran, deshalb werde ich jetzt noch, soweit ich komme, sehen und fühlen, ob noch wo etwas blutet, und dann gebe ich Ihnen die Medikamente für die nächsten Tage«, sagte ich, während ich immer noch verdutzt auf den Fremdkörper in meiner Hand schaute. Ich drückte Frau Ströck den Ast in die Hand. »Hier, als Andenken«, und sie lachte, während ich meinen Patienten fertig untersuchte. Ich gab der Besitzerin noch ein paar Anweisungen für die nächsten Tage und stieg wieder ins Auto. Was für ein toller Morgen. Euphorie durchströmte meinen Körper, und ich startete den Motor, als ich ein Grunzen von Aana hörte. »Ja, ich weiß, jetzt seid ihr dran.« Ich legte den Gang ein und fuhr los.

Bambi

Es war Montagmorgen, und ich war immer noch müde vom Wochenende. Am Freitag hatte ein Freund in Wien Abschied gefeiert, also hatte ich meinen freien Nachmittag genommen, um rechtzeitig losfahren zu können. Ich hatte die ganze Nacht mit Energydrinks statt Alkohol gefeiert und war dann wieder ins Auto gestiegen, um Samstagmorgen pünktlich um 8.00 Uhr über die Landesgrenze zu rollen und meinen Dienst zu starten.

Meine Kollegin lacht heute noch über meine Aussage, sie solle mir zur Not einfach einen Kanister mit Energydrinks an die Vene hängen. Zum Glück war das restliche Wochenende sehr ruhig verlaufen. Trotzdem fühlte ich mich langsam zu alt für solche Abenteuer. Vor allem, weil gerade mal wieder Saison in der Pferdepraxis war. Die schönste, aber auch anstrengendste Zeit im Jahr.

Mittlerweile hatten wir ein Schichtsystem eingeführt. Es gibt nun tatsächlich Stunden am Tag, in denen man keine Rufbereitschaft hat. Eine ganz neue Erfahrung für mich. Wenn ich Frühschicht habe und von 8.00 bis 16.00 Uhr arbeite, fühle ich mich, als hätte ich einen Halbtagsjob.

Heute war leider keiner dieser Tage. Ich hatte Spätschicht, war allerdings schon vor meiner Schicht an der Praxis, um den Stall auszumisten und Franzl zu versorgen. Ich stand immer noch regelmäßig im Stall und versorgte die Pferde, um bei Herbert die Kosten für seine Therapie abzuarbeiten. Natürlich half ich den diensthabenden Tierärzt*innen dabei auch immer bei der Versorgung der stationären Patienten und untersuchte hie und da eine Stute, die belegt werden sollte.

Ein Besitzer hatte gerade seine Stute geholt und wartete auf Herbert, um noch etwas zu besprechen, während sein Pferd abfahrbereit im Anhänger stand. Ich war gerade mit meiner Arbeit fertig und lehnte an einer Box, um eines der Fohlen zu beobachten.

In letzter Zeit dachte ich oft daran, dass Tobi und ich uns vorstellen konnten, eine Familie zu gründen. Ich fragte mich gerade, wie es wohl wäre, wenn wir heiraten und Kinder bekommen würden, als mich der Besitzer aus meinen Gedanken riss. »Und wie geht's?«, fragte er mich.

»Alles gut, danke«, sagte ich. Ich kannte den Mann, wusste seinen Namen aber nicht. Er hatte seine Stute schon öfters zu uns gebracht und züchtete jede Saison.

»Und sonst, passt alles?«, fragte er erneut.

»Ja, voll, alles gut«, antwortete ich erneut etwas einsilbig, da ich nicht sonderlich viel Lust auf ein Gespräch hatte.

»Und willst du auch mal Tierärztin werden?«, war seine nächste Frage. Ich sah ihn verblüfft an. Ich wusste zwar seinen Namen nicht, aber er wusste scheinbar *gar nicht,* wer ich war.

»Ich arbeite hier seit über drei Jahren in der Praxis«, lachte ich.

»Aso, ma, ich habe dich gar nicht erkannt«, sagte der Besitzer darauf peinlich berührt.

Während ich zu meinem Praxisauto ging, überlegte ich, ob ich mich freuen sollte, dass er mich für so jung hielt, dass ich noch Studentin sein konnte, oder eher verärgert darüber, dass er mich für so unfähig hielt. Aber eigentlich konnte es mir egal sein. Ich schüttelte noch einmal mit dem Kopf, bevor ich mich auf den Weg zu meinem ersten Termin machte.

Am nächsten Tag schnappte ich noch ein paar Sachen aus der Apotheke und begann meinen Dienst. Es sollte ein ruhiger Tag werden. Deshalb war ich auch sehr entspannt, als am Nachmittag ein Notfall reinkam, der etwas entfernt von meiner Route lag.

Es handelte sich um eine Hirschkuh in einem Wildtierpark, die seit einigen Stunden in Geburt war. Die Betreuer des Parks erzählten, dass ihr Wildtierarzt im Urlaub war und sie dringend Hilfe benötigten. Ob denn nicht jemand von uns kommen könnte, um zumindest die Hirschkuh zu retten. Scheinbar war das Tier schon seit einigen Stunden in Geburt, und es blieb ihnen nichts anderes übrig, als die Kuh mit einem Betäubungsgewehr zu schießen, da man sich ihr sonst nicht nähern konnte. Ich hatte keine Erfahrung mit Hirschen, aber mittlerweile schon genug Fohlen zur Welt gebracht. Und irgendjemand musste den Leuten ja helfen, also wendete ich mein Auto und fuhr los.

Während ich meinem Ziel immer näher kam, sedierte das Team vom Wildtierpark die Hirschkuh, sodass sie schlief, als mein Wagen vor das Tor des Parks rollte. Ich stieg aus und wurde von zwei Mitgliedern begrüßt, die ich bereits von vorigen Besuchen kannte, bei denen ich ihre Ponys behandelt hatte. »Ihr dürft das nächste Mal gern früher anrufen, anstatt stundenlang zuzusehen«, mahnte ich sie, während ich meinen Korb mit den notwendigen Dingen packte.

»Es kann auch sein, dass sie seit gestern in Geburt ist, wir haben es erst heute Vormittag bemerkt«, antwortete einer der beiden leicht schuldbewusst.

Ich dachte, ich könnte meinen Ohren nicht trauen. Damit hieß es für mich, das wahrscheinlich tote Baby so schnell wie möglich aus der Mutter herauszubringen, bevor die Hirschkuh daran starb. Ihr Geburtskanal litt schon viel zu lange unter der Belastung des Ungeborenen.

Die Mitarbeiter öffneten das Tor, und wir gingen durch das weitläufige Gelände. Meine Schuhe strichen durch das hohe Gras, und ich überlegte, wie viele Zecken hier wohl unterwegs waren. Die einzigen Tiere in Deutschland, die mir Angst machten. Nach einigen Metern sah ich das Tier im Gras. Der Mann, der dabeisaß, hatte ihr schon ein Tuch um die Augen gebunden, um sie noch etwas mehr zu beruhigen, da wir nicht wussten, wie gut und wie lange die Betäubung wirken würde.

Ich kniete mich zu ihr und sah schon zwei Beine herausragen. Sobald ich mich gereinigt hatte und mit der Manipulation anfing, begann die Kuh zu pressen und mit ihren Beinen zu schlagen. Auf den ersten Blick war es nicht möglich zu sagen, ob es sich um Vorder- oder Hinterbeine des Jungtieres handelte. Erst als ich mich vortastete und versuchte, mir einen Überblick zu verschaffen, erkannte ich, dass es die Hinterbeine waren. Das Kleine steckte im Geburtskanal fest. Scheinbar war das Einzige, was die Geburt verhindert hatte, ein etwas verkipptes Becken gewesen. Ich konnte kein Bein fühlen, das falsch lag und die Geburt blockierte.

Ich wurde traurig, dass so ein kleines Problem zu dem Verlust des Jungtieres geführt hatte, aber war gleichzeitig erleichtert, die Mutter anscheinend retten zu können. Kaum hatte ich das Kalb im Geburtskanal etwas gelockert und gedreht, konnte ich es herausholen. Ich zog das Junge hinaus, hielt es im Arm und konnte meinen Augen nicht trauen. Hatte es gerade die Augen geöffnet, oder bildete ich mir das ein? Nein, tatsächlich, es bewegte sich. Ich konnte es nicht fassen.

»Oh mein Gott, es lebt noch«, rief ich voller Freude. »Gebt mir ein Tuch, wir müssen die Atemwege frei machen.« Sofort waren helfende Hände zur Stelle, und wir wischten die Nasenlöcher vom Fruchtwasser frei und rubbelten es trocken. Während das Kleine regelmäßig zu atmen begann, untersuchte ich es und sah, dass an der Stelle, an der ihr Bauchnabel sitzen sollte, nur ein Loch war, durch das man in die Bauchhöhle sehen konnte. Die langen Strapazen und meine Manipulation hatten dazu geführt, dass die Nabelschnur zu nahe am Körper gerissen war. Nun gab es keine schützende Schicht, die die Bauchhöhle verschloss. »Oje, der Nabel ist offen, das müssen wir versorgen. Bringen wir es zum Auto, ich brauch mein chirurgisches Besteck«, sagte ich zum Team.

Ich nahm das kleine Tier, das nicht viel größer als eine ausgewachsene Katze war, in meinen Arm und brachte es zum Auto. Es handelte sich nämlich nicht um einen normalen Hirsch, sondern um einen vietnamesischen Sikahirsch, der deutlich kleiner ist als die Hirsche, die wir in unseren heimischen Wäldern finden.

Bei meinem Wagen angekommen, legte ich das Kalb auf den Betonboden. Es war die einzige ebene Fläche weit und breit. Ein Pfleger half mir, das Kleine zu beruhigen, während ich das Material holte und gleichzeitig Herberts Nummer wählte. »Hallo, Helga, was gibt's«, tönte seine Stimme durch das Telefon.

»Wo bist du denn gerade?«, fragte ich ihn hoffnungsvoll.

»Gerade am Weg nach Beutlingen, wieso?«

»Also, ich hab da gerade ein Hirschkalb entbunden, und es lebt. Aber der Bauchnabel ist abgerissen, und jetzt steht die Bauchhöhle offen, und ich weiß nicht, wo das Gefäß ist und ob es noch blutet. Kannst du herkommen und mir helfen?«, flehte ich durchs Telefon.

»Ja, an sich hätte ich schon Zeit, aber das ist ja voll weit weg. Mach halt alles schön sauber und schau, ob es blutet. Wenn ja, ligierst du es, und dann nähst du es zu und gut ist. Da brauchst du doch mich nicht!«

»Doch, Herbert! Ich hab so was noch nie gemacht, und das ist alles total winzig. Ich seh überhaupt nichts. Das ist kleiner als Sparky«, flehte ich.

»Das schaffst du schon, und sonst rufst du mich halt noch mal an«, sagte Herbert mit ruhiger Stimme und beendete das Gespräch.

›Aaaaaaaaah‹, schrie es in meinem Kopf. Ich hatte meinen Chef selten so sehr verflucht wie in diesem Moment. Ich schnappte mein chirurgisches Besteck und ging zurück zu meinem kleinen Patienten. Das Baby lag ganz ruhig am Boden und schaute um sich. Das Loch, durch das man in seine Bauchhöhle schauen konnte, war nur drei Millimeter groß. Vorsichtig reinigte ich den Bereich, der zum Glück kaum Haare besaß. Sobald ich den Eindruck hatte, dass alles sauber war, zog ich mir chirurgische Handschuhe an und griff nach einer sterilen Pinzette, die ich mir bereitgelegt hatte. Ich hob die Haut rund um das Loch leicht hoch, um einen Einblick in die Höhle bekommen zu können, doch es war so winzig, dass ich kaum etwas sah. Ich konnte kein Blut entdecken, aber auch nicht die Nabelgefäße, die sich hoffentlich durch das Reißen zusammengezogen hatten und irgendwo sicher und verschlossen lagen. Ich entschied, die Bauchhöhle und die Reste des Nabels zu vernähen und darauf zu hoffen, dass, falls irgendwo eine kleine Blutung bestand, sie sich selbst tamponieren würde.

Als ich fertig war, hielt mir ein Pfleger ein Telefon entgegen. »Da ist eine Bekannte dran, sie ist Wildtierärztin in Nürnburg.«

»Oh super«, sagte ich erfreut. Das Team des Parks wusste, dass ich auf Pferde spezialisiert war und mich über jeden Rat über Wildtiere freute.

Ich wusste nicht, welche Medikamente ich verwenden konnte oder wie wichtig es war, dass das Kleine Kolostrum bekam. Fohlen konnten ohne genügend Kolostrum kaum überleben, weil sie sonst ohne Antikörper ins Leben starten würden. War das beim Hirsch auch so? Musste man irgendetwas beachten? All die Fragen hoffte ich klären zu können.

»Ja hallo, Meier hier. Also ich hab gerade ein Sika-Kalb entbunden, und an sich geht es ihm gut, nur ist der Nabel leider gerissen.«

»Ja, guten Tag«, unterbrach mich die Stimme am anderen Ende etwas unwirsch. »Also Ihnen muss schon bewusst sein, dass die Mutter das Junge höchstwahrscheinlich nicht mehr annimmt«, sagte sie weiter.

»Okay. Ja, jetzt müssen wir eh erst einmal schauen, dass es überlebt«, versuchte ich, auf ihren Tonfall nicht weiter einzugehen.

»Aha. Ja, weil wenn die Mutter es nicht mehr annimmt, dann müssen Sie fragen, ob die Besitzer es überhaupt behalten wollen.«

Ein Mitarbeiter, der mithörte, nickte mir zu. »Also die Besitzer wollen es, denk ich, schon behalten«, gab ich zurück.

»Das wird halt ziemlich sicher eine Handaufzucht, und wenn die Besitzer das nicht wollen, dann können Sie es jetzt gleich einschläfern«, fuhr die Wildtierärztin unbeirrt fort.

War das ihr Ernst? Langsam verlor ich die Geduld. »Die Besitzer wollen es behalten, und wenn nicht, wüsste ich auch jemanden, der sich um solche Tiere kümmert«, sagte ich. Ich musste mich beherrschen, meine Stimme ruhig zu halten.

»Ja, aber klären Sie das noch mal, weil wenn sie keine Handaufzucht wollen, dann braucht man da nicht weiterzumachen.«

Ich schloss für einen kurzen Moment die Augen und atmete tief durch. »Das Tier wird aber nicht eingeschläfert«, hätte ich am liebsten durchs Telefon gebrüllt.

»Okay, verstanden«, sagte ich stattdessen und war in dem Moment sehr stolz auf mich, so ruhig zu bleiben. »Ich wollte eigentlich nur wissen, ob wir irgendwas Spezielles beachten müssen. Ich habe den Nabel vernäht und würde noch einen Bauch-Ultraschall machen, um zu sehen, ob das Gefäß irgendwohin blutet.«

»Pfff«, schnaubte die Kollegin durch das Telefon. »Das ist halt ein Hirsch«, sagte sie überheblich.

»Okay, danke«, sagte ich nur und legte auf. Die Tierärztin hatte Glück, dass sie mir nicht gegenüberstand, sonst hätte sie höchstwahrscheinlich mehr als einen unwirschen Ton von mir kassiert. Wieso war diese Frau Ärztin geworden? Ich kochte vor Wut. Als ich dem Mann das Telefon zurückgab, konnte ich erkennen, dass er meiner Meinung war. Wenigstens etwas.

»Na gut, das hat ja wohl gar nix gebracht«, meinte ich. »Dann hol ich jetzt noch den Ultraschall, und wir schauen noch, ob alles passt.«

Nachdem die Ultraschalluntersuchung unauffällig war, wurde das Kalb langsam richtig fit und wollte weglaufen. Es bekam noch ein Schmerzmittel und ein Antibiotikum und wurde zurück zu seiner Mutter gebracht. Die Mitarbeiter hatten sie in den Stall gebracht, wo sie im Stroh lag und schlief. Vorsichtig setzten sie das Junge zu ihr.

Ich besprach mit ihnen, dass sie das Junge die nächsten Tage beobachten mussten und es weitere Medikamente brauchte. Sie versicherten mir, dass sie das tun würden und ab morgen auch ihr Wildtierarzt wieder vor Ort wäre. Langsam konnte ich meinen Zorn über das Telefonat wieder vergessen und mich über das Wunder freuen. Ich hätte nie gedacht, dass ich in dieser Situation noch zwei Leben retten könnte, das der Mutter und des Kindes. Lächelnd betrachtete ich die kleine Hirschkuh – ja, das Baby war ein Mädchen – und setzte mich zu ihr ins Stroh. Das Kleine begann langsam zu laufen und stolperte wacklig auf seinen dünnen Beinen durch die Box.

»Ihr müsst es gut beobachten. Die Schleimhäute dürfen nicht blass werden, es muss fit und munter sein, und wenn es nicht trinkt oder irgendwas auffällig ist, ruft ihr gleich an«, sagte ich noch mal zu den Mitarbeiter*innen. Ich blieb noch einen Moment sitzen, bevor ich mich aufraffte und zum Auto marschierte.

Die nächsten Tage verliefen gut. Nachdem die Mutter aufgewacht war, hatte sie das Kalb wirklich nicht angenommen. Es wurde also die prophezeite Handaufzucht. Aber das war für die Besitzer*innen gar kein Problem. Die unfreundliche Wildtierärztin hatte also nicht recht behalten.

Als ich Herbert das nächste Mal in der Praxis traf, erzählte ich ihm gleich, dass die kleine Hirschkuh wohlauf war. Er freute sich, fragte mich aber, ob ich den Darm auch nicht angenäht hatte.

Mir wich jegliche Farbe aus dem Gesicht. »Was, wieso sollte ich?«, fragte ich außer mir.

»Na, hast du es auf den Rücken gelegt? Sonst passiert das leicht einmal, dass man den Darm annäht, wenn man die Bauchdecke zunäht«, erwiderte er.

Ich war einen Moment still und versuchte, mich noch mal ganz genau daran zu erinnern, was ich gemacht hatte.

»Nein, den hab ich bestimmt nicht angenäht«, sagte ich, auch wenn ich mir gar nicht mal so sicher war. »Wann würde man das denn merken?«, fragte ich ihn.

»Ach so, in fünf Jahren«, meinte er und verkniff sich ein Lachen.

»Ma, du bist so deppat«, motzte ich zurück und ging weg.

Fünf Monate später sah ich die Hirschkuh wieder, die munter und wohlauf war. Ich hatte den Darm natürlich nicht angenäht.

Der frühe Vogel erstickt am Wurm

Riiiiiiiing!« Ich riss meine Augen auf und lag im Dunkeln. Völlig benommen tastete meine rechte Hand in die Richtung, in der mein Diensthandy liegen müsste. Da ich mich mal wieder bis spätabends auf Social Media herumgetrieben hatte, hing es am Ladekabel angesteckt neben mir im Bett. Wohl nicht die gesündeste Form zu schlafen, aber das interessierte mich zu diesem Zeitpunkt wenig.

Gerti Praxis konnte ich durch verkniffene Augen am Display erkennen. Widerwillig nahm ich den Anruf entgegen. »Guten Morgen«, begrüßte sie mich und redete natürlich sofort weiter, ohne auf meine Antwort zu warten.

»Also da ist was ganz Komisches. Da sind Leute mit einem Transporter unterwegs, die waren gerade auf einem Turnier im Ausland, und jetzt haben sie an der Grenze in den Anhänger geschaut, und ein Pferd ist komplett verschwitzt. Wird eine Kolik sein, oder? Die haben jetzt im Internet einen Tierarzt in der Nähe gesucht und sind bei uns gelandet. Ich habe ihnen gesagt, dass sie zur Praxis fahren sollen und wir uns das Pferd ansehen. Ich hoffe, das passt?«

Gertis Wortschwall kam erbarmungslos durchs Telefon. Mein verschlafenes Gehirn versuchte mit aller Kraft, die Informationen zu verarbeiten, während ich das Handy vom Ohr nahm und einen Blick aufs Display warf. 5.02 Uhr! »Ja, ist gut, dann fahr ich gleich los«, sagte ich verschlafen.

Gerti redete sofort weiter. »Okay, die werden so in einer halben Stunde an der Praxis sein. Ich habe den Herbert schon versucht zu erreichen, aber der geht nicht an sein Handy. Der ist einfach nicht aufzuwecken.«

Mit einem halben Ohr lauschte ich Gertis Redeschwall, während ich aus dem Bett stieg und ins Bad taumelte. Das Adrenalin, das mich normalerweise durchfloss, sobald ein Notfall anrief und mir half, aus dem Bett zu kommen, wollte einfach nicht einschießen. Aber ich sollte bald herausfinden, dass mein Körper die Energie nur für den angekündigten Patienten aufsparte.

Während meine Synapsen im Gehirn langsam zu arbeiten begannen, startete ich meine Badezimmerroutine und gleichzeitig Instagram. Andere Leute tranken morgens Kaffee, ich nutzte Social Media, um wach zu werden. Noch immer aufs Handy glotzend, betätigte ich die Spülung der Toilette und stellte das Gerät vor mir an den Spiegel, um mir die Hände waschen zu können. Ich griff zur Zahnbürste und kniff abwechselnd meine Augen zusammen, die das Bild auf meinem Handy immer noch nicht richtig scharf stellen wollten.

Einige Minuten später trabte ich die Stufen meines Wohnhauses hinunter. Aana und Sparky folgten mir etwas geknickt, da ich das Frühstück kurzerhand auf später in der Praxis verschoben hatte. Sparky frisst nämlich wie eine Schnecke, was aus medizinischer Sicht natürlich gesund ist. Aber ich musste zu dem Notfall und hatte jetzt keine Zeit, ihm stundenlang beim Frühstücken zuzusehen.

Als ich den Blinker zur Praxis setzte, sah ich hinter mir schon den Pferde-Lkw kommen. Ein riesiges Auto, in dem mehrere Pferde untergebracht waren. Es parkte gekonnt vor dem kleinen Bach, der die Straße von der Praxis trennte. Ein Mann und zwei Frauen stiegen aus.

»Morgen«, riefen sie mir freundlich entgegen, während sie schon begannen, die große Laderampe hinunterzulassen, um das Problempferd hinauszuholen. Ein wunderschöner Hengst kam zum Vorschein, dessen Fell von Schweiß überzogen war.

»Wer ist denn von Ihnen der Besitzer?«, fragte ich und beobachtete das dunkle Pferd. Ich holte mein Stethoskop und ein Fieberthermometer aus dem Auto und war schockiert, als ich sah, in welchem Zustand sich das Pferd befand. Es hatte Mühe, ein Bein vor das andere zu setzen, und stolperte fast die Rampe hinunter.

»Niemand von uns ist der Besitzer, wir sind nur die Pfleger«, erklärte mir der Mann. »Gestern Abend bekamen alle Pferde noch mal Heu, und heute früh beim Grenzstopp haben wir ihn dann so vorgefunden«, schilderte der Mann die Ereignisse.

»Und dazwischen hat niemand in den Anhänger gesehen?«, fragte ich schockiert und spürte, wie mein nüchterner Magen sich verkrampfte.

»Nein. Wir wissen auch nicht, seit wann er kolikt, nachts beim Fahren war alles ruhig«, antwortete diesmal eine der beiden Frauen.

»Okay, wir bringen ihn vorerst in eine Box, damit ich ihn untersuchen kann«, wies ich die Pfleger*innen an. Ich sah mir das Pferd genauer an, während es an mir vorbeitaumelte. Es wankte so stark, dass ich schon befürchtete, wir würden es nicht bis in den Stall schaffen. Aus seinen Nüstern kam grünlich verfärbter Schleim.

›Das ist keine Kolik, das ist eine Schlundverstopfung‹, schoss es mir durch den Kopf, und ich spürte, wie ich nervös wurde. Eine Schlundverstopfung, die seit mehreren Stunden bestand, war kein Zuckerschlecken.

Während die Pferdeleute zur Stallbox gingen, die ich ihnen zuwies, stapfte ich schnellen Schrittes über den Hof. Meine Stiefeletten traten die Kieselsteine durch die Gegend, die den Boden säumten. Ein schneller Griff zum Türgriff bestätigte, was ich schon befürchtet hatte: Die Tür war noch verschlossen. Der Schlüssel steckte auch außen nicht im Schloss, was bedeutete, dass Herbert das Haus noch gar nicht verlassen hatte. Ich blickte mich um und suchte nach der Klingel.

In dem Moment fiel mir auf, dass ich noch nie bei meinem Boss geläutet hatte, die Türe war eigentlich immer offen. Aber sie war zum Glück nicht schwer zu finden. »Riiing«, klingelte es, als ich mehrmals auf den Knopf drückte. Ich hörte Patou, Herberts leicht neurotischen Hütehund, wie er hinter der Tür wild zu bellen begann. Aber ansonsten rührte sich nichts. Ohne auf eine Reaktion von Herbert zu warten, ging ich zügig zurück in den Stall, in dem mein Patient auf mich wartete. Herbert schlief wohl tief und fest in seinem warmen Bett.

»So«, sagte ich und zog mein Stethoskop vom Hals. »Dann schau ma mal, was der Puls sagt.« Der stolze Hengst roch die Stuten, die sich nun ganz in seiner Nähe befanden, und vergaß für einen kurzen Moment, wie krank er war. »Du bist ja ein ganz Schöner«, sagte ich zu dem Tier, das mich um einiges überragte, während ich eine Hand ausstreckte und seinen Hals streichelte. Ich spürte die warme Haut, die vom nassen Fell überzogen war und dampfte. »Guter Junge«, sprach ich weiter und tastete mich zu seinem Brustkorb, an dem ich mein Stethoskop platzierte, um seinen Herzschlag zu hören. Das Herz raste, und der Puls lag deutlich über dem Normalwert, doch ich hatte nichts anderes erwartet und war froh, dass die Schläge die Hundertergrenze pro Minute noch nicht erreichten. Ich führte das Stethoskop weiter über den Brustkorb. Die Lunge klang normal – das war gut.

Das erste Feuer des Stutengeruchs war schon wieder erloschen, und das Tier wurde ganz ruhig. Seine Luftröhre klang im Gegensatz zur Lunge schon etwas verändert. Die Darmgeräusche waren vermindert, was nicht verwunderlich war, da der arme Kerl sein Futter ja auch im Hals stecken hatte statt im Bauch. »Okay, noch schnell die Temperatur messen, und dann sedier ich ihn. Der hat nämlich eine Schlundverstopfung, und wir müssen eine Sonde legen«, erklärte ich den Pfleger*innen, die allesamt hinter mir standen und beobachteten, wie ich den feinen Kerl untersuchte. »Nehmt mal schnell das Vorderbein auf«, bat ich sie und griff nach der Schweifrübe, um das Thermometer platzieren zu können.

»Der ist aber eh ganz brav«, hörte ich eine der Frauen hinter mir sagen – wie oft ich den Satz wohl schon gehört hatte. Die Temperatur war aufgrund der ganzen Aufregung und der Verstopfung mittlerweile erhöht und das Pferd durch das viele Schwitzen dehydriert. Rückblickend betrachtet, hätte ich mir wohl einen großen Schock erspart, wenn ich erst eine Zwanzig-Liter-Kochsalzlösung in meinen Patienten hätte fließen lassen, um den Kreislauf zu stabilisieren. Doch irgendwie habe ich zu dem Zeitpunkt nicht daran gedacht.

Ich lief zum Auto, um eine Sedierung und Material für die Spülung zu holen. Auch wenn es ein großes und massiges Pferd war, wählte ich wegen des Fiebers eine geringere Sedierungsdosis als normalerweise. Und ich nahm noch einen Rektalhandschuh und Gleitgel mit. Ich war mir zwar ziemlich sicher, dass es sich um eine Schlundverstopfung handelte, aber eben nur ziemlich und nicht zu hundert Prozent.

Zurück beim Pferd, platzierte ich einen Eimer und das restliche Material vor der Box. Ich erklärte einem Helfer, wo er den Eimer mit Wasser, das wir gleich benötigten, füllen konnte. »Ich mach jetzt noch eine rektale Untersuchung, nur um nichts auszulassen«, sagte ich. Wie vermutet war der Befund unauffällig. Wie hatte das Pferd es nur geschafft, sich so mit Heu zu verstopfen? »Okay, dann mal gut halten, er bekommt jetzt seine Medikamente, und dann wird er müde«, erklärte ich der Frau, die den Hengst hielt.

Ich setzte die Nadel mit einer schnellen Handbewegung in die Halsvene. Das Blut tropfte schön aus der Vene, und ich platzierte meine Spritze und applizierte zusätzlich zur Sedierung auch gleich einen Entzündungshemmer und ein Muskelrelaxans, um die Speiseröhre dazu zu bringen, sich zu entspannen. So konnten wir das Futter besser aus ihm herausbekommen. Es dauerte nur ein paar Sekunden, und das Pferd begann, den Kopf zu senken, so, wie ich es wollte. Und es begann, sehr laut zu schnauben. Das wollte ich eher weniger.

»Ist das normal?«, kam es panisch von der Frau, die neben mir stand. Der Hengst schnaubte immer lauter und fing an zu wanken.

›SHIT!‹, schrie es in meinem Kopf. »Ja, das ist ganz normal«, sagte ich stattdessen und versuchte, ganz gelassen zu wirken, während mir der Angstschweiß den Rücken hinablief.

Aus Verzweiflung griff ich nach dem Hals des Tieres und streichelte ihn beruhigend. Leise redete ich auf ihn ein und versuchte, mit meinen Armen etwas Ruhe in seinen schwankenden Körper zu bringen. »Ist gut, mein Großer«, summte ich und griff nach dem Strick. »Ich nehme ihn mal kurz«, sagte ich zu der Frau.

Das Pferd schwankte immer stärker, und plötzlich sackten seine Hinterbeine zusammen. Ich konnte nur durch einen schnellen Ruck am Strick verhindern, dass es zu Boden stürzte. Einen Moment später raffte sich der Hengst wieder auf und schnaubte noch lauter. »So ist's gut! Schön stehen bleiben, Junge«, sprach ich ihm aufmunternd zu. ›Wie beschissen kann ein Morgen eigentlich beginnen?‹, ärgerte ich mich und verfluchte Herbert, der noch immer im Bett lag. ›Der schläft seelenruhig dort oben, und mir verreckt da unten grad ein Pferd‹, hätte ich am liebsten gebrüllt. Doch ich biss die Zähne zusammen und versuchte, mir nichts anmerken zu lassen.

Endlich wurde das Tier stabiler, und ich konnte der Frau wieder den Strick geben und die Nasenschlundsonde einführen. Ich kam nicht weit, denn die Verstopfung füllte fast die komplette Speiseröhre. Ich hasse es, wenn die Sonde nicht so weit geschoben werden kann, bis man sie im Hals sehen kann. Man muss sicher sein können, dass man sich nicht in der Luftröhre befindet. Allerdings kam mir kein Atem entgegen, und ich konnte den Plastikschlauch nicht so einfach vorschieben, wie es zwischen den Knorpeln der Luftröhre der Fall gewesen wäre. Und ich war mir sehr sicher, dass das Pferd meinen Schlauch brav in die Speiseröhre abgeschluckt hatte, als ich an seiner Kehle angekommen war und er sich nicht in der Luftröhre befand.

Ich begann zu spülen. Das Wasser kam mit etwas Futter aus den Nüstern zurückgeflossen. Das war schon einmal ein guter Anfang. Doch lang hielt diese Euphorie nicht an. Das Wasser war immer wieder sehr klar. Nur langsam lösten sich die Futterteile, die seinen Schlund verstopften. Und sosehr die Spritze den Hengst anfangs zum Wanken gebracht hatte, so unbeeindruckt war er mittlerweile von meiner Medizin. Er begann immer weiter, den Kopf zu heben.

»Er wacht auf. Halten Sie das mal bitte so, ich hol noch eine Sedierung«, sagte ich zu der Frau zu meiner Linken. Alle drei Pfleger*innen waren damit beschäftigt, mir zu assistieren. Die eine Frau hielt das Pferd und die Sonde, auf der ein Trichter klemmte, die andere Frau war damit beschäftigt, den Schlauch, der an der Sonde montiert war, immer wieder auf und ab zu drehen. Und der Mann fing das Wasser auf, das aus dem Pferd herauskam, und leerte es regelmäßig aus, damit wir nicht den gesamten Stall fluteten. Währenddessen manövrierte ich die Sonde.

Ich nutzte die kurze Pause, um durchzuatmen und noch mal bei Herbert Sturm zu läuten, bevor ich zum Auto lief und neue Medikamente holte. Wieder kam keine Antwort, und ich spuckte Schimpfwörter vor mich hin, während ich zurück zum Stall stampfte. »Alles gut«, lächelte ich die Runde an, als ich bei der Box ankam.

»Ja, das ist gerade aus der Nüster gekommen«, meinte der Mann und zeigte auf den Eimer, der sich mit Futterresten füllte.

»Sehr gut«, gab ich zurück und setzte erneut die Nadel an. Mein inneres Gedankenchaos hielt ich lieber zurück. Von wegen sehr gut, das ging viel zu langsam, und ich begann, mir immer mehr Sorgen um das teure Zuchtpferd zu machen. Wie viel hatte er wohl schon eingeatmet, und wie verletzt war die Speiseröhre bereits? Und konnten wir bis zum Magen spülen, oder wartete am Ende noch eine bittere Überraschung? Aber ich konnte eh nichts anderes machen, als weiter zu spülen. Ich ging also zurück an meinen Platz und versuchte weiter, das Tier zu retten.

Mir war kalt, ich war nass, und ich machte mir Sorgen – eine Sache, die meine Laune immer mehr in den Keller sacken ließ. Ich schaute immer wieder auf die Uhr und hoffte, dass Herbert bald aufwachen würde, um mit der Arbeit zu beginnen. Nach fünfundvierzig Minuten hörte ich endlich die Eingangstür von Herberts Haus. ›Halleluja‹, dachte ich erleichtert.

»Ja, guten Morgen, was ist denn hier los?«, fragte mein Chef etwas besorgt, als er den Stall betrat und sah, was da vor sich ging.

»Der war eigentlich nur auf der Durchreise, aber ist seit Stunden verstopft«, erklärte ich, als er näher kam.

»Ja jössas!«, meinte er mit großen Augen. »Dann tu ihn mal schön retten, Frau Doktor«, feuerte er mich an und meinte zu den anderen: »Habt's ihr denn schon einen Kaffee getrunken?«

›Ja, klar, geht's doch 'ne Runde Kaffee schlürfen, ich komm hier schon zurecht‹, dachte ich verärgert und verdrehte die Augen. »Willst du mal ein bisschen spülen? Im Moment geht da nichts weiter«, fragte ich und warf ihm einen Blick zu, der eindeutig sagte: ›Alter, scheiß auf Kaffee, ich spül hier wie 'ne Blöde, und der Gaul gibt bald den Löffel ab.‹

»Ja, kann ich schon machen«, gab Herbert zurück, verteilte aber erst mal in aller Ruhe das Futter für die Pferde im Stall. Als er fertig war, verschwand er noch mal im Haus, um Kaffee zu holen. Dann nahm er mir endlich die Sonde ab. Endlich hatte ich nicht mehr die alleinige Verantwortung.

Mittlerweile war schon eine Stunde vergangen, und die Sonde befand sich erst auf halber Strecke zwischen Maul und Magen.

»Da geht ja gar nix weiter«, meinte Herbert.

›Erzähl mir was Neues‹, dachte ich. »Ja, ich weiß, aber fester trau ich mich auch nicht zu schieben«, meinte ich stattdessen besorgt.

»Nein, nein, das darf man eh nicht«, bestätigte er mich und schaffte es so wieder mal durch ein paar einfache Worte, meine Kompetenz vor der Kundschaft zu untermauern.

Nach fünfzehn Minuten löste ich ihn wieder ab und spülte weiter. Ich machte mir immer mehr Sorgen um das Pferd, als ich plötzlich den Eingang des Magens fühlte. Die Cardia ist ein starker Muskel, der verhindert, dass Futter aus dem Magen zurück in die Speiseröhre fließt. Übrigens der Grund, warum sich Pferde nicht übergeben können.

Ich brachte noch ein kleines bisschen mehr Kraft auf, und mit einem »flutsch« kam mir der wohlersehnte Geruch des Magens entgegen. Wir hatten es geschafft! Ich war erleichtert. Vorsichtig zog ich die Sonde aus dem Hals.

Eineinhalb Stunden hatten wir gespült und diese schreckliche Verstopfung glücklicherweise noch besiegt. Trotz des Risikos einer Colitis beschlossen die Pfleger*innen, den restlichen Heimweg anzutreten. Ich sah ihrem Trailer mit einem flauen Gefühl im Magen nach.

Zum Glück erfuhr ich im Nachhinein, dass der Hengst das Abenteuer gut überstanden hatte und weder eine Lungenentzündung noch eine Colitis oder eine Nekrose des Schlundes davontrug. Ich war heilfroh, sein Leben gerettet zu haben. Auch, weil der Hengst wohl um die einhunderttausend Euro wert war und eine Klage bei einer misslungenen Aktion sicher nicht ausgeblieben wäre.

Tunnelblick

Der Rest der Woche war nur so an mir vorbeigeflogen, und ich verbrachte das Wochenende wieder mal zu Hause in Österreich, da ich keinen Dienst hatte. Ich war froh über einen Tapetenwechsel – die Woche war sehr anstrengend gewesen, da Herbert nach unserem Überraschungsgast in den Urlaub gefahren ist und wir dadurch in der Praxis sehr am Rotieren waren.

Bei Tobi stand ein Konzert auf dem Programm, weswegen er jede freie Minute zum Üben nutzte. Deshalb hatte ich mir die Hunde geschnappt und besuchte meine Mutter. Auf dem Weg zu ihr telefonierte ich mit meiner Wahlschwester Andi. »Was gibt's Neues?«, fragte ich sie. Seit ich nicht mehr in Österreich lebte, verpasste ich extrem viele Neuigkeiten, versuchte aber trotzdem, am Laufenden zu bleiben.

»Eh nix«, gab sie zurück. »Und bei dir? Wieder mal auf dem Weg zum Koliker?«, witzelte sie.

Ich setzte den Blinker, um abzubiegen, ehe ich ihr antwortete. Ich war natürlich, wie immer, wenn wir telefonierten, am Autofahren. »Ha, ne, zum Glück nicht. Bissl stressig«, erwiderte ich. Meine typische Antwort, wenn ich kurz vorm Burn-out stand. »Der Herbert war letzte Woche im Urlaub, und es war ziemlich anstrengend.«

Ehrlich gesagt, war ich sogar so gestresst gewesen, dass ich meine Kollegin anrufen und sie mir die Dosierung von einem Schmerzmittel durchgeben musste. Das Mittel verwendete ich jeden Tag, aber ich konnte mich einfach nicht mehr erinnern. Ein klarer Fall von stressbedingter Amnesie. »Oh mein Gott«, fluchte ich.

»Was is' los?«, fragte sie erschrocken.

»Ich bin gerade über eine rote Ampel gefahren«, sagte ich bestürzt. Die Strecke hatte ich während meines Studiums zweimal am Tag zurückgelegt. Ich kannte diese Kreuzung und diese Ampel, und trotzdem hatte ich sie eben komplett übersehen. Ich war einfach bei Rot durchgefahren. Ich konnte es nicht fassen. Die Straßen waren so leer, dass es zum Glück niemanden beeinflusst, geschweige denn jemand gesehen hatte.

»Aso, das passiert mir auch manchmal«, hörte ich Andis Stimme gelangweilt aus dem Hörer. Was hieß hier manchmal? War das ihr Ernst?

»Andi! Du bist so org!«, schrie ich, während ich mich langsam von meinem Schock erholte.

Der Rest des Wochenendes verlief sehr ruhig, und ich genoss es, mal wieder bei meiner Mutter zu sein.

Die beschwerte sich natürlich, dass ich viel zu selten da war, und ich versprach, öfter vorbeizukommen. Es gibt diese Leute, die täglich mit ihrer Mutter telefonieren. Und dann gibt es mich. Eines Tages bekam ich mal einen Anruf von ihr, ob wir nicht ausreiten gehen wollten, worauf ich nur antwortete, »Mama, ich bin in Schweden«. Da meine Mutter sich meist beschwert, wenn ich reisen gehe, habe ich aufgehört, ihr davon zu erzählen.

Montagmorgen um 4.00 Uhr machte ich mich wieder auf den Weg nach Bayern. An der Grenze hatte es Stau gegeben, weshalb mein kleiner roter Wagen ein paar Minuten zu spät auf den Hof der Praxis rollte.

Die Hunde sprangen aus dem Kofferraum, sobald ich die Klappe geöffnet hatte, und liefen ihre Runde. Aana war natürlich sofort in Richtung Nachbar*innen unterwegs. »Aaaaana, wehe dir!«, rief ich ihr nach. Sie sah mich verschmitzt an, zog den Kopf zwischen ihre Schultern und wechselte die Richtung. Doch ich wusste genau, dass sie den Nachbar*innen wieder das Katzenfutter stehlen würde, sobald sie sicher war, dass ich abgelenkt war. Das würde ich diesem Hund nicht mehr abgewöhnen.

Mit forschem Schritt ging ich in den Stall, um die Lage zu checken. Herbert war gerade dabei, die Jungpferde in das Paddock zu lassen. Sie rannten wie wild den kleinen Weg hinauf, um dann vor dem offenen Tor stehen zu bleiben wie der Ochse vorm Scheunentor. »Na hopp«, rief ich und klatschte in die Hände, um sie zu motivieren, über die kleine Lacke, also Pfütze, beim Eingang zu springen. Das vorderste Pferd hob zaghaft die Vorderbeine und stampfte. »Los jetzt!«, schrie ich erneut. Da spannte es die Hinterbeine an und sprang theatralisch einen Meter hoch über die zwei Zentimeter tiefe Pfütze. Kaum war es im Paddock, folgten die anderen, jeder mit einer kleinen dramatischen Pause vorm Sprung. Danach galoppierten sie übermütig durch den Auslauf.

»Guten Morgen, Herbert!«, begrüßte ich meinen Chef, während er das Tor verriegelte.

»Morgen«, murmelte er zurück, schaute aber nicht zu mir auf. »Hast du schon den Plan gecheckt?«, fragte ich und beobachtete, wie er zur Heugabel griff.

»Nein, noch nicht. Der liegt drinnen«, gab er zurück.

Ich holte den Plan aus seinem Haus, setzte mich unter den Kastanienbaum und warf einen Blick darauf. Zu Beginn stand eine Tabelle, in der die diensthabenden Ärzt*innen eingeteilt waren. Danach listete der Bereich »offen« alle Termine auf, die noch nicht zugeteilt waren, sowie die Namen der Tierärzt*innen mit ihren Tagesaufgaben. Niemand hatte bei mir etwas dazugeschrieben, und so standen unter meinem Namen nur die Termine, die ich gestern Nacht eingetragen hatte. Allerdings platzte der Bereich »offen« mal wieder aus allen Nähten. Ich seufzte und schrieb mein Kürzel hinter die Aufgaben. Irgendwer musste sie ja erledigen. Dann fuhr ich los.

Der Tag verlief sehr stressig. Kaum dachte ich, dass ich endlich alles untergebracht hatte, rief schon der nächste Notfall an und sprengte meine ganzen Termine. Da wir eine Notfallpraxis waren, war es das oberste Gebot, bei einem Koliknotfall, einer Schlundverstopfung, schweren Verletzungen oder Ähnlichem alles stehen und liegen zu lassen und loszufahren. Oft musste man bis ans andere Ende des Praxisgebiets fahren, um den Pferden zu helfen, bevor es zu spät war.

So kam es, dass ich nach einem stressigen Vormittag in einen großen Stall kam, den wir schon lange betreuten. Der Pferdewirt hatte mich angerufen, nachdem er von der Zentrale erfahren hatte, dass ich Dienst hatte. Sein »Hallo, Helga, ich bin's«, hatte ich ausnahmsweise erkannt, vor allem, weil ich mittlerweile viele Nummern eingespeichert hatte. Auch mein Navi kannte die Stalladresse schon, weswegen ich dieses Mal zum Glück nicht auf eine wenig hilfreiche Wegbeschreibung angewiesen war.

Der Pferdewirt begrüßte mich freundlich und zeigte mir mit einem Winken, wo ich das Auto parken konnte. »Servus Helga«, sagte er gut gelaunt, als ich aus dem Auto sprang. »Na, alles gut?«, fragte er und warf mir dabei einen fragenden Blick zu. Anscheinend konnte man mir meinen Stress ansehen.

»Jaja, nur wieder mal stressig heute«, seufzte ich und machte dabei eine wegwerfende Handbewegung. »Wen hat's denn heute erwischt?«

»Die Rosi, ich glaube, die kennst du eh schon«, antwortete er mit seinem unverkennbaren ungarischen Akzent und schlurfte mir voraus in den Stall. Ich sah die Stute und konnte mich sofort an sie erinnern. Es war ein kleiner Schimmel und etwas ungeduldig, wenn es um den Tierarztbesuch ging. Sie blähte nervös ihre Nüstern auf.

Nach einem kurzen Blick erkannte ich auch schon das Problem: eine Phlegmone über das gesamte rechte Hinterbein bis hoch zum Euter.

Von Phlegmonen hatte ich an der Uni tausendmal gehört, aber nie eine gesehen. Bis ich zu arbeiten begann. Das lag wahrscheinlich daran, dass ich den Großteil meiner Praktika in Kliniken verbracht hatte. Eine Phlegmone war zwar mühsam und konnte auch schon mal chronisch werden, war aber selten ein Fall für die Klinik. Sie konnte durchaus im heimatlichen Stall behandelt werden.

Ich trat an meine Patientin heran und untersuchte sie. Ihre Körpertemperatur war wie zu erwarten erhöht. Sie wollte das Bein nicht wirklich belasten, was ich ihr nicht verübeln konnte. »Da schau, das sieht komisch aus«, meinte der Pfleger. Er deutete auf eine Stelle am Bein, an der gelbliche Flüssigkeit austrat.

»Oje, da bricht die Haut auf.« Ich trat näher an die Stute heran und sah mir die Stelle genauer an. Von einer Phlegmone spricht man, wenn es durch eine Verletzung zu einer Bakterienansammlung unter der Haut kommt. Die Stellen vergrößern sich dabei meist um das Drei- bis Vierfache, weswegen ein Pferdebein schnell mal wie ein Elefantenfuß aussehen konnte. Oft ist die verursachende Verletzung nur ein kleiner infizierter Kratzer, den man gar nicht bemerkt. Dieser verschließt sich sehr rasch wieder, wodurch Bakterien sich in Ruhe vermehren können. In dem Fall meiner Patientin war die Phlegmone schon so prall, dass die Haut zu platzen begann und durch die zerstörte Beinoberfläche Eiter und Lymphe traten.

»Okay, ich hol etwas zum Saubermachen, und dann binden wir sie ein.« Eigentlich mache ich das bei Phlegmonen nicht gerne, weil der Verband schnell zu drücken beginnt, aber ich wollte nicht, dass die Fliegen ihre Eier in die Wunde ablegen. Ich lief zum Auto und holte meine Utensilien. Ich warf eine Spritze zum Spülen der Wunde, eine Jodlösung, einen Verband, Handschuhe und alles, was mir noch nützlich erschien, in meinen Korb und ging zurück zur Stute. Sie mochte das Säubern und Spülen der Wunde gar nicht und tänzelte, so gut es der Strick zuließ, von links nach rechts.

»Nimm mal das Vorderbein«, sagte ich zum Pferdewirt, der das Bein packte und so etwas Ruhe in das Geschehen brachte.

Es dauerte etwas, bis ich das eingetrocknete Wundsekret entfernt hatte und einen sauberen Verband anlegen konnte. In Gedanken ging ich schon die Liste von Patienten durch, die heute noch auf mich warteten. »So!«, sagte ich mit einem lauten Schnaufen, während ich mich aus der Hocke aufrichtete und meine schmerzenden Beine streckte. »Jetzt bekommt sie noch ihre Medikamente, und dann sehen wir uns in zwei Tagen wieder zum Verbandswechsel.«

»Lässt du mir dann für morgen Medikamente da?«, fragte der erfahrene Mann.

»Ja, natürlich. Ich spritz ihr jetzt was und lass es dir dann als Paste da. Übermorgen musst du ihr nichts geben, weil es kostengünstiger ist, wenn ich es spritze, wenn ich eh zum Verbandswechsel komme. Halt sie mal schnell, das bekommt sie in den Hals.«

Mit Hals meinte ich natürlich ihre große Jugularisvene, die in der Drosselrinne verläuft. Ich griff zu einer Nadel, die ich schon bereitgelegt hatte, und nahm die Spritze mit dem durchsichtigen Medikament in die andere Hand. Ein Stich, und das Blut floss, so gefiel mir das. Ich setzte die Spritze auf und aspirierte, um zu sehen, ob die Nadel richtig im Gefäß saß. Dafür zog ich am Stempel der Spritze. Blut lief in die Spritze und vermischte sich mit dem Inhalt. Gerade als ich das Gemisch zurück in die Vene spritzen wollte, warf das Pferd den Kopf zur Seite und sprang ein Stück nach vorne.

»Geh, Mädl, das kennst du doch«, sagte ich und aspirierte wieder, doch es kam kein Blut mehr. »Geh komm!«, fluchte ich und nahm die Spritze ab. Ich versuchte, die Nadel wieder in die richtige Position zu bringen, doch es kam einfach kein Blut mehr. Verärgert legte ich die Spritze zu den anderen Sachen auf den Rand der Holzbox, an die die Stute gebunden war.

»Ich hol schnell eine neue Kanüle«, rief ich dem Helfer über die Schulter hinweg zu und beeilte mich, die Nadel aus dem Auto zu holen. ›Lieber gleich zwei einstecken‹, dachte ich mir und schnappte zwei rosa Kanülen aus dem Kofferraum. Für so etwas hatte ich gerade weder Zeit noch Nerven. Zurück bei der Stute, machte ich den Hals noch mal sauber und stach erneut in die Vene. Das Blut rann wie erhofft sofort aus der Nadel, sobald ich sie versenkt hatte. »Na bitte, geht doch«, sagte ich und griff zur Spritze, die noch am Holzbrett lag.

Ich aspirierte, der sowieso schon verfärbte Inhalt füllte sich erneut, und ich verabreichte dem Pferd den gesamten Inhalt. Zufrieden zog ich die Nadel hinaus und trat einen Schritt zurück. ›Dann mal zusammenpacken und weiter zum nächsten Patienten‹, dachte ich und warf einen Blick auf das Holzbrett, wo die Spritze mit meinem Medikament lag. Warte, wo die Spritze mit meinem Medikament lag? Ich runzelte die Stirn und blickte auf die Spritze in meiner Hand. Da blieb mein Herz stehen. Das gerade war nicht das Medikament gewesen. Ich hatte die Reinigungssachen für die Wunde noch nicht entfernt, bevor ich mit der Medikamentengabe begann. Deswegen hatte die Spritze mit der Jodlösung noch auf dem Holzbrett gelegen. Ich fühlte, wie der Boden unter mir schwankte und mein Sichtfeld immer enger wurde, als würde ich in einen Tunnel fahren.

»Alles okay?«, hörte ich die Stimme des Pferdewirtes wie durch eine dicke Watteschicht.

»Oh mein Gott, ich hab ihr das Jod gespritzt«, flüsterte ich. Anfängerfehler Nummer eins: Wenn du so richtig Scheiße gebaut hast, solltest du es den Kunden auf keinen Fall spüren lassen.

»Was hast du?«, hörte ich seine Stimme, in der eine gewaltige Portion Unsicherheit mitschwang.

Ich wusste, dass er mich gehört hatte, und wiederholte trotzdem wie in Trance – »Ich hab das Jod gespritzt.«

Meine Panik spiegelte sich in seinem Gesicht wider. »Und jetzt?«, fragte er ängstlich.

»Keine Ahnung«, sagte ich. Anfängerfehler Nummer zwei: Wenn du keine Ahnung hast, sage auf keinen Fall, dass du keine

Ahnung hast. »Ich komm gleich«, sagte ich und lief zum Auto. ›FUCK!‹, schrillte es durch meinen Kopf, und ich suchte mit zittrigen Händen nach meinem Handy. ›Das gibt es doch nicht. Das ist jetzt nicht wirklich passiert.‹ Endlich fand ich mein Telefon und wählte Herberts Nummer. Nach zwei Mal Klingeln hob er ab.

»Hallo, Helga«, begrüßte er mich freundlich.

›Gleich wirst du nicht mehr so freundlich sein‹, dachte ich, während ich mir ausmalte, wie ich auf Tausende von Euros verklagt wurde, meinen Job verlor und Herbert mir den Kopf abriss.

»Herbert, mir is' gerade was ganz Schlimmes passiert«, begann ich mit zitternder Stimme. Am anderen Ende der Leitung wurde es ruhig.

»Und zwar?«, fragte Herbert schon vorsichtiger. Ich stotterte alles genauso runter, wie es passiert war, wobei mir der Schweiß langsam den Rücken hinunterlief. »Steht sie noch?«, fragte Herbert ruhig, nachdem ich fertig war.

›Steht sie noch? Was für eine bescheuerte Frage, die stirbt gleich, wie kannst du so ruhig bleiben?‹, hätte ich am liebsten geschrien. Meine Gedanken rasten. »Ähm«, kam es nur aus meinem Mund. Ich lehnte mich zur Seite und blickte in den Stall. »Ja.«

»Na, dann hast du wohl noch mal Glück gehabt«, sagte Herbert am anderen Ende der Leitung. Ich sah noch mal zu meiner Patientin. Sie stand gelassen da und suchte nach Heuhalmen, die am Boden verteilt waren. Eine Last von gefühlt hundert Kilo kippte von meinem Rücken. Endlich konnte ich wieder atmen. »So was passiert dir genau ein Mal. Ist mir auch schon passiert, allerdings mit einem anderen Medikament, und der Gaul ist umgeflogen wie ein Stein.« Ich hörte Herberts Stimme und fühlte mich wie im siebten Himmel. Erleichtert trat ich zum Pferdewirt und erklärte ihm, dass alles in Ordnung sei. Auch ihm war die Erleichterung anzusehen.

Der Stall war Teil eines riesigen Hofes, und ich fragte mich gerade, wie ich das den Besitzern erklären sollte, die wahrscheinlich nicht mal wussten, um welches Pferd es sich handelte. Dann unterbrach der Pferdewirt meine Gedanken. »Das sagen wir aber keinem!«, sagte er, während er mich verschwörerisch ansah.

»Nein, das bleibt unter uns«, gab ich mit einem nervösen Lächeln zurück. So was würde mir wirklich nie wieder passieren!

Tansania

Nachdem mir letzte Woche so ein krasser Fehler unterlaufen war, war ich froh, dass endlich mein nächster Urlaub anstand. Ich war so was von bereit für eine Erholung. Auch wenn ich natürlich keinen Strandurlaub geplant hatte, den ich wahrscheinlich am ehesten gebraucht hätte, sondern eine neue Reise auf dem Plan stand. Denn meine zweite Leidenschaft neben den Pferden ist das Reisen. Und zu dieser war ich durch einen eher tragischen Zufall gekommen, nämlich durch eine Knieverletzung.

Jahrelang hatte ich gar keine Zeit, übers Reisen nachzudenken, da ich sieben Tage die Woche in der Handballhalle verbrachte. Meine Liebe zum Handball stellte vieles andere in den Schatten. Doch vor ein paar Jahren wurde dem ein jähes Ende gesetzt: ein Schritt im falschen Moment, ein Foul einer Gegnerin, und mein Knie gab nach. Es fühlte sich an, als stünde mein Unterschenkel plötzlich in die andere Richtung. Meine Schreie hallten durch die ganze Halle. Als ich mich endlich traute, meine Augen zu öffnen, und erkannte, dass mein Bein noch ganz war, stand ich auf und ging vom Spielfeld.

Ich schonte mich ein paar Tage, doch als die Schwellung zurückging, merkte ich, dass etwas nicht stimmte. Nach einem MRT bekam ich einen Termin beim Sportarzt. Am nächsten Tag hatten wir ein wichtiges Match. Ich ging davon aus, dass ich mein Knie tapen musste, damit es zum Spielen stabil genug war. Doch als der Arzt meine Bilder sah, zerplatzten meine Hoffnungen.

»Na ja, das Kreuzband ist weg. Und der Meniskus sieht auch nicht gut aus. Im Knochen ist ein Ödem«, murmelte der Arzt vor sich hin. Erst als er sich zu mir umdrehte und mein blasses Gesicht sah, stoppte er. »Oh, damit haben Sie wohl nicht gerechnet?«

Ich war wie in Trance, als ich ins Auto stieg und mir bewusst wurde, dass Handball für die nächsten Monate erst mal keine Option sein würde. Stattdessen wartete eine Operation auf mich.

Einige Wochen später gab es an der Uni einen Vortrag über Auslandspraktika. Da ich plötzlich ziemlich viel Zeit hatte, beschloss ich, für vier Wochen nach Washington State zu fliegen und ein Praktikum zu absolvieren. Und das war der Beginn meiner Reisesucht. Den darauffolgenden Sommer verbrachte ich sieben Wochen in Afrika.

Seitdem nutze ich jede freie Minute und jeden Cent, um ein neues Land zu entdecken. Viele Menschen sagten mir, ich solle mich darauf gefasst machen, dass es mit dem Reisen vorbei wäre, sobald ich zu arbeiten begann. Doch ich fand den für mich perfekten Job: Ich konnte viel arbeiten und bekam dafür auch viele Urlaubstage.

Endlich war es also wieder so weit. Ich hatte zwei Wochen Urlaub, und anstatt die Zeit mit Tobi zu verbringen, verbrachte ich meinen Urlaub damit, zu reisen. Tobi hatte meist keine Zeit, mitzukommen, weshalb ich mal mit Freundinnen oder Freunden, mal mit der Familie reiste. Eifersucht war dabei kein Problem. Wir hatten eine Fernbeziehung, wir mussten uns sowieso blind vertrauen. Und das taten wir auch.

Tobi konnte jeden Sommer zwei Monate mit dem Europäischen Jugendorchester durch Europa reisen, wobei in einer Gruppe von jugendlichen Musiker*innen jeden Tag getrunken und gefeiert wurde und es, na ja, sagen wir mal, ziemlich wild zuging – und ich konnte reisen. Jeder vertraute dem anderen, und das machte uns frei. Diesmal entschloss ich mich, mit meinem Vater nach Tansania zu fliegen, um Arbeitseseln und anderen Tieren zu helfen.

Das war spannend und aufregend. Jeden Tag fuhren wir mit einem großen Jeep herum, behandelten Wunden, entwurmten Tiere und platzierten Impfungen. Möglichst, ohne dabei getreten oder gebissen zu werden. Die Arbeit dort war anders als in Deutschland. Die Tiere waren wilder und ängstlicher, die Besitzer den nahen Umgang mit ihren Tieren nicht gewohnt. Hunde waren selten Kuscheltiere, und Esel waren Arbeitstiere. Die Tiere hatten ihren Nutzen: Die Hunde bewachten die Herden, die Esel transportierten die Waren. Und ich lernte wieder eine andere Art der Medizin kennen. Es war ein Leben zwischen Leid und Einfachheit, mit Menschen, die wenig Empathie zeigten und doch so viel brauchten. Ich war fasziniert von diesem Land und nahm mir fest vor, wiederzukommen und weiter zu helfen.

Am dritten Tag war ich gerade dabei, Menschen darüber aufzuklären, dass Tiere öfter als einmal am Tag Wasser brauchten, als der lokale Tierarzt an mich herantrat. »Könntest du dir mal diesen Esel ansehen?«, fragte er mich auf Englisch. Ich blickte an ihm vorbei und sah den Patienten. Das Tier stand ruhig in der Sonne und blickte gelangweilt in die Gegend.

»Ja, klar«, sagte ich und trat näher. Der Tierarzt versuchte, den Esel einige Meter zu bewegen. Ich erkannte, dass er das rechte Vorderbein nicht belasten konnte. Vorausschauend hatte ich eine Hufzange mit nach Tansania genommen, sie aber blöderweise an diesem Tag nicht mit im Auto. Ich berührte den Esel vorsichtig und tastete sein Bein ab. Ich hatte kein Diagnosewerkzeug außer meiner Hände. Sein Bein war nicht heiß, und ich fand auch keine Schwellung. Daher vermutete ich, dass es vom Huf kam.

»Okay, ich mache ihm jetzt einen Hufverband, damit diese steinharten Hufe weich werden. Du musst dem Besitzer erklären, dass er das Bein drei Mal täglich in einen Eimer mit Wasser stellen muss«, sagte ich zu dem Arzt, damit er meine Anweisungen für den Besitzer übersetzte. »In zwei oder drei Tagen müssen wir wiederkommen und ihn noch mal untersuchen«, fuhr ich fort.

Ich sah dem Tierarzt zu, wie er meine Anweisungen weitergab. Der Mann, der, wie sich später herausstellte, gar nicht der Besitzer war, sah verständnislos drein. Ich wusste nicht, ob es daran lag, dass er Wasser verschwenden sollte, oder daran, dass der Esel einen bunten Verband am Huf trug. Ich hoffte das Beste, und wir fuhren weiter.

Und nun passierte das, wovon ich eigentlich Urlaub nehmen wollte: Ich dachte über meinen Patienten nach. Die nächsten zweiundsiebzig Stunden verbrachte ich nur damit zu hoffen, dass meine Vermutung richtiglag. Denn was, wenn es nicht der Huf war? Was, wenn ich dem Tier nicht helfen konnte? Würde das das Todesurteil des Tieres bedeuten? Meine Laune wurde schlechter. Wieso tat ich mir das an? Wieso verbrachte ich meinen Urlaub nicht einfach am Strand und ließ die Seele baumeln, anstatt mich mit dem Leid der Welt herumzuschlagen?

Die Tage vergingen, und schließlich parkten wir das Auto wieder vor der Hütte, wo der Esel stand. Eine alte Frau kam heraus. Ich begriff, dass es ihr Esel war und wie hilflos sie ohne ihn war. Sie konnte nicht zum Markt gehen oder Wasser vom Wasserloch holen. Sie war zu alt und schwach, um die Lebensmittel den weiten Weg ohne ihren Esel zu schleppen.

Ihr Blick war freundlich, und ich schickte noch ein letztes Stoßgebet Richtung Himmel, bevor ich meine Hufzange schnappte und aus dem Auto stieg. Der Esel wartete schon, sein Huf war noch schön im Verband. Ich schnitt den nassen Verband herunter und betrachtete das Horn. Es war schwierig, etwas zu erkennen, also begann ich, den Huf mit der Zange abzudrücken. Der Esel blieb unbeeindruckt und stand brav auf drei Beinen, während mein Vater seinen rechten Vorderfuß hielt. Stück für Stück drückte ich das Horn zusammen, doch das Tier blieb immer noch ruhig stehen. Meine Nervosität stieg. Ich würde dem Patienten nicht helfen können, und er würde ein schreckliches, qualvolles Leben führen, bis er eines Tages starb. Es fehlten nur noch wenige Zentimeter Huf, die ich noch nicht abgedrückt hatte, und ich platzierte mein Werkzeug ein letztes Mal, um Druck aufzubauen.

›BITTE lass mich‹, schallte es durch meinen Kopf, als mich eine gigantische Wucht durch die Luft riss. ›Richtigliegen‹, dachte ich meinen Gedanken fertig, als mein Körper am Boden aufschlug. Gut, das war dann wohl eine eindeutige Reaktion. Ich griff an meinen Oberschenkel, gegen den der Hinterhuf des Esels geschlagen hatte, und überlegte, ob er gebrochen war. Er schien okay zu sein. Trotz der Weichteilschmerzen schien ich ohne Probleme aufstehen zu können. Ich putzte mich ab und nahm die Hufzange wieder zur Hand, die zwei Meter neben mir zum Liegen gekommen war.

Mein Vater blicke kurz auf. »Now we know where it is«, sagte er zu dem lokalen Tierarzt und der Tierarzthelferin, die nicht weit von uns standen und uns aufmerksam beobachteten.

Ich kam zurück, und der Esel trat gleich noch mal nach mir, verfehlte mich diesmal allerdings. ›Du Mistvieh‹, schoss es mir durch den Kopf. Ich wusste, dass er sich nur wehren wollte und nicht verstand, dass ich ihm half. Mein Oberschenkel schmerzte trotzdem. Ich nahm meinem Vater das Bein aus der Hand und hielt den Esel selbst, der schon wieder versuchte, auf mich zu zielen. »Hör auf jetzt«, zischte ich und griff nach meinem Hufmesser. Während ich den Huf in der linken Hand hielt, schnitt ich mit dem Hufmesser in meiner Rechten einmal flach über den Huf. Eine Sache, die bei dem steinharten Huf vor wenigen Tagen noch unmöglich gewesen wäre. Die nassen Hufverbände hatten geholfen.

Ich erkannte eine schwarze Veränderung an der Stelle, wo die Hufzange angeschlagen hatte. Erneut schnitt ich, aber nur noch an der Stelle. Es war ein Hufabszess. Was für eine Erleichterung. Die Abszesshöhle war ungewöhnlich groß. Ich lief zum Auto und holte mir Kochsalzlösung zum Spülen. Als der erste

Eiter entfernt war, erkannte ich auch die Ursache des Übels. Fassungslos zog ich einen ein Zentimeter langen Dorn aus dem Huf des Tieres. Kein Wunder, dass er nicht mehr richtig auftreten konnte. Als ich die Höhle fertig gereinigt und einen neuen Verband angebracht hatte, ließ ich das Bein los. So konnte der Esel wieder auf seinen vier Beinen stehen. Und nicht nur das. Voller Elan trabte er an dem kurzen Strick hin und her. Von seiner Lahmheit war nichts mehr zu sehen.

Hinter mir begann die Besitzerin, laut loszujodeln. Ein Geräusch, das ich noch nie gehört hatte. Ich drehte mich um und sah, wie die alte Frau ihren Kopf in den Nacken legte und mit offenem Mund nach oben johlte. Ihre Zunge schnalzte dabei wild zwischen ihren Lippen von oben nach unten, und ihre Augen strahlten eine Freude aus, wie ich sie lange nicht gesehen hatte. Sie kam zu mir und umarmte mich, dann lief sie weiter und tanzte jodelnd um mich herum. Der Arzt, die Tierarzthelferin und auch der Leiter der Hilfsorganisation lachten und freuten sich mit der alten Frau. Ihre Freude war am ganzen Körper spürbar, und ein dickes Grinsen lag auf meinem Gesicht.

Das war er, der wohl schönste Moment, den ich je beim Reisen verspürt hatte. Nicht vergleichbar mit Bungee-Jumpen oder Käfigtauchen mit weißen Haien. Nein, es war so viel mehr. Die endlose Freude einer alten Frau. Ich hatte nicht nur das Leben des Esels gerettet, sondern auch das Leben der Dame nachhaltig erleichtert. Kein Geld der Welt konnte diesen Moment aufwiegen. Die Sorge der letzten Tage war endlich verflogen. Die Freude der alten Dame begleitete meinen Vater und mich noch durch den Rest des Urlaubs, und auch im Flieger zurück nach Deutschland hatte ich diese Szene noch sehr genau vor Augen.

Der späte Vogel erstickt auch am Wurm

Zurück in Deutschland, war ich schnell wieder im Tagesgeschäft angekommen und düste in meinem VW Caddy durch die Gegend. Erinnert ihr euch noch, dass ich meinem Nissan X-Trail anfangs ganz schön hinterhergetrauert habe? Mittlerweile hatte ich eingesehen, dass ein Caddy das deutlich praktischere Praxismobil ist. Es war groß und so hoch, dass ich sogar über die Apotheke, die hinten eingebaut war, noch zum Fahrersitz krabbeln konnte.

Das stellte sich einmal als sehr vorteilhaft heraus, als mich Aana aus dem Auto ausgesperrt hatte. Zum Glück stand der Kofferraumdeckel noch offen, sodass ich von hinten in mein Auto kriechen konnte. Aber es liegt auch gut in den Kurven und besitzt ein eingebautes Navi. Das allerdings hat einige Nachteile im Vergleich zu meinem alten Navi. Zum Beispiel, dass man Routen, die gesperrt waren, nicht einfach als gesperrt markieren kann, damit das Navi einen anderen Weg findet. Okay, vielleicht hätte es das auch gekonnt, wenn ich mal die Bedienungsanleitung gelesen hätte. Das habe ich natürlich nicht getan, und so kam es eines Tages, wie es kommen musste.

Ich war wieder einmal im Bayerwald unterwegs und bekam einen Anruf von Conny. »Hallo, Helga, bist du noch in der Nähe vom Guggi-Hof?«

Ich musste kurz überlegen, wo ich eigentlich gerade war. »Ähm, ja, ich glaub schon. Ich bin gerade in der Nähe von Deggendorf.« Mittlerweile kannte ich das Praxisgebiet etwas besser.

»Oh, super! Also, da steht noch einer auf drei Beinen – könntest du da vielleicht hin?«, erwiderte Conny, sichtlich erleichtert, dass sie den Patienten abgeben konnte. In der Praxis war gerade die Hölle los.

»Ja, kann ich machen.« Ich gab das Ziel zur Sicherheit in mein Navi ein. Wir verabschiedeten uns, und ich machte mich auf den Weg zum Guggi-Hof. In fünfundzwanzig Minuten sollte ich dort sein.

Ich war auf der letzten großen Straße, die zum Hof führte, umgeben von Wäldern und Feldern. Das Navi zeigte an, dass mich noch zwei Minuten von meinem Ziel trennten, als die Straße plötzlich abgesperrt war. Mir war am letzten Stück schon aufgefallen, dass erstaunlich wenig Autos unterwegs waren, doch ich hatte nirgendwo ein Umleitungsschild gesehen. Mist.

Ich hielt vor der Sperre und sah mich um. Links führte eine Straße weiter, und ich entschied, ihr zu folgen. »Bitte wenden«, sagte die freundliche Navi-Stimme. ›Nein, du dummes Ding. Da geht's nicht weiter. Akzeptier es und sag mir einen anderen Weg‹, dachte ich, langsam etwas ungehalten. Ein paar Sekunden später gehorchte ich der Computerstimme meines Navis doch wieder und folgte den Anweisungen brav. Angeblich würde mein Weg nur zwölf Minuten länger dauern.

Doch als die Zeit bei zwei Restminuten stand, stand ich wieder vor der gleichen Absperrung. »Ach komm«, schimpfte ich in Richtung Navi. Das war eben doch ein dummes Ding. Also schlug ich noch mal den einzigen Weg ein, der von der Absperrung wegführte. Das Navi gab sein Bestes, führte mich aber beharrlich zurück zu der Absperrung. Das konnte doch nicht sein!

»Waaaah«, rief ich durchs Auto. Aana blickte auf und sah mich irritiert an. »So ein Mist«, fluchte ich weiter und trommelte dabei verärgert mit den Händen aufs Lenkrad. Ich beschloss, zu wenden und zurück in die nächste größere Stadt zu fahren, um von dort aus einen anderen Weg zu finden. Endlich sah ich Umleitungsschilder. Ich war also richtig. Ich freute mich, als mein Handy läutete.

»Ja, Helgaaaa«, drang eine vertraute Stimme aus dem Lautsprecher in meinen Wagen, »wo bleibst du denn so lange?«

»Hallo, Guggi! Ja, da is' so eine blöde Umleitung kurz vor eurem Hof, und ich komm nicht dran vorbei«, sagte ich schon etwas genervt.

»Wo ist denn da eine Umleitung? Von wo kommst du denn?«

Gute Frage. Wenn ich jetzt so darüber nachdenke, kannte ich die Gegend wohl doch noch nicht besonders gut. »Ja, keine Ahnung, von dieser großen Straße zwischen den Wäldern. Aber ich glaub, ich hab jetzt eh die Umleitung gefunden, in fünfzehn Minuten bin ich da«, versprach ich und versuchte nebenbei, den Umleitungstafeln zu folgen.

»Jaja, okay, dann bis gleich.« Ich fuhr schon am dritten Umleitungsschild vorbei, als das Navi erneut aktiv wurde und die Route neu berechnete. Mittlerweile hatte ich keine Ahnung mehr, wo ich war, und auch schon einige Minuten kein Umleitungsschild mehr gesehen. Mein Telefon klingelte erneut.

»Ja, sag mal, wo bleibst du denn?«, sagte der Besitzer schon etwas genervt.

»Ich komm da einfach ned vorbei, aber ich bin gleich da«, versicherte ich ihm.

»Ja, okay, bis dann«, sagte er und legte wieder auf.

Es fehlten nur noch vier Minuten. Drei Minuten. Zwei Minuten. Und ich stand erneut vor der Absperrung. »AHHHHHH!«, schrie ich und schlug mit den Handflächen gegen die Lenkung. »Das gibt's doch nicht!« Ein Stressball wäre an dieser Stelle vielleicht angebracht gewesen, um innere Ruhe zu bewahren. Mein Urlaub letzte Woche schien in weiter Ferne.

Ich war kurz davor, die Polizei anzurufen und zu fragen, welcher Vollidiot da, bitte, eine Absperrung ohne Umleitung aufgestellt habe. Sind sie denn eigentlich alle komplett wahnsinnig?! Doch bevor ich die Nummer wählen konnte und meine Chancen auf eine Strafe wegen Beamtenbeleidigung höher wurden, erblickte ich ein Auto, das neben der Absperrung auf einem kleinen Waldweg stand. ›Vermutlich jemand, der dafür verantwortlich ist‹, dachte ich und fuhr meinen Wagen den kleinen Weg hinunter.

Ich sprang aus dem Auto und legte los. »Sag mal, was is' das eigentlich für ein Scheiß? Da ist eine Absperrung, und man kommt einfach nicht an dieser verdammten Straße vorbei!« Die Leute sahen mich mit großen Augen an. Ohne Luft zu holen, fuhr ich fort: »Und die Umleitung da hört irgendwann einfach auf! Wer denkt sich denn, bitte, so einen Scheiß aus?!« Ich war der personifizierte Feuer spuckende Drache. Mit hochrotem Kopf stand ich vor den Leuten. Und die? Die begannen zu lachen.

»Ja, wo müssen S' denn hin?«, meinte einer der Männer gut gelaunt.

»Zum Guggi-Hof«, meinte ich perplex und schämte mich gleich für meinen temperamentvollen Ausbruch. Die Leute waren eindeutig nicht für die Absperrung verantwortlich, sondern nur irgendwelche Dorfbewohner.

»Der ist eigentlich eh gleich die nächste rechts«, sagte der Mann und zeigte dabei die Straße runter. Vermutlich sah er meinen verzweifelten Blick. »Fahren S' mir einfach hinterher«, sagte er. Er stieg in seinen Wagen und fuhr los. Ich sprang zurück, stieg ins Auto und drückte schnell aufs Gas.

Mein Retter fuhr durch einen kleinen Wald, der Weg führte genau neben der großen Straße entlang. Überall lagen Äste quer über dem Weg, und große Lacken zwangen mich, dem Wagen vor mir im Slalom zu folgen. Nach einer letzten Kurve erklärte mir mein Navi zu meiner großen Freude, dass ich nur noch eine Minute von meinem Ziel entfernt war. Ich winkte dem Mann noch mal freundlich zu, bevor er abbog und weiterfuhr. Ich fing noch seinen Blick auf, der so viel sagte wie, ›kein Problem, du hilfloser Ösi‹.

Schnaubend legte ich die letzten Meter bis zum Hof zurück, wo mich der Besitzer schon sehnlichst erwartete. Ich half meinem letzten Patienten, einem Wallach, der einen neuen Verband brauchte, und fuhr nach Haus, mit meinem verwirrten Navi an Bord.

Zu Hause angekommen, war ich erschöpft. Es war 20.00 Uhr, und ein anstrengender Tag lag hinter mir. Nicht nur, weil gerade so viel los war, sondern auch wegen der Kälte. Es hatte minus zwanzig Grad, und das machte das Arbeiten noch anstrengender als sonst. Vor allem, weil man wieder achtgeben musste, dass die Medikamente und das Equipment nicht einfroren. Das bedeutete, dass ich das Röntgen, den Ultraschall und eine Schachtel mit den wichtigsten Medikamenten in den zweiten Stock schleppen musste, sobald ich heimkam.

Ich stieg die Treppen zur Wohnung hoch, wo Aana und Sparky bereits hungrig vor der Tür warteten. Am Weg zu ihrem Abendessen liefen sie mich immer fast um, um dann wartend vor der Wohnungstür zu sitzen, bis ich den Schlüssel ins Schloss steckte und aufsperrte.

Es gab eine einfache Regel für mich: Ab 20.00 Uhr hoffte ich, dass keine Besitzer*innen mehr anriefen, und hatte auch kein schlechtes Gewissen mehr, dass ich zu früh aufgehört hätte zu arbeiten. Vor allem nicht nach diesem Tag, an dem mich mein Navi beinahe die letzten Nerven gekostet hätte.

Ich ging in die Küche und sah in den Kühlschrank, in der Hoffnung, etwas Anständiges zu finden. Während die Hunde ihre Futternäpfe durch die Gegend schoben, ließ ich ein paar Nudeln köcheln und öffnete ein veganes Pesto aus dem Glas. Kaum waren die Nudeln fertig, läutete mein Telefon.

Als ich Gertis Nummer sah, war klar, dass es sich um nichts Privates handelte. »Hey«, meldete sie sich. »Da ist ein Koliker in Eging.« So viel zum Thema Feierabend. Ich drehte den Herd ab, auf dem mein fertiges Abendessen stand, und schrieb die Adresse auf.

»Alles klar, ich mach mich auf den Weg«, seufzte ich und legte auf. »Na los, die Arbeit ruft«, sagte ich zu Aana. Sie sprang auf und lief hoch motiviert zur Tür. Wenigstens eine hatte Spaß. Ein Blick zu Sparky reichte jedoch, um zu wissen, dass er den Dienst für heute schon beendet hatte. Ich schaufelte mir noch schnell einen Löffel Nudeln in den Mund und lief dann Richtung Auto.

Bei dem Koliker handelte es sich um eine Verstopfung und leichte Dickdarmverlagerung. Er sprach glücklicherweise gut auf die Medikamente an, und kurz vor 22.00 Uhr war ich wieder zu Hause. Gut, ich hatte mit der 20.00-Uhr-Regel nicht immer Glück, aber nun konnte ich endlich entspannen und mir ein Bad einlassen, das Einzige, das mich zu dieser Jahreszeit nach einem Tag in der Kälte wirklich aufwärmte.

Ich aß die kalte Pasta von vorhin, während ich in die Badewanne stieg. Auf meinem Laptop lief schon ein Film. Jetzt sollte wirklich nichts mehr schiefgehen. Ich versuchte, mich auf den Film zu konzentrieren, während mir eine weitere meiner Regeln in den Sinn kam: Gehe nicht vor 22.00 Uhr baden oder duschen. Die hatte ich irgendwann mal aufgestellt, nachdem Perdite zu mir meinte, ich sei aber mutig, wenn ich davor duschen wollte. Aber mittlerweile hatten wir die 22.00 Uhr eh überschritten, und ich wollte nur noch meine Haare waschen, ab ins Bett und etwas Schlaf nachholen. Die Kälte und die Dunkelheit raubten mir immer mehr Kraft als die warmen Sommertage.

Ich lehnte mich nach hinten und ließ das warme Wasser über meine Ohren und Haare steigen, bis meine Haare vollständig im Wasser schwammen. Ich fing gerade an, mich zu entspannen, als ich gedämpft durch das Wasser das Klingeln meines Handys vom Badewannenrand hörte. Das war jetzt nicht wahr. Ich schoss hoch und sah zum Telefon. Ich kannte die Nummer, aber es war keine Freundin. Es konnte sich also nur um einen weiteren Notfall handeln. ›Kann der Koliker nicht ein paar Minuten länger warten, zumindest bis ich meine Haare geföhnt habe?‹, dachte ich und nahm ab.

»Hallo, Helga!«, kam die nervöse Stimme durchs Handy. »Ich glaube, die Katie erstickt!«

Shit, da wäre ein Koliker noch besser gewesen. Das konnte keine Sekunde warten. »Ich fahr gleich los«, antwortete ich, legte auf und sprang aus der Badewanne. Fluchend versuchte ich, meine tropfnassen Haare zu einem Knoten zu binden, während das Wasser mein Gesicht hinunterlief. Ein kurzes Abrubbeln, und ich schmiss mich in meine Klamotten. Meine Jacke warf ich mir nur schnell über, während ich die Stufen hinunterlief.

Als ich im Auto saß, spürte ich, dass meine Haare auf dem kurzen Weg zu meinem Auto gefroren waren. Mit Eiszapfen auf dem Kopf fuhr ich los und verfluchte den Tierärztinnenberuf.

Als ich zehn Minuten später am Stall ankam, hörte ich schon das keuchende Pferd.

»Ich weiß nicht, ob sie sich an etwas verschluckt hat. Es gibt eigentlich nichts Gefährliches in ihrem Gatter«, begrüßte mich die völlig aufgelöste Mareike. Die Stute stand im Paddock und versuchte durch lautes Husten immer wieder, etwas aus ihrem Hals zu befreien. Nach einer kurzen Untersuchung konnte ich noch nicht sagen, ob es in der Speiseröhre oder in der Luftröhre lag.

»Sedieren will ich sie in dem Zustand eigentlich nicht, sonst rutscht es vielleicht weiter in die Lunge. Wir legen jetzt einmal eine Nasenschlundsonde bis zum Magen, und wenn die Speiseröhre frei ist, dann wissen wir, dass es in der Luftröhre ist und sie gleich in die Klinik muss.« Ich ging zu meinem Auto und holte die Nasenbremse und die Nasenschlundsonde.

Mareike warf mir einen besorgten Blick zu. Sie schien zu wissen, dass es schwer werden würde, Katja die Sonde einzuführen. »Sollen wir es mal ohne Bremse probieren?«, fragte sie und sah mich Hilfe suchend an.

»Ja, okay«, meinte ich. Doch wir stellten schnell fest, dass das keine Option war. Immer wieder warf die keuchende Stute ihren Kopf in die Höhe und machte es für mich unmöglich, den

Schlauch durch ihren Nasengang zu schieben. »Okay, lass es uns mit Nasenbremse probieren«, seufzte ich. Doch die Stute wehrte sich mit all ihrer Kraft. Egal wie fest ich ihre Oberlippe packte, sie warf den Schädel immer wieder hoch und entkam meinem Griff.

»Sei nur vorsichtig«, sagte Mareike, die immer mehr Abstand zu ihrer Stute hielt.

»Ja, sie hält eindeutig nichts von meiner Behandlung«, schnaubte ich und versuchte erneut, die Nasenbremse zu platzieren. Wenigstens war mir gerade nicht kalt. Ich schnappte nach ihrer Oberlippe und hielt sie fest. »Jetzt ist es aber gut, das ist doch echt nicht so schlimm«, rief ich. Mein Arm wurde hochgerissen und mein Körper zur Seite geschleudert, doch ich schaffte es, nicht loszulassen. Das Pferd legte eine kurze Denkpause ein, und genau in der Sekunde gelang es mir, das Seil festzuziehen. Mittlerweile schnaubte ich genauso stark wie die Stute. Oder kam das Schnauben nur noch von mir? Auf einmal war gar kein Röcheln mehr zu hören.

»Hörst du das?«, sagte ich zu Mareike, die vorsichtig wieder ein paar Schritte auf uns zugekommen war. »Das Röcheln ist weg.« Ich legte mein Stethoskop auf ihren Hals und konnte nichts mehr hören. Wir entschlossen uns, trotzdem noch die Sonde zu legen, um sicherzugehen. Gott sei Dank kam sie ohne Probleme bis in den Magen.

»Na bitte«, prustete ich erleichtert. »Sie hat sich so über mich geärgert, dass sie sich selbst geheilt hat.« Mareike fiel mir glücklich in die Arme. Kurz darauf saß ich gut gelaunt in meinem Wagen und freute mich darauf, endlich meine Haare trocknen zu lassen und ins Bett zu fallen. Manchmal konnte man eben doch Glück haben.

Wilde Hengste

Am nächsten Morgen fuhr ich Richtung Memberg zu einem bekannten Stall, dessen Besitzer ich sehr mochte. Es war derselbe Stall, in dem ich am Anfang meiner Karriere beim Röntgen getreten worden war. Mein Praxisauto rollte auf den Hof, und ich sah schon den Besitzer am Weg stehen und mit einem seiner Mitarbeiter reden. Als ich vor ihm anhielt, lehnte er sich zur Seite und sah durch die Windschutzscheibe. Er schaute mich verwirrt an.

Ich ließ mein Fenster hinunter. »Was schaust du so kritisch?«, fragte ich.

»Warum schickt er denn dich?«, kam die Gegenfrage.

Hä? Hab ich was verpasst? Er schien meinen fragenden Blick zu sehen und sagte nur: »Na, sind die komplett verrückt? Hat Herbert dir das nicht erzählt?«

Plötzlich klingelte etwas in meinem Hinterstübchen. Herbert hatte mir von einer Kastration erzählt, die vor zwei Tagen stattgefunden hatte. Jetzt begriff ich, dass die verrückten Hengste aus seiner Geschichte *diese Pferde* hier waren. »Na ja, das krieg ma scho hin«, sagte ich gespielt cool und ließ mir zeigen, wo die Tiere standen.

Es waren drei frisch kastrierte Wallache, die in einem Paddock standen. Wir wollten einen nach dem anderen in einen kleinen Paddock führen, ihnen dort ein Medikament spritzen und den Tupfer aus der OP-Wunde ziehen. Klang ja eigentlich nicht so schwer. Ich rollte mein Auto bis zum Gatter und stieg aus. Es hatten sich bereits zwei Helfer um die Pferde versammelt und es geschafft, den ersten Kandidaten in das Paddock zu treiben. Ich fragte mich, wie sie es geschafft hatten, ein Halfter auf das Tier zu bringen, während es nervös durch das kleine Areal hetzte.

»Hast du gehört, wie die Kastrationen verlaufen sind?«, rief der Stallbesitzer zu mir hinüber, während ich mein Material aus dem Kofferraum holte.

»Ja, wieso sind die denn eigentlich so wild?«, rief ich zurück, während ich die Kofferraumhaube zufallen ließ.

»Keine Ahnung«, kam es zurück. »Die sind aus Tschechien und scheinbar noch nie angegriffen worden.«

Ich steckte mir die Spritze in die eine und die Klemme, um den Tupfer zu ziehen, in die andere Hosentasche. In die Hand nahm ich die Nasenbremse und ging los. »Fieber messen brauchst du übrigens nicht zu versuchen«, sagte der Besitzer, während ich mit den Händen am Paddock lehnte und beobachtete, wie der Hengst auf und ab lief. Aber das hatte ich mir schon gedacht.

»Na gut, bekommt's ihr halt eine Nasenbremse drauf«, sagte ich und reichte das Stück Holz an den ersten Mann, der neben mir stand.

Ich hatte mittlerweile schon viel Erfahrung mit wilden Hengsten, aber wenn fünf mutige Männer herumstanden, durfte man sich doch auch mal zurücklehnen und zusehen. »Ja, wir können es versuchen«, meinte einer vom Team. Der Erste griff sich das nervöse Pferd, das sofort versuchte, sich zu befreien und über das Gatter zu springen.

»Macht's den Paddock kleiner«, schrie der Stallbesitzer, und das Metall wurde enger geschoben, sodass das Pferd nicht so viel Platz hatte, um Schwung zu nehmen und auszubrechen. Während der Erste immer noch versuchte, das Pferd zu bändigen, versuchte der Zweite, die Oberlippe zu schnappen und die Bremse darüber zu ziehen. »Du musst das ruhig machen, Manuel!«, rief der Stallbesitzer dazwischen und versuchte, seine Leute anzuweisen. Dem jungen Mann rann schon der Schweiß von der Stirn. Immer wenn er versuchte, die Bremse anzulegen, riss das Tier den Schädel in die Höhe und drängte ihn zur Seite.

Ich beschloss, dass ich lange genug zugesehen hatte, und griff ein. Ich hatte ja schließlich nicht den ganzen Tag Zeit. »Okay, gib mal her«, meinte ich und kletterte durch das Gatter zu den Männern. Das Pferd schnaubte, und ich war streng darauf bedacht, immer bei seinem Kopf zu bleiben. »Dräng ihn gegen das Gatter, damit er nicht mehr hin und her laufen kann«, sagte ich zu einem der Männer. Der Stallbesitzer stand auf der anderen Seite des Metalls und sorgte dafür, dass es nicht umgerissen wurde. »Du nimm eine Hautfalte«, sagte ich zum zweiten Burschen, der mich verdutzt ansah.

»'ne Hautfalte, Manuel, du weißt doch, wie das geht«, rief der Stallbesitzer genervt.

»Da schau, so«, sagte ich und nahm die Haut am Hals des Pferdes zwischen meine Faust und zog an. »Und die lässt du nicht los!«

Manuel tat, wie ihm geheißen. Wie erhofft wurde das Pferd ruhiger, und ich schaffte es nach zwei Versuchen, die Nasenbremse anzulegen. Endlich stand das Pferd still, aber es fühlte sich an wie eine Ladung Dynamit, die jeden Moment hochgehen würde. Jeder Muskel des Pferdes war angespannt und bereit, loszustürmen.

»So, jetzt übernimm die Bremse und halte sie auf Spannung«, schrie ich mit etwas zittriger Stimme. »Ja nicht zu fest oder zu locker. Und stell dich nicht vor ihn.« Der Helfer tat wie angeordnet, und ich übernahm die Falte am Hals. »Und du nimmst jetzt sein Vorderbein hoch«, sagte ich zu Manuel.

Wenn ich Angst hatte, getreten zu werden, ließ ich mir von Helfer*innen immer ein Vorderbein hochnehmen, und zwar immer das auf der Seite, auf der ich stand. Diagonal sind Pferde nämlich sehr gut darin, auf zwei Beinen zu stehen und nach der Tierärztin zu treten. Alle waren angespannt. Der Stallbesitzer stemmte sich gegen das Gitter. Der erste Helfer hielt das Pferd und die Nasenbremse, der zweite das Vorderbein, und ich hatte meine Faust am Hals so fest verschlossen wie möglich. Ich setzte mit der anderen Hand die Nadel, und es kam kein Zucken vom Pferd. Ich atmete auf. Doch nachdem das Medikament drinnen war, kam der schwierigste Teil. Ich ging um den Mann herum, der das Vorderbein hielt, und bückte mich langsam Richtung Bauch hinunter. Mein Chef lässt am Tupfer zum Glück immer ein Stück des Fadens hängen, damit man nicht zu nah an die Wunde muss.

Ich beugte mich noch etwas tiefer hinab und sah den Faden. »Du hast das Bein, gell«, rief ich noch mal.

»Ja«, kam es von hinten.

Ich holte tief Luft und streckte meinen Arm mit der Klemme aus. Ich versuchte, den Faden zu schnappen, verpasste ihn jedoch. Der Hengst bemerkte, wo ich hinzielte, und wurde nervös. »Ho, ho«, hörte ich es von allen Seiten, während das Tier begann, mit den drei restlichen Füßen zu trippeln. Es wollte eindeutig die lästigen Menschen abschütteln.

»Manuel, dreh zu«, rief der Stallbesitzer wieder. Auch ich verstärkte meinen Griff noch mal und streckte mich, so gut ich konnte, um zu dem Tupfer zu gelangen. Ich spannte die Klemme in meiner Hand auf, und als ich den Faden spürte, schnappte ich zu. Der Widerstand des Tupfers übertrug sich auf mein Werkzeug, und ich wusste, dass ich richtig war. So vorsichtig und zügig wie möglich zog ich an dem Faden. Mit einem lauten »flutsch« kam der Tupfer heraus, direkt gefolgt vom Wundsekret, das nun abfließen konnte.

»Fertig«, rief ich und ging aus der Schusslinie. Auch die Helfer zogen sich einer nach dem anderen zurück. Der Wallach, der endlich wieder frei war, warf seinen Schädel wild durch die Luft und schnaubte, während er mit den Hinterbeinen nach der Wunde schlug.

»Super gemacht«, gratulierten wir uns gegenseitig und machten uns bereit für die nächsten Patienten.

Auch hier waren wir erfolgreich, und alle waren erleichtert, als wir es heil überstanden hatten. »Bin ich froh, wenn die wieder vom Hof sind«, meinte der Stallbesitzer, während ich mich abfahrbereit machte.

»Das glaub ich, die sind ja echt sehr wild. Bin ich froh, dass die mir nicht den Kopf weggetreten haben! Der Herbert hat halt schon längere Arme, der kann da viel leichter drunter greifen und den Tupfer ziehen«, meinte ich zum Stallbesitzer, der mich amüsiert ansah.

»Ja, ich sag ja, warum schickt er dich«, lachte er. Ich verabschiedete mich von ihm und stieg ins Auto.

Bevor ich losfuhr, nahm ich mein Handy und schrieb eine SMS an Herbert: »Wenn du nicht mehr willst, dass ich für dich arbeite, dann musst du es nur sagen. Hab gerade die Hengste, die keine Hengste mehr sind, in Memberg überlebt.« Ich schmunzelte, als kurz darauf die Antwort kam.

»Hihi, alles gut gegangen?« – »Ja«, schickte ich mit einem Lachsmiley zurück und machte mich auf den Weg zum nächsten Patienten.

Hobbit

Meine größte Angst, als ich damit begann, als mobile Pferdetierärztin zu arbeiten, war, Koliker behandeln zu müssen. Ich fürchtete mich davor, vor den Pferden zu stehen und bei der rektalen Untersuchung nicht diagnostizieren zu können, was dem Pferd fehlt.

Das Schicksal wollte mich herausfordern und schenkte mir zu meinem ersten Wochenenddienst sieben Koliker, die ich zum Glück alle retten konnte. Damit war dieses Thema ein für alle Male für mich abgehakt. Mittlerweile hatte ich schon viele Koliken erlebt und wusste auch, dass die rektale Untersuchung nur ein kleiner Teil der Diagnostik ist. Man kann durch die anderen Untersuchungsmethoden meist viel mehr über den Zustand des Patienten sagen. Kein Koliker gleicht dem anderen. Jedes Pferd verhält sich unterschiedlich, wenn es Bauchschmerzen hat, hat andere Gründe für den Schmerz, unterschiedliche Schmerzäußerungen und reagiert unterschiedlich auf die Behandlung.

Ein besonderer Kandidat, den ich nie vergessen werde, war Hobbit. Natürlich war es kein kleines Pferd, wie der Name vermuten lässt, sondern ein riesiges Ross, das in unserer Praxis schon durch seine Koliken bekannt war. Zum ersten Mal wurde ich an einem Freitagabend zu ihm gerufen. Er hatte eine sehr freundliche Besitzerin, Margit, die schon einiges mit ihm durchgemacht hatte.

Margit begrüßte mich, als ich in den beleuchteten Stall trat. »Also, er will nicht fressen und will sich immer wieder hinlegen«, erklärte sie mir. Hobbit war schon älter und durch seine Vorgeschichte daran gewöhnt, untersucht zu werden. Die Untersuchung war recht unauffällig, und er sprach gut auf die Medikamente an, die ich ihm gab. Nach ein paar Minuten war sein Blick schon viel frischer, und er wollte etwas fressen.

»Vielleicht ist weiter vorne im Darm etwas verlagert oder verstopft, aber er spricht gut an«, sagte ich zu Margit. »Wenn er weiter so bleibt und drei Haufen absetzt, können Sie ihn morgen früh langsam anfüttern.« Margit erklärte mir, dass er mit den anderen Pferden nachts immer auf die Weide ging und man ihn nicht separieren konnte. Mit einem mulmigen Gefühl im Bauch gab ich ihr die Erlaubnis, ihn weiterhin in der Nacht rauszulassen. »Da steht eh nicht viel Gras, aber sehen Sie zu, dass er sich noch gut bewegt, damit der Darm in Schwung kommt. Und wenn er wieder kolikt, rufen Sie sofort an.« Die Besitzerin stimmte zu, und ich fuhr heim.

Am nächsten Tag ging es Hobbit immer noch gut, doch er hatte noch keine drei Haufen abgesetzt, wie mir Margit am Telefon mitteilte. »Dann darf er nichts fressen. Ich komm heute noch mal vorbei«, sagte ich und machte mich einige Zeit später auf den Weg. Als ich ihn wieder untersuchte, hatte sich sein Befund verändert. Sein Puls war gestiegen, und seine Darmgeräusche klangen tympanös, als hätte er Luft im Darm.

Die rektale Untersuchung bestätigte das Geräusch, und ich konnte spüren, dass Teile des Dickdarms aufgebläht waren. Die Schmerzmittel halfen auch nicht, so wie noch am Tag zuvor. Obwohl der Puls etwas sank, während ich ihn untersuchte, zeigte Hobbit keinen Appetit. »Hm, das gefällt mir nicht«, meinte ich. »Er reagiert nicht auf das Schmerzmittel, das ist eigentlich schon Grund genug, ihn in eine Klinik zu überweisen.«

Doch ich sah schon an Margits Blick, dass eine Klinik für dieses Pferd nicht mehr infrage kam. Nachdenklich rief ich Perdite an, da sie Hobbit bis jetzt immer behandelt hatte und seine Koliken kannte. Ich schilderte ihr die Lage und meinte, dass irgendwas nicht passte. »Entweder ihn zwickt das Gas so, oder da dreht sich was zu. Soll ich ihn abgasen? Aber was ist, wenn es nicht weitergeht?«, teilte ich ihr meine Überlegungen mit.

»Dann antagonisierst du es halt mit Buscopan«, meinte Perdite. Das bedeutet, dass man die Wirkung des Medikamentes mit einem anderen Medikament wieder aufhebt. »Ja, ich glaub, ich würd's aber auch so machen, wenn er nicht auf die Schmerzmittel reagiert. Du kannst ihn ja nicht so lassen«, meinte meine Kollegin und fügte noch hinzu: »Der Hobbit hat noch alles überlebt.«

Mit diesen Worten beendeten wir das Gespräch, und ich entschied mich, die Behandlung wie mit ihr besprochen fortzuführen. Würde er nicht darauf ansprechen und sein Befinden weiter schlechter werden, müssten wir ihn einschläfern, also hieß es hopp oder top.

Wir brachten ihn in einen Raum, in dem er genug Platz hatte, sich wälzen zu können, und ich spritzte ihm ein Medikament, das dafür sorgen sollte, dass die Darmmotorik ansprang. Auf gut Deutsch sorgte ich dafür, dass er so richtig furzen musste, mit Substanz, versteht sich. Es dauerte einige Minuten, und dann ging es los.

Man merkte, wie Hobbit unruhig wurde und den Schweif hob. Das erste Gas entwich, und er begann, sich hinzulegen und eine für ihn angenehme Position zu finden. Man kann sich das Gefühl so vorstellen wie nach der Einnahme eines starken Abführmittels. Alles verlief nach Plan, doch dann sah ich etwas, das ich bei einem erwachsenen Pferd noch nie gesehen hatte.

Hobbit stand auf und presste mit aller Kraft. Er wirkte wie ein Fohlen mit Mekonium-Verhalten. Mekonium ist der erste Kot des Babys, auch Darmpech genannt, welchen es normalerweise nach der Geburt absetzt. Da er teilweise sehr hart und groß ist, ist er für Fohlen oft sehr anstrengend und schwierig abzusetzen. Mein Patient verhielt sich wie so ein Fohlen. Er presste und spannte seinen gesamten Körper an, doch es passierte nichts.

»Da stimmt was nicht«, sagte ich zu Margit. »Der presst wie ein Fohlen, bei dem das Darmpech nicht rausgeht.« Ich sah weiter zu, doch es wurde nicht besser. Das arme Pferd stöhnte und presste, doch nichts geschah. »Okay, er bekommt jetzt das Gegenmittel, und ich untersuche ihn noch mal«, sagte ich und holte die Spritze.

Als das Medikament verabreicht war, begann ich mit meiner rektalen Untersuchung, um die inneren Organe abtasten zu können, die davor durch den Darm verdeckt gewesen waren. Natürlich kann man die Organe immer nur mit der Darmwand des Enddarms dazwischen fühlen, in dem sich der Arm befindet. Da war plötzlich etwas davor, das bei der ersten Untersuchung nicht zu spüren war. Es fühlte sich wie ein riesiges Ei an, das in der Bauchhöhle lag. Schnell begriff ich, dass es in einem anderen Abschnitt des Darms lag, und immer, wenn ich versuchte, es zu fassen, flutschte es samt dem Darm, in dem es steckte, wieder davon.

»Ich spür da was«, sagte ich zu Margit, die merkte, dass diese rektale Untersuchung länger dauerte als sonst. »Es ist etwas im Darm. Ich glaube nicht, dass es ein Tumor ist, aber es flutscht mir immer wieder davon.« Ich schnaubte und versuchte weiter, das Ei zu lokalisieren. Der Schweiß lief mir den Rücken hinunter, während ich auf meinen Zehenspitzen stand und mittlerweile bis zur Schulter im Hinterteil des Pferdes verschwand.

Ich entschied, dem Darm, in dem ich steckte, weiter zu folgen und so zu der eiförmigen Masse zu gelangen. »Da!«, rief ich und spürte plötzlich die raue Oberfläche der Masse – doch eine Sekunde später war wieder Darmwand zwischen meinen Fingern und das vermeintliche Ei verrutscht. Ich wurschtelte meine Finger weiter vor und bekam es wieder zu spüren. Es fühlte sich an wie ein fester Brocken Kot. Millimeter für Millimeter versuchte ich, die Darmwand wegzuschieben, um die Verstopfung fassen zu können, doch der bewegliche Darm machte die Arbeit fast unmöglich.

»Ich brauch kurz eine Pause«, schnaufte ich, und auch Hobbit war erleichtert, als ich meinen Arm für einen Moment aus seinem Poloch zog. »Ich denke, dass dieses Ei-artige harte Gebilde der Grund für sein Pressen und die Aufgasung ist. Irgendwie steckt das fest«, erklärte ich Margit, während ich meinen roten Arm ausschüttelte. Sie schaute mich besorgt an, sagte aber nichts.

Nach einer kurzen Pause versuchte ich es erneut und versenkte meine Finger wieder in der Masse. Da ich sie nicht umgreifen konnte, versuchte ich einfach, mich an dem einzukrallen, was ich spüren konnte. Mein Gesicht verzerrte sich, als sich der eh schon kurz geschnittene Fingernagel meines Zeigefingers umbog. So ein Mist, ich hasste dieses Gefühl. Hobbit machte einen Schritt, und die Masse flutschte mir wieder davon.

Margit streichelte Hobbit sanft über den Rücken und flüsterte ihm beruhigend zu. Ich atmete einmal tief durch und kämpfte mich zurück an die Stelle, an der ich das Ei gespürt hatte. Als Hobbit zu pressen begann, musste ich erneut eine Pause einlegen. »Ich kann nicht sagen, ob das wirklich die Ursache ist«, sagte ich unsicher. »Aber ich habe es auch noch nie erlebt, dass ein Pferd, das kein Fohlen ist, so presst.«

Die Zweifel in mir wurden immer größer. Quälte ich mich und meinen Patienten unnötig? Was, wenn ich das Ei rausbekam, aber der Zustand des Pferdes sich nicht änderte? »Hobbit hat noch alles überlebt«, hörte ich Perdites Stimme in meinem Kopf. »Wir versuchen es noch einmal«, sagte ich zu Margit, die mich die ganze Zeit still beobachtet hatte. Ich griff zum Gleitgel und ging ein letztes Mal zu meinem Patienten.

Wieder erreichte ich das Ei, und wieder bog sich mein Fingernagel bei dem Versuch, es zu greifen, um. Doch plötzlich lösten sich kleine Teile der Masse. Ich bekam Hoffnung. Immer wieder bohrte ich meine Nägel in die Masse. Nachdem noch ein kleiner Brocken abfiel, hatte ich einen Teil fest im Griff.

›Jetzt nicht loslassen‹, schwor ich mir und bewegte die Masse langsam durch den Darm. Es löste sich noch mal ein kleiner Brocken ab, doch ich konnte das Ei gleich wieder fassen. Und plötzlich war es da. Ich zog meinen Arm gemeinsam mit der Masse in der Hand heraus, was eine Flutwelle auslöste.

Hobbit spürte die Erleichterung und presste endlich weichen Kot und Gas aus seinem Darm. Das Ei, das ich herausgeholt hatte, war eine Masse aus festem Kot. Kurz hielt ich es triumphierend in die Luft, damit Margit es sich anschauen konnte, und ließ es dann zufrieden auf den Boden fallen und stieg darauf. Es handelte sich wirklich nur um Kot, der sich aus irgendeinem Grund zu einem festen, steinartigen Riesenei geformt hatte.

Hobbit war die Zufriedenheit deutlich anzusehen, und auch Margit war sichtlich erleichtert. Er hatte es geschafft! Wir hatten es geschafft! Er hatte noch zwei Tage etwas Bauchweh, aber sprach von nun an gut auf die Medikamente an. Mit ein bisschen Öl im Futter, das er die nächsten Tage bekam, schafften wir es, dass er wieder ganz der Alte wurde. Der Hobbit hat eben noch alles überlebt.

Strohhalmaffäre

Perdite war heilfroh, als ich ihr von Hobbits erfolgreicher Behandlung erzählte. Zum Glück hatte sie mit ihrem Mantra recht behalten. Ich war froh, dass ich so tolle Kolleginnen hatte, an die ich mich wenden konnte, wenn ich unsicher war.

Über die Jahre arbeitete ich mit verschiedensten Kolleginnen und Kollegen zusammen. Da der Beruf sehr anstrengend und anspruchsvoll war, hielten ihn die meisten nicht länger als eineinhalb Jahre durch. Wir sagten bei den Bewerbungsgesprächen zwar immer, dass erwartet werde, dass die Tierärzt*innen mindestens zwei bis drei Jahre blieben und niemals in der Saison kündigen sollten. Aber meistens änderten die »Neuen« schnell ihre Meinung, sobald sie spürten, wie hart unser Alltag sein konnte. Dann wollten sie einfach nur noch flüchten. Dabei waren eigentlich alle neuen Bewerber*innen der Meinung, dass sie den Job schon schaffen würden.

Eine dieser Kolleginnen, die nicht einmal eineinhalb Jahre durchhielt und uns natürlich wieder mitten in der Saison verließ, war Brunhilde. Ich kannte sie von der Uni und hatte Herbert damals gut zugeredet, als er überlegte, ob wir sie einstellen sollten. Zum Glück hatte er bald vergessen, dass ich ihn ermutigt hatte, ihr den Job zu geben, da er ohnehin nur damit beschäftigt war, sich über sie zu ärgern.

Es begann bei dem ständigen Zuspätkommen. Herbert war grundsätzlich ein sehr lässiger und verständnisvoller Chef. Wenn er mitbekam, dass wir nachts noch zu einem Patienten fuhren, sagte er nicht nur einmal: »Ja, du kommst dann aber morgen zwei Stunden später.« Das hatte er am nächsten Morgen allerdings meistens wieder vergessen. Da war es ihm sehr wichtig, dass die Tierärzt*innen um Punkt 8.00 Uhr zu arbeiten begannen.

Die meisten von uns hatten es einfach, weil sie nicht in der Praxis mit dem Arbeitstag begannen. So wusste niemand genau, wann ihr Tag startete. Vor allem, weil wir damals noch kein Zeiterfassungssystem hatten. Brunhilde und ich dagegen kümmerten uns oft um die stationären Patienten und waren so auf Herberts morgendlichem Radar.

»Es ist 8.10 Uhr«, grummelte Herbert vor sich hin, als Brunhilde mit ihrem Praxiswagen in den Hof rollte. Ich ging gerade mit ihm hinunter zum Büro, um den Tagesplan zu holen, als er weitergrummelte, »waren wahrscheinlich wieder alle Ampeln rot«.

»Morgen«, rief ich zu Brunhilde hinüber, die gut gelaunt aus ihrem Auto sprang und sich keiner Schuld bewusst war. Herbert stand schon neben dem Drucker und wartete auf den Plan, während er seine Kaffeetasse neben sich auf den Tresen stellte. Wenigstens gab es Kaffee, denn wie immer wären Aufruhr und Verzweiflung ausgebrochen, wenn das schwarze Gold nicht aus dem Gerät geflossen wäre.

Brunhilde gesellte sich zu uns und gab auf Herberts Frage, was denn heute der Grund für ihr Zuspätkommen sei, nur frech zurück: »Abends fragst du uns auch nie, wann wir aufhören.« Wo sie recht hatte, hatte sie recht. Ich schmunzelte vor mich hin und verzog mich in die Apotheke. Das mache ich immer, wenn ich über etwas lachen muss und Herberts Unmut nicht abbekommen will.

Die Apotheke ist ein kleiner Raum, vollgestopft mit Medikamenten, Spritzen, Verbandszeug und was man sonst noch alles braucht, um Pferde zu retten. Ich liebe es, zwischen den Regalen durchzuspazieren und zu »shoppen«, ohne Geld ausgeben zu müssen. Summend griff ich mir zwei Fläschchen Flunixin, Entzündungshemmer konnte man immer brauchen, und drei Tuben Wurmpaste, und packte sie unter meinen Arm. Ich hatte heute einen kurzen Tag vor mir, weil mein freier Nachmittag anstand, und ich hoffte, ihn auch einhalten zu können.

Ich spazierte gerade aus der Apotheke, als Herbert unsere Namenskürzel vor jede Aufgabe auf dem Plan schrieb. »18.00 Uhr ist noch eine Sedierung für den Schmied in Eging, das ist Helga-Land, gell?«, fragte mich Herbert.

»Ich hab heute eigentlich meinen freien Nachmittag«, begann ich.

»Asooo, na dann geht das natürlich nicht.« Er runzelte die Stirn und überlegte, wen er stattdessen dafür einteilen konnte.

»Aber egal, da brauch ich ja nicht viel, und das ist echt gleich neben mir«, warf ich ein.

»Na, das musst du aber nicht, wenn du freihast, hast du frei.«

Wie einfach das jetzt noch klang, wohl wissend, dass in ein paar Stunden wieder alle gestresst und überarbeitet waren. Dann konnte niemand mehr den Zeitplan einhalten, weil dazwischen schon zehn Notfälle jeden Plan zerstört hatten. Am Ende musste der Schmied samt Besitzer genervt eine Stunde neben dem Pferd warten.

»Nein, das passt schon, lass das bei mir. Ich will eh mal wieder mit dem Schmied tratschen.« Ich ignorierte Herberts neckisches »Oho« und begann damit, meine Apothekenausbeute ins Auto zu räumen.

»Helga, brauchst du deine Nasenschlundsonde?«, hörte ich Brunhilde hinter mir. Seit Nina ihr eigenes Auto hatte, fiel das Los der Springerin auf sie. Sie war also diejenige, die immer das Auto fuhr, das gerade niemand brauchte. Diesmal fuhr sie Ninas Praxisauto, die scheinbar die Nasenschlundsonde beim letzten Koliker vergessen hatte.

»Ja, also, an sich brauch ich sie für die paar Patienten heute nicht, aber wenn ein Notfall ist, musst du dann halt fahren.«

»Hmm, ja, okay«, meinte Brunhilde. Extraarbeit war für sie immer sehr schwer zu verkraften. Ich sah sie an und zog die Augenbrauen hoch.

»Morgen brauch ich sie auf jeden Fall wieder«, meinte ich und reichte ihr den langen Schlauch.

»Jaja, das Büro hat eh schon eine neue bestellt, die sollte morgen ankommen.«

Ich hörte ihr nur noch mit halbem Ohr zu, da ich auf der Suche nach Aana war. Das Mistvieh war bestimmt schon wieder beim Nachbarn und stahl das Katzenfutter. Ich sprang ins Auto und startete meine Tour, um rechtzeitig in den fast freien Nachmittag starten zu können. Auf dem Weg runter vom Hof sah ich Aana herbeilaufen, die sich genüsslich über die Lippen schleckte. Ich lehnte mich zur Beifahrertür und rief sie. Wenigstens blickte sie einen Moment so drein, als würde sie ein schlechtes Gewissen haben. Sie sprang durch die geöffnete Beifahrertür und schaute in der nächsten Sekunde wieder frech aus dem Fenster, um zu sehen, wo es hinging.

Erstaunlicherweise konnte ich pünktlich in meinen freien Nachmittag starten, und auch der kurze Arbeitseinsatz am Abend war entspannt. Ich konnte mir den neusten Klatsch und Tratsch vom Schmied erzählen lassen, während ich lässig neben dem benebelten Pferd stand und dem Meister bei der Arbeit zusah.

Während ich vom Schmied nach Hause fuhr, wurde mir bewusst, dass die meisten Freundschaften, die ich bis jetzt außerhalb der Arbeit geschlossen hatte, mit Schmieden und ihren Frauen entstanden waren. Denn wie es der Zufall wollte, hatten sie jeweils Patient*innen mit langwierigen Krankheitsverläufen, über die man schnell ins Gespräch kam. Aus einem anfänglichen netten Plaudern wurde irgendwann ein »wollen wir noch eine Runde mit den Hunden drehen?« oder »bleib doch noch zum Abendessen«.

Darauf war es auch heute hinausgelaufen, weswegen ich mal wieder viel zu spät nach Hause kam. Zu Hause angekommen, warf ich mich vollgestopft in die Badewanne. Auch Aana und Sparky hatten schon gefressen und lagen glücklich in ihren

Körbchen. Beide waren komplett ausgepowert, nachdem sie den ganzen Abend mit den Hundefreunden getobt hatten.

Ich nahm mein Handy vom Wannenrand und tippte eine Nachricht an Tobi. Momentan sahen wir uns nur alle zwei bis drei Wochen, weil wir oft beide an den Wochenenden arbeiten mussten. Trotzdem wussten wir genau, was in dem Leben des anderen passierte, da wir uns immer schrieben, wenn wir die Zeit hatten. Dinge die uns durch den Kopf gingen, Menschen, die uns Nerven kosteten, Fotos von leckerem Essen, Bilder von den Hunden oder von uns. Das Gefühl, dass die andere Person am Leben teilnahm, war immer da. Nachdem ich ihm von heute erzählt hatte, fiel ich erschöpft ins Bett.

Der nächste Morgen kam wie immer viel zu früh, und so begann ich verschlafen meinen Arbeitstag. Ich ärgerte mich, dass ich meinen freien Nachmittag nicht mit Sport verbracht hatte, während ich mir genüsslich eine Semmel zwischen die Zähne stopfte.

Der Tag war lang und stressig. Als die Sonne schon lange untergegangen war, kam noch ein letzter Notfall, vierzig Minuten entfernt. »Ich mach mich am Weg«, gab ich Gerti durchs Telefon durch und wendete müde meinen Wagen. Eine Schlundverstopfung wartete auf mich, eine Diagnose, die ich hasse. Schlundverstopfungen können sehr nass und kalt werden, also für mich, nicht für das Pferd. Und sie können lange dauern. Manche Pferde schaffen es, sich so viel Futter in die Speiseröhre zu stopfen, dass man literweise Wasser und viel Ausdauer braucht, um ihnen endlich Erleichterung verschaffen zu können.

Nach knapp einer Dreiviertelstunde fuhr ich auf dem Hof, oder besser gesagt dem Anwesen, ein. Es war umrundet von einer Steinmauer, und man fuhr einen Schotterweg entlang, der zwischen einer Allee durchführte, um aufs Grundstück zu kommen. Der Besitzer stand schon am Eingang des Stalls und winkte mir zu, um mir zu zeigen, wo ich den Wagen parken konnte. Ich stieg aus und machte mich mit meinem Stethoskop in der Hand auf den Weg zu ihm. »Guten Abend«, sagte er freundlich, und ich sah im Dunkeln, dass er zwei Pferde an der Hand hielt.

»Guten Abend, sind die beide krank?«, fragte ich verdutzt.

»Oh nein, aber die sind unzertrennlich, deshalb warten sie zusammen. Ich glaube, es ist wieder eine Schlundverstopfung. Das hatte er schon einmal, und er zeigt wieder dasselbe Verhalten.«

Ich sah das Pferd an, zu dem der Mann blickte. Es war ein wunderschöner großer Friese, und aus seinen Nüstern tropfte verfärbter Schleim. Ja, es handelte sich wohl um eine Schlundverstopfung. Bei der Rasse wurde mir etwas flau im Magen, wenn ich daran dachte, dass es schon ein wiederholter Vorfall war. Friesen waren die Golden Retriever unter den Pferden, sie hatten jede Krankheit, die man sonst nur in Büchern fand. Es konnte sich hier zum Beispiel um ein Divertikel handeln, eine Aussackung der Speiseröhre, die immer wieder dazu führte, dass Futterreste liegen blieben und es zu einer Verstopfung kam.

Ich erzählte dem Besitzer von meiner Befürchtung und erklärte ihm, dass wir eine Endoskopie durchführen sollten, sobald es dem Wallach wieder besser ging. Ich holte die Sedierung, und als das Pferd müde wurde, brachte der Besitzer das zweite Pferd in den Stall. Dann holte er einen Eimer, einen Schlauch, Wasser und einen Schemel. Schließlich handelte es sich um ein Tier mit gehörigem Stockmaß. Währenddessen ging ich zum Auto, um die Sonde und den Trichter zu holen.

Doch noch bevor ich zu der Kiste griff, in der ich das Material lagerte, lief mir ein kalter Schauer den Rücken hinunter. Bitte nicht. Ich tastete im Dunkeln nach meiner Sonde, doch sie war nicht da. Brunhilde hatte sie nicht zurückgelegt. So ein Mist! Ich griff nach meinem Handy und machte verzweifelt die Taschenlampe an, um etwas mehr Licht zu haben. Ich kletterte in mein Auto, um besser sehen zu können, und wählte gleichzeitig Brunhildes Nummer.

Nach kurzem Klingeln ging sie ran. »Sag, du hast mir die Sonde nicht wieder ins Auto gelegt, oder?«, fing ich an. Ich sparte mir wie so oft, wenn ich gestresst war, jegliche Form der Begrüßung.

»Oh nein, die liegt noch bei mir.«

Ich fluchte ins Telefon und hoffte, dass der Besitzer mich nicht hörte. »Mensch, Brunhilde, ich steh beim Friesen mit einer Schlundverstopfung. Wenn du dir was ausborgst, dann musst du das schon wieder zurückgeben!«, zischte ich böse und sah weiter verzweifelt in mein Auto.

»Ja, tut mir leid, aber du hast ja auch nicht dran gedacht. Wo bist du denn? Soll ich sie dir bringen?«

Ich stöhnte vor mich hin. »Nein, ich bin irgendwo am Arsch der Welt. So ein Dreck. Ja wurscht, ich probiere es anders«, sagte ich und legte auf. Am liebsten hätte ich mein Telefon durchs Auto geschleudert, so, wie Perdite das gerne machte, wenn sie ausrastete. Es war spät, finster, und ich war müde. Und nun stand ich auch noch vor einem Friesen am Arsch der Welt ohne Equipment.

Entweder ich beichtete dem Besitzer die Lage und fuhr eineinhalb Stunden, um eine Sonde zu holen. In der Zeit würde der Patient wieder aus seiner Sedierung aufwachen und weiter würgen. Oder aber ich kletterte wieder ins Auto und griff nach der Fohlensonde. ›Drauf geschissen‹, dachte ich und ging mit dem Minischlauch zurück zum Pferd. Sein Kopf hing schon bis knapp über den Boden, und der Besitzer sah mich erwartungsvoll an.

»Na, dann los«, meinte ich und versuchte, mir nichts anmerken zu lassen. Wenn ich Glück hatte, hatte ich es mit einem unerfahrenen Besitzer zu tun, der mich nicht jeden Augenblick fragen würde, was ich denn mit dem Spielzeug wollte.

Und tatsächlich konnte ich mit der Arbeit beginnen, ohne

darauf hingewiesen zu werden, dass die Sonde ziemlich dünn war. Ich begann, den kleinen Schlauch durch die Nüster einzuführen, und einen Augenblick später schluckte der Wallach die Sonde, und das Ende gelangte in die Speiseröhre. Ich schob das Plastik vorwärts, bis ich an der Verstopfung auflief. Die Sonde war circa einen Meter im Pferd, und ich fragte mich, ob ich es mit der restlichen Länge überhaupt bis in den Magen schaffen würde. Es war so klar, dass mir so etwas ausgerechnet bei einem Friesen passieren musste! Die Pferderasse mit dem wohl längsten Hals.

Ich schloss das äußere Ende der Sonde an den Schlauch und startete mit der Spülung. Ein paar Sekunden aufdrehen und wieder zu. Das Wasser kam durch die Nüstern wieder zurück und mit ihm ein verfärbter Futterschleim. »Was hat denn der gegessen? Haferflocken?«, fragte ich und betrachtete die Futterlache, die sich vor meinen Stiefeletten bildete.

»Ja, das ist sein Müsli. Das ist eh schon so fein. Er bekommt auch nicht viel, aber scheinbar hat er es einfach zu schnell gefressen«, meinte der Besitzer und wirkte schuldbewusst.

Ich freute mich darüber, dass es nicht viel war, und hoffte, dass es sich bei der Verstopfung auch nur um die Menge des Müslis handelte. Ich spülte noch einige Minuten weiter, hatte jedoch Angst, auf ein Divertikel zu stoßen, das meine Arbeit behindern konnte. Denn würde meine Sonde in die Aussackung gelangen, könnte dies das Weiterschieben des Schlauches verhindern, und ich wäre machtlos. Doch wie es das Glück wollte, konnte ich die Fohlensonde langsam immer weiter Richtung Magen führen. Plötzlich hörte ich das ersehnte Glucksen des Verdauungsorgans. Ich grinste, als mir der Geruch des Magens entgegenkam. »Wir sind schon durch«, sagte ich gut gelaunt und konnte mein Glück nicht fassen.

»Wirklich?«, meinte der Besitzer erstaunt. »Das ging ja flott.«

Oh ja, da hatte er recht. Ich pustete die Sonde noch mal frei und begann, sie zweimal umzuknicken, bevor ich sie mit einem gleichmäßigen Zug wieder aus dem Pferd zog. »Das war's! Die Untersuchung müssen wir aber trotzdem machen, nur um sicherzugehen«, sprach ich dem Besitzer noch ins Gewissen, während ich gut gelaunt zusammenpackte. Dank meines Erfolgs war mein Groll auf Brunhilde mittlerweile verflogen. Sicherheitshalber entschied ich mich, sofort in die Praxis zu fahren, um wieder eine Sonde in meinen Wagen zu packen, falls nachts noch ein Notfall reinkäme.

Aber es blieb alles ruhig, und am nächsten Morgen machte die Nachricht, dass ich einen Friesen mit einer Fohlensonde gespült hatte, in unserer Praxis schneller die Runde als ein Lauffeuer.

Mein Telefon läutete, und ich sah Connys Namen auf dem Display. »Morgen«, nahm ich gut gelaunt das Gespräch entgegen.

»Morgen«, gab sie zurück. »Ich höre, du schreibst an deiner Doktorarbeit.« Ich wollte gerade fragen, was sie meinte, als durch den Hörer kam: »Das Spülen einer Verstopfung mittels Strohhalmes«, lachte Conny durchs Telefon.

Witzig. Sehr witzig. ›Na, wenigstens gab es wieder was zu lachen‹, dachte ich, während ich mich bereit machte für den Tag.

Ein neues Kapitel

Mittlerweile arbeitete ich rund vier Jahre in der Praxis, und meine Kolleg*innen und Herbert fühlten sich wie eine zweite Familie an. Mit so vielen verzweifelten Besitzer*innen, bockigen Ponys und wild gewordenen Stuten hatten wir uns schon rumgeschlagen, das schweißte zusammen. Doch so langsam war in mir der Wunsch nach einer eigenen Familie, fernab meiner Praxisfamilie, gewachsen. Vor allem, seitdem Tobi mir bei unserem letzten gemeinsamen Urlaub auf den Bahamas einen Heiratsantrag gemacht hatte.

Wir hatten uns ein allein stehendes Haus am Strand gemietet, und an unserem letzten Abend hatte Tobi vorgeschlagen, sich noch den Sonnenuntergang anzuschauen. Ich hatte mir gar nichts dabei gedacht, obwohl Tobi eigentlich keine besonders romantische Ader hat. Aber mit dem Antrag hatte ich nun wirklich nicht gerechnet. Ich war überglücklich, als er mit dem Ring in der Hand vor mir stand, und sagte freudestrahlend »ja«.

Unsere Hochzeit im Mai war ein wahnsinniges Fest. Die Vermählung fand im Gartenpavillon eines wunderschönen Schlosses statt. Das Schloss, in dem Tobi und ich immer unsere Sommer verbracht hatten, um während seiner Tourneezeit zusammen zu sein. Meine vier Trauzeug*innen Andi, Pia, Matthias und Steini, Tobis Trauzeuge Iikka und hundertfünfzig unserer engsten Freund*innen und Verwandten feierten drei Tage mit uns. Alle brachten uns so viel Liebe entgegen, sie machten das Fest erst richtig unvergesslich.

Als es Zeit für die Reden wurde, trat Herbert an die Bühne, und bevor ich denken konnte, ›oh mein Gott, das ist jetzt nicht sein Ernst‹, war er auch schon am Mikrofon und legte eine Rede hin, durch die niemand auf dieser Hochzeit jemals mehr vergaß, wer mein Chef war.

»Ich kann jetzt natürlich nicht so gefühlvoll reden wie meine Vorrednerinnen und Vorredner, das ist auch gar nicht mein Job. Ich bin froh, wenn ich zu Wort komm und ohne Unterbrechung reden darf«, begann er.

»Also, das ist mein Chef«, unterbrach ich ihn, und ein Lachen und Raunen ging durch den Saal.

»Ja, ich wollt uns mal vorstellen. Da am Tisch dort hinten, das sind Kollegen und Kolleginnen von der Helga.« Er zählte die Runde auf. »Wir sind, wenn ich das so sagen darf, die zweiten, dritten und vierten Unterassistenten der Helga. Tobi, es ist jetzt nicht beabsichtigt, aber liegt in der Natur der Sache, dass du in der Rede ein bisschen zu kurz kommen wirst, werst dich wahrscheinlich eh dran gwena miassen.

Das Ganze mit der Helga ist losgegangen vor etwa vier Jahren. Da ist die Helga zu uns gestoßen. Ein Einstellungsgespräch, ein paar Tage, damit man sich kennenlernt. Da hat sie mordsviel geredet. Der Tobi redet weniger. Aber sonst geht das ja gar nicht mit dena zwoa. Aber der Tobi hat immer wunderbare Musik gespielt bei uns.

Bei diesem Einstellungsgespräch hab ich unglaublich viel von der Helga lernen dürfen. Gell, Helga. Erythropoetin* beim Koliker. Gstaunt hab ich, hab so was noch nie vorher gehört. Helga hat eisern darauf bestanden, dass es hilft.« Pias Lachen hallte durch den Saal. »Es war schon lehrreich. Und ich hab dann als Grufti erstmals wirklich Zugang zur Vernetzung in der Welt bekommen. Denn mit dem Einzug von der Helga in unsere Praxis wurden sowohl Berufs- als auch Privatleben in die

* Erythropoetin ist ein Hormon, das die Bildung roter Blutkörperchen steigert. Allerdings verwendet man das nicht bei der Behandlung von Kolikern, wovon ich damals, wegen eines Praktikums, das ich vor meiner Zeit in der Praxis gemacht hatte, fest überzeugt war.

Welt hinausposaunt, dank Instagram und Facebook. Aaaaber es hat sich herausgestellt, dass es doch eine erstaunlich starke Ablenkung manchmal ist, dieses« – Herbert atmete ein und legte eine genervte Stimme ein – »Instagram und Facebook.« Die Leute lachten durchgehend.

»Und es hat dann lautstarke Diskussionen gegeben, ja, es hat bis zum Instagram- und Facebook-Verbot im Dienst geführt. Aber es hat wenig genutzt, weil die Helga sowieso nur das macht ...« – »was sie will«, kamen die Stimmen aus der Menge. »Ja, und noch was. Der vegane Wahn ist mit der Helga in die Praxis eingezogen. Und wir haben vieles gelernt über Veganes. Zum Beispiel, dass Speck vegan ist.« Lautes Lachen. »Aber es gibt schon auch Positives zu berichten.« Wieder brüllte der Saal vor Lachen. »Da ist zum Beispiel die Rettung des Franzl.

Also der Franzl war ein Fohlen in unserer Praxis, schwer krank, und wir haben da gefuchst und gemacht und getan und konnten ihn retten. Und am Ende der Fahnenstange hat der Besitzer gesagt: ›Jetzt will i erm nimma hoben, mocht's den tot.‹ Und da ist Helgas gutes Herz erwacht, und sie hat diesen Franzl übernommen und dann MIR zur Aufzucht anvertraut. Gell? So war doch das. Und es gibt immer wieder Diskussionen, weil jetzt, wo der Franzl schön, groß und fleischig ist, kommt zwangsläufig die Frage auf, ob man ihn nicht doch für die Lebensmittelgewinnung und gegen den Hunger der Welt verwenden sollte? Aber, ihr seht es selber: ein klares eindeutiges NEIN, und wer will der Helga schon widersprechen?

Helga bekommt sehr viel positives Feedback von unseren Pferdebesitzern. Oder überwiegend Positives. Es sagt schon die eine oder der andere mal: ›Kannst ma ned edwan anderen schicken als we die österreichische, ungehobelte Tante da!‹ Aber das kommt, wie gesagt, sehr selten vor. Im Wesentlichen ist in diesen vier Jahren aus der Helga eine verantwortungsbewusste, fleißige, kompetente und engagierte Tierärztin geworden, die eine ganz starke Stütze in unserem Team ist. Vielleicht ist sie manchmal nicht ganz so diplomatisch, aber dafür grundehrlich. Ich wünsche euch Glück, Geduld und Einsicht für euer gemeinsames Leben. Auf euch! Wie's weitergeht mit euch, wird man auf Instagram und Facebook schon erfahren.«

»Danke, Herbert«, sagte ich, als ich später zu ihm trat und ihn umarmte.

»War's eh nicht zu böse?«, fragte er mit verschmitztem Lächeln.

»Nein, es war perfekt.«

Ja, zu gerne erinnere ich mich an seine Hochzeitsrede zurück, spiegelt sie doch wider, wie viel ich in den letzten Jahren gelernt habe und wie sehr ich meine Arbeit als Tierärztin in dieser Praxis liebe.

Ich war gerade dabei, bei Franzl im Stall Heu zu verteilen, während ich meinen Gedanken nachhing. Heute war mein letzter Arbeitstag vor meinem Urlaub und damit meine letzte Gelegenheit, Herbert zu sagen, dass ich schwanger war. Ich drückte mich ein wenig vor dem Gespräch, denn auch wenn ich wusste, dass er sich riesig für Tobi und mich freuen würde, bedeutete es, dass ich erst mal für eine Weile ausfallen würde.

Als Herbert und ich auf dem Weg zu einer Weide waren, um nach ein paar seiner Stuten zu sehen, ergab sich endlich der Moment für ein Gespräch.

Wie oft ich wohl in den letzten vier Jahren neben ihm im Wagen gesessen hatte? Ich war nervös wie ein Schulmädchen und wusste nicht, wie ich anfangen sollte. Also sprach ich stattdessen von irgendwelchen anderen Dingen und merkte, wie er nur mit einem Ohr zuhörte.

Der Wagen fuhr zwischen zwei Weidezäunen durch und stoppte vor einem Gatter.

Ich selbst hatte schon gemerkt, dass sich mein Verhalten verändert hatte, seitdem ich von der Schwangerschaft wusste. In letzter Zeit war ich sehr unsicher beim Arbeiten gewesen. Hatte jedes Mal Angst, von einem Pferd an die Wand gedrängt oder in den Bauch getreten zu werden. So fühlte ich mich auch, als wir durch den Elektrozaun auf die Weide stiegen. Während zwei weitere Helfer die Pferde holten, standen wir am Zaun und beobachteten die näher kommenden Tiere. Ich nahm meinen ganzen Mut zusammen.

»Ich hatte TU 18«, sagte ich und sah zu ihm rüber. *TU* stand für Trächtigkeitsuntersuchung und *18* für die Tage der Schwangerschaft.

»Bei dir oder was?« Er sah mich mit großen Augen an.

»Ja«, antwortete ich und strich mir nervös eine Haarsträhne aus dem Gesicht. Sein fragender Blick hellte sich auf.

»Ja, gratuliere!«, rief er erfreut und grinste mich an. »Dann darfst du aber nicht mehr arbeiten!«, schoss es gleich aus ihm raus, und ich musste breit grinsen.

»Nein, ab morgen hätte ich sowieso Urlaub«, sagte ich und war erleichtert.

Ja, das war er, mein Chef. Wie er da mit einem Strick in der Hand auf ein Pferd wartete, während er schon an die nächsten zehn Patienten dachte. Trotz des ganzen Stresses freute er sich für mich und ermahnte mich sogar, dass ich ja nicht mein ungeborenes Kind gefährden durfte. Der perfekte Abschluss von den vier ersten aufregenden Jahren meiner Karriere, mit dem besten Mentor, den ich mir hätte wünschen können. Herbert Pflaum.

Zehn Monate später

Und nun sitze ich hier, neben mir schläft meine zwei Monate alte Tochter, und Tobi übt im Nebenzimmer. Schöner könnte ich mir mein Leben im Moment nicht vorstellen. Die nächsten Jahre werden anders, aber auf jeden Fall spannend. Ich freue mich schon darauf, wieder Pferdeduft in der Nase und das Stethoskop im Ohr zu haben. Ich freue mich auf meine tierischen Patienten und hoffe, dass ich noch vielen von ihnen helfen kann. Und wer weiß, vielleicht mache ich das irgendwann mal gemeinsam mit meiner Tochter. Alles Liebe.

Helga

Sara & Michael Niedrig

AUF GUT GLÜCK

Unser abenteuerlicher Neustart als Selbstversorger

Tausche Sportschuhe gegen Gummistiefel:
Eine Familie wagt den Neuanfang als Selbstversorger

Sara und Michael Niedrig haben es geschafft: Er ist Profifußballer, sie Europameisterin im Beachvolleyball. Sie führen ein Leben, von dem andere träumen. Zu diesem Zeitpunkt ahnen sie noch nicht, dass sie schon bald knietief im Schlamm stecken werden. Mit dem zweiten Kind wird die Kölner Dreizimmerwohnung zu klein, die Stadt zu laut – und der Wunsch nach frischer Landluft und einem Häuschen im Grünen immer größer. Unverhofft verlieben sich die Großstädter in das 250 Jahre alte Gut Neuwerk: ein großes Anwesen mit viel Charme und Renovierungsbedarf, sechs Hektar Land und Wald in Eifel-Idylle. Neben Löwenzahn und Brennnessel sprießen schnell die Ideen: Mit Gummistiefeln und rosaroter Brille stürzen sie sich in das Abenteuer Selbstversorgung. Sie meistern Hürden, erleiden Rückschläge, erleben kleine und große Glücksmomente und lernen, dass der Weg das Ziel sein kann.
Eindrücklich und humorvoll erzählen die beiden von ihrem Leben nach den Jahreszeiten, zwischen viel Arbeit und Erfüllung, und davon, wie sie als Familie nachhaltig leben.

KNAUR

Prof. Dr. Achim Gruber

DAS KUSCHELTIERDRAMA

Ein Tierpathologe über das stille Leiden der Haustiere

Wenn Haustiere sprechen könnten ...

Deutschlands Haustiere werden von ihren Besitzern geliebt und verwöhnt, sind beste Freunde und Lebensbegleiter. Doch jährlich kommen Tausende von ihnen auf mysteriöse Weise zu Tode: weil sie Verbrechen oder rätselhaften Keimen zum Opfer fallen, krank gezüchtete Monsterwesen sind oder aus falsch verstandener Tierliebe gequält werden.

Niemand kennt diese dunkle Seite der Tierhaltung besser als Prof. Achim Gruber. Er leitet die Tierpathologie der Freien Universität Berlin. Seine bewegenden Geschichten aus dem Obduktionssaal zeigen, wie es wirklich um die Beziehung der Deutschen zu ihren Haustieren steht.

»Seiten, die nicht nur etwas über Tiere verraten,
sondern noch mehr über die Gesellschaft.«
Süddeutsche Zeitung

Mit einem Vorwort von Michael Tsokos

DROEMER

Jessica Bredow-Werndl

DAS GLÜCK DER ERDE

Was ich täglich von meinen wunderbaren Pferden lernen darf

Verbundenheit, Intuition, Vertrauen:
Jessica von Bredow-Werndl über die besondere Beziehung zu ihren Pferden

Jessica von Bredow-Werndl ist eine der besten Dressurreiterinnen der Welt, Pferde sind schon immer ein sehr wichtiger Teil ihres Lebens. Sie hat früh gelernt, die Pferde als Persönlichkeiten zu erkennen und anzunehmen, gemeinsam mit ihnen zu wachsen und von ihnen zu lernen. In ihrem Buch zeigt sie uns ihre ganzheitliche und tierfreundliche Philosophie, die das Miteinander von Mensch und Tier in den Vordergrund stellt. Dieses Buch nimmt uns mit auf eine Reise in ihr Innerstes, zu der Frau, die sie heute ist – und zeigt uns, worauf sich die Seelenverwandtschaft mit diesen wunderbaren Tieren begründet und wie wir ihre Weisheit und Anmut in unser eigenes Leben bringen können.

»Für mich ist ein Leben und meine Entwicklung als Persönlichkeit ohne die Pferde kaum vorstellbar, denn sie sind meine Lehrer und mein täglicher Spiegel. Sie reflektieren mir meine Stärken und auch Schwächen und helfen mir dabei, mich als Mensch weiterzuentwickeln.«

Jessica von Bredow-Werndl

KNAUR